水利人事人才工作理论研究

（2022年度）

中国水利学会人力资源和社会保障专业委员会　编

·北京·

图书在版编目（CIP）数据

水利人事人才工作理论研究. 2022年度 / 中国水利学会人力资源和社会保障专业委员会编. -- 北京 : 中国水利水电出版社, 2023.7
ISBN 978-7-5226-1629-2

Ⅰ. ①水… Ⅱ. ①中… Ⅲ. ①水利系统－人事管理－研究－中国 Ⅳ. ①F426.9

中国国家版本馆CIP数据核字(2023)第128958号

书　　名	**水利人事人才工作理论研究（2022年度）** SHUILI RENSHI RENCAI GONGZUO LILUN YANJIU (2022 NIANDU)
作　　者	中国水利学会人力资源和社会保障专业委员会　编
出版发行	中国水利水电出版社 （北京市海淀区玉渊潭南路1号D座　100038） 网址：www. waterpub. com. cn E - mail：sales@ mwr. gov. cn 电话：（010）68545888（营销中心）
经　　售	北京科水图书销售有限公司 电话：（010）68545874、63202643 全国各地新华书店和相关出版物销售网点
排　　版	中国水利水电出版社微机排版中心
印　　刷	北京中献拓方科技发展有限公司
规　　格	170mm×240mm　16开本　17.5印张　278千字
版　　次	2023年7月第1版　2023年7月第1次印刷
定　　价	**100.00**元

编 委 会 名 单

主　　编：孙平国

副 主 编：王济干　骆　莉　肖行健

参编人员：陆　瑾　李　春　黄　乐　樊传浩　徐振峰

前言

调查研究是谋事之基成事之道，是党的基本工作方法，也是党的优良传统和作风。在调查研究的基础上解决问题，是谋划工作、科学决策的重要依据。为引导水利人事干部围绕水利高质量发展总结工作经验、开展理论研究、提炼工作成果、推动工作创新，切实以高质量研究成果服务水利人事工作高质量发展，中国水利学会人力资源和社会保障专业委员会（简称“人社委”）于2022年4月组织开展了“2022年度水利人事人才工作理论研究选题”征集工作，在各会员单位和各位委员的大力支持和积极参与下，经初步审查、补充完善、专家复审等环节，遴选出“水利事业单位人力资源配置研究”等26项2022年度水利人事人才工作理论研究立项选题。

《水利人事人才工作理论研究（2022年度）》内容主要涵盖人事工作中的干部管理、人才队伍建设、收入分配、事业单位改革等，既是广大水利人事干部工作实践经验的总结，也是理论思考研究成果。这些成果内容丰富、特色鲜明，结合国家水利和人事人才改革发展的重大战略和重大政策，针对水利人事工作中的热点难点问题，提出了一些很好的意见和建议，为水利人事工作和水利高质量发展提供理论支持、实操借鉴。

在各位作者和审稿专家的关心帮助下，在中国水利水电出版传媒集团的大力支持下，本书得以顺利出版，在此，谨向为本书出版给予支持指导和帮助的单位、专家和作者们一并表示感谢！

编者

2023年2月

目录

水利事业单位人力资源配置研究

主要完成人：朱振晓　王学敏　袁碧霖　陆丹婷　顾沁扬

所在单位：水利部水利水电规划设计总院

实现新阶段水利高质量发展对水利系统各级单位提出了新任务、新目标、新要求。水利事业单位作为服务水利中心工作和推动水利改革发展的中坚力量，发挥着技术保障、科研创新、行业引领以及支撑政府决策等一系列重要作用。党的二十大报告指出：人才是第一资源，是基础性、全局性和战略性资源。随着水利事业的发展，水利事业单位也越来越意识到人力资源在推动内部变革、集约有效利用资源、加快自身高质量发展等方面发挥的引领性和支撑性力量。加强水利事业单位人力资源配置研究有助于进一步激发人力资源潜力，最大限度发挥人力资源效能。

目前，水利事业单位受国家政策规定、属地经济环境、行业发展趋势、人员整体素质等诸多因素影响，在人力资源配置方面遇到的瓶颈和问题日益凸显，一定程度上制约了水利事业单位自身的高质量发展。本研究将聚焦水利事业单位，重点分析水利系统直属事业单位人力资源配置现状及存在的问题，并在充分调研其他行业同类型事业单位人力资源配置情况的基础上，参考借鉴其先进经验，提出进一步改进和优化水利事业单位人力资源配置的建议。

一、水利事业单位人力资源配置现状分析

（一）水利事业单位基本情况

目前，水利部共有直属事业单位30家，其中流域管理机构7家、其他事业单位23家，单位类型涵盖参公、公益一类、公益二类等多种类型。水利部直属事业单位依据各自职能分别承担着流域综合管理、顶层规划编制、

技术审查把关、科研创新、政策研究、工程建设管理、水资源节约保护、水情宣传教育等重要任务，是服务水利中心工作、支撑政府科学决策必不可少的力量构成。

（二）水利事业单位人力资源现状

根据水利部印发的《“十四五”水利人才队伍建设规划》，截至2020年年底，全国水利系统在岗职工77.76万人，水利部直属系统6.69万人，其中事业单位工作人员规模达4万人左右。“十三五”期间，全国水利系统人才队伍职称、技能等级结构和学历层次进一步优化，高级职称专业技术人才比例提高至17%，中专及以上学历人员比例提高至78%。高层次人才数量不断增加，获省部级以上人才称号的在岗专家455人，其中水利部直属系统246人，占比54%。

与水利系统其他单位相比，水利直属事业单位人力资源整体呈现出以下特点：

一是高学历高职称，人员整体素质高。水利直属事业单位多位于我国一线城市，工作人员多从名校毕业，学历高、职称高、综合素质高，且高学历、高职称人员比例还在不断加大。以2020年度水利系统在京直属事业单位公开招聘为例，共招聘工作人员91人，均要求本科以上学历，其中有76人明确要求为硕士以上学历，占比83.52%，有19人明确要求为博士研究生，占比20.88%。

二是以专业技术人员为主体，专业齐全。水利直属事业单位以专业型单位为主，人员大多具有专业技术职称。这些人员从事的水利相关工作涵盖水利工程、水工施工、水文水资源、水生态、水环境、水土保持、防洪减灾、工程造价、工程地质测量、地下水保护、国际河流及对外合作、水利机械、电气、金属结构、工程移民、水利信息化等诸多专业领域，具备完整的业务生态系统，能够为水利中心工作持续提供全方位、全链条、全过程的技术支撑。

三是年龄结构整体偏大，培养周期较长。水利直属事业单位人员平均年龄在40岁以上，部分事业单位在45岁以上，与高学历、高职称的人员结构特点相吻合。因水利中心工作对人员的专业技术水平和经验积累均有较高要求，因此单位自身的人才培养需要更长的周期。近几年，在人力资源补充中，对博士后科研人员、京外调干和社会在职人员的需求增大。

（三）水利事业单位人力资源配置存在的主要问题

与其他行业的事业单位相同，水利事业单位在人力资源配置方面也存在许多共性问题，制约着人力资源配置和使用效率，亟待进一步研究解决。

从总量配置来看，事业单位人员编制严格受限，人力资源总量短缺问题凸显。事业单位具有一定的公益属性，从事教育、科技、文化、卫生等社会服务活动，经费来源由国家财政予以全额支持或差额补助，其机构职能和人员编制需经中央机构编制委员会办公室（以下简称“中央编办”）核定印发，编制内人员规模按照编制数量严格控制，不得突破。人员编制限制意味着给事业单位划定了可由中央财政资金承担经费的人员数量上限，人力资源的基本规模和数量也随之形成，难以突破。随着经济社会发展，对政府履行职能不断提出新要求新挑战，事业单位支撑政府决策的任务也在不断深化叠加。在人力资源总量一定的情况下，工作任务和工作量加大使得事业单位的人力资源短缺问题日益凸显，部分事业单位人员满负荷运转仍无法完成预期任务目标。

从质量配置来看，受属地经济环境影响，人才引进难度大，人力资源质量达不到新阶段水利发展要求。事业单位自身的运行发展很大程度上受到属地经济环境影响。水利部直属30家事业单位中，在京单位18家，占比达60%。流域管理机构及少数单位还分布在上海、广州、天津、南京、郑州等一线城市。近些年，在京事业单位对人才的吸引力有所下降，人才引进越发困难。一方面，由于北京的物价水平持续攀升和房价居高不下，生活成本和经济压力使得高校毕业生和拟调京目标人选对北京的工作岗位望而却步；另一方面，相对机关公务员的住房保障和大型企业的高薪待遇而言，事业单位的岗位性质和保障条件在招聘市场上缺乏吸引力和竞争力。据统计，截至2020年年底，水利系统省部级以上人才455人，近一半在55周岁以上，部属系统在职院士仅4人。高层次人才青黄不接、后继无力，使得人力资源难以实现高质量配置。

从结构配置来看，由于行业发展模式转变，新兴领域人才短缺，现有人力资源专业结构与水利发展不相适应。当前，水利改革发展的总基调已经由过去的“补短板、强监管”提升为全面推动新阶段水利高质量发展。按照水利部推动高质量发展“六条”实施路径和“四个”能力提升的决策部署，流域防洪工程体系、国家水网重大工程、复苏河湖生态环境、智慧水利建设等成为今后一时期水利中心工作的重点任务，人力资源配置也需要相应倾斜保障。水利传统专业领域如水利水电工程建筑、水工结构、水文水资源等已无法全面满足高质量发展要求，亟须补充配备防洪减灾、生态环境、智慧水利等专业领域人才。特别是数字孪生工程建设的紧迫需要，更凸显出水利与信息化专业复合型人才的巨大缺口，人才引进和培养方面需要重点支撑保障。

二、其他行业事业单位人力资源配置的典型做法

为充分学习借鉴同类型单位的经验，研究解决水利事业单位人力资源配置的突出问题，对其他行业部分事业单位在人力资源配置方面的典型做法进行了深入了解和分析。

（一）工业与信息化部某研究院的典型做法

该单位是工业与信息化部直属科研事业单位，在信息通信与技术、数字化发展、网络安全等研究领域开展5G、云计算、大数据、人工智能等多项科研工作，是信息通信研究领域的国家高端专业智库。该单位在人力资源配置方面的典型做法如下：

一是大量使用编制外聘用人员，解决人力资源总量不足问题。该单位现有事业编制958名，实有员工总数5000余人，非事业编制人员为事业编制人员的4倍。非事业编制人员均采用聘用形式，签订聘用合同，缴纳北京市社会保险。非事业编制人员与事业编制人员相比，除落户及干部提拔受规定限制外，在薪酬福利、职称评审、职业发展、评优评先等方面均已实现同等对待，有效破解了人力资源总量不足的问题。

二是将用人自主权下放，进一步发挥部门在人力资源配置方面的主动性。该单位将用人自主权下放至内设部门，各部门可自行决策招聘人数及

招聘要求，在院层面的统一组织下实施；同时各部门还可以自行研究设立二级机构并选拔负责人，充分发挥自主性，最大最优配置人力资源。

三是适度超前储备新兴专业人才，合理配置人力资源专业结构。该单位人员流动性大，人力资源更新速度快，每年招聘时，该单位均根据行业发展趋势，适度超前储备新兴专业人才，不断调整人力资源专业结构，及时淘汰过时专业，保持每年输入不低于20%的新鲜血液。

（二）交通运输部某规划院的典型做法

该单位是交通运输部直属事业单位，其围绕国家交通运输现代化，承担了一大批国家和重点区域交通基础设施布局规划、建设规划、综合交通运输规划以及公路水路基础设施、运输组织、现代物流、绿色交通、智慧交通等重大战略和政策研究工作，直接为政府科学决策提供专业支撑。该单位在人力资源配置方面的典型做法包括以下几个方面：

一是加快培育领军人才和创新团队，破解人力资源配置的质量问题。该单位对照国家“百千万人才工程”、国家“万人计划”创新领军人才和团队等选拔条件要求，有针对性地培养、推荐优秀人才。培育推出一批行业领军人才和知名专家，支持其参加国内外学术会议和高层次人才计划，提升行业知名度。以首席研究员、青年科技英才和业务骨干为主体，打造方向稳定、可持续发展、高水平的创新团队，建立培养机制，完善鼓励政策。通过大力进行内部培养，破解高层次人才引进难，人力资源质量不高的难题。

二是推进博士后工作平台建设，缓解人力资源总量配置难题。该单位现有事业编制人员332人，在事业编制受限的情况下，通过大力发展和建设博士后工作站，出台富有竞争力的招收和资助政策，鼓励博士后研究人员加入院级科研创新团队，开展关键技术攻关，与知名高校博士后流动站合作，引入知名专家学者参与指导研究等措施，使其成为增加单位人力资源总量，发现、吸引、培养高层次创新型青年人才的重要平台。

三是创新人才体制机制，大力挖掘人力资源潜能。该单位采取了一系列措施，从体制机制入手，健全岗位设置、聘用和考核机制，建立特设岗、流动岗设置与管理机制。探索“专兼结合”“内外脑并用”“智库合作”等运行模式，着力破解复合型公共政策部分高端人才短缺问题。修订职工年度考核办法，建立多通道的岗位发展序列，完善以业绩和能力为主的人才培养与选拔制度，提供公平、多元的职业发展通道。通过以上措施，整个单位的人力资源配置被激活，人力资源效能得到充分发挥。

三、水利事业单位优化人力资源配置的建议

人力资源配置优化的根本目的是为了更好地运用“人力”，合理而充分地利用好包括体力、智力、知识力、创造力和技能等方面的能力，通过一定的途径，创造良好的环境，使其与物质资源有效结合，以产生最大的社会效益和经济效益。使人力资源的配置达到优化，从而保证上述目标的实现，是水利系统各级事业单位的共同愿景。针对水利事业单位人力资源配置现状，提出以下建议：

（一）重视人力资源顶层规划，进一步优化人才结构和发展布局

高度重视人力资源顶层设计，将人才工作纳入单位整体发展布局，围绕水利中心工作和单位发展重点任务，着力加强人力资源的宏观统筹、系统谋划。依据单位职能和主要任务，评估常态化工作开展所必需的总体人员规模以及各专业领域、各年龄结构、各层次人员需求分布，并依据单位发展阶段性任务目标和行业发展趋势，动态调整人员分布，合理确定人才队伍的知识结构、年龄结构，科学配置专业人员、辅助人员和行政管理人员的比例，进一步优化人才结构和布局，使人力资源最大限度地满足和匹配单位发展的需要。

（二）加强人力资源需求预测和分析，加大人才引进力度，超前储备人力资源

加强人力资源需求预测和分析，根据现有及未来业务发展情况，对一定时期内的人力资源需求数量、质量和结构进行预测分析，提前谋划，不断提高人才引进和调配的精准性、科学性。加大人才引进力度，协调部级资源，建立领导班子引才机制，实施紧缺专业人才引调计划，探索利用部级人才发展基金或其他渠道为引进人才提供具有竞争力的资助支持。超前

储备人力资源，除传统用人渠道外，大力发展和建设博士后工作站，与高校、科研院所、设计院等建立合作，通过聘用编制外人员、借调交流其他单位人员等形式发现人才，形成人才引进备选资源库，未雨绸缪，加强储备人才。

（三）破解人才体制机制弊端，着力盘活现有人才资源

统筹人才现状、人才需求、人才供给等多个方面，加快破解人才体制机制弊端，着力盘活人才资源。引入人才“活水”，充分利用行业企业、科研院所、高等院校以及全资或控股企业的人才资源，逐步形成“内外结合”“借聘结合”“专兼结合”的用人机制，形成各类人才均为我用的良好局面。加强和引导内部人员流动，建立跨部门轮岗机制，打破部门间人才交流壁垒。根据需要下放用人自主权，充分发挥用人主体的主观能动性。进一步完善收入分配制度，形成向优秀人才、团队和关键岗位倾斜的绩效分配导向，不断激发人力资源的创新创造活力。

（四）多措并举，加大培养力度，不断激发人力资源潜能

整合优势资源，实施政策倾斜，坚持内培外引，全力培养和造就可用之才，推动人才队伍建设迈上新台阶。建立团队托举机制，打造特色鲜明的人才创新团队，全力推动创新团队“出业绩、出成果、出影响力”，为领军人才培养提供强有力的支撑。推行“揭榜挂帅”项目管理制度，积极创造条件让青年人才挑大梁、当主角，引导和激励青年人才快速成长。大力推行“项目+人才”培养模式，依托重大项目、重大课题、重大工程，开展基础性、创新性、应用性研究，推动人才培养与研究破解重大问题深度融合，不断激发各类人才的创新创造活力。

功以才成，业由才广。随着新阶段水利高质量发展的深入推进，水利事业单位对人力资源的渴求将更加迫切。对水利各级事业单位来说，仅仅拥有一定数量的人力资源是不够的，如何对现有的人力资源进行合理的开发和科学有效的配置才更为重要。因此，水利事业单位在发展的过程中，不仅要大力吸引人才，更应重视对人才的爱护、培养、使用和激励，让人力资源发挥最大效能，做到人岗相适、人尽其才，如此才能更好地服务水利中心工作，推动水利事业改革发展迈上新台阶。

推动科研事业单位收入分配改革调研报告

主要完成人：何晶晶　张丹　周沅璟　陈梦莉　杨静

所在单位：中国水利水电科学研究院

党的十九大、二十大分别提出“创新是引领发展的第一动力，是建设现代化经济体系的战略支撑”，“必须坚持科技是第一生产力、人才是第一资源、创新是第一动力”。科研事业单位汇聚了大量的高层次人才资源，是推进科技创新的主要承担者，是加强我国自主创新能力、实施创新驱动发展战略的骨干力量。推进科研事业单位工资制度改革是落实科研体制改革的重要组成部分。更好地发挥科研事业单位高层次人才资源的积极性和创造性，探索建立符合事业单位特点，体现岗位绩效和分级分类管理工作人员的收入分配激励机制，促进科研事业单位逐步建立起机制健全、关系合理、调控有力、秩序规范的管理运行体系，对推进事业单位发展和体制机制创新具有现实意义。

一、调研总体情况

项目组选择水利行业具有代表性的四家科研事业单位开展了收入分配制度改革的全面摸底调研，通过座谈讨论、个别访谈、查阅制度、全员问卷调查、全员工资数据分析等方式，详细了解到收入分配制度、执行情况、职工相关诉求等信息，结合人社部、财政部、科技部事业单位科研人员职务科技成果转化现金奖励相关制度要求，总结科研事业单位收入分配现状，分析存在问题及原因，提出了向科研一线倾斜、落实以增加知识价值为导向的收入分配改革的建议。

本次调研共计开展了集体座谈9次，个别访谈76人，查阅并收集制度38项，收回问卷调查1961份，统计3006人近两年的人员类别、工资项目、工资水平等情况。在收回的1961份调查问卷中，1037份问卷为科研业务部门人员，占52.88%；408份问卷为职能部门人员，占总体的20.81%；239份问卷为科研院属企业人员，占总体的12.19%；277份问卷由后勤保障部门完成，占总体的14.13%。在收回的1961份调查问卷中，一线科研人员共有1335人，占总体的68.08%，且38.88%的一线科研人员从事科研工作15年及以上，17.98%的一线科研人员从事时间为10～15年，20.3%的一线科研人员从事时间为5～10年，12.66%的一线科研人员从事时间为2～5年，10.19%的一线科研人员从事时间为2年以内。调查样本具有广泛性和代表性，可反映科研事业单位总体情况。

二、科研院所基本情况

（一）科研院所业务及内设机构情况

项目组选择水利行业具有代表性的四家科研事业单位，均为公益二类非营利性科研机构。这几家科研事业单位承担了水利行业各专业领域具有前瞻性、基础性和关键性的科学研究任务，承担了大部分国家级重大科技攻关项目、省部级重点科研项目和国内大部分重大水利水电工程关键技术问题的研究任务。

四家科研事业单位内设组织机构，基本由非营利所（科研业务部门）、职能部门、综合事业部门（后勤保障）、院属企业构成。

（二）科研院所人员基本情况

目前，四家科研事业单位总人数为2993人。主要特点包括以下几个方面：

一是在学历学位方面，36.05%为博士，39.67%为硕士，高学历人才居多。

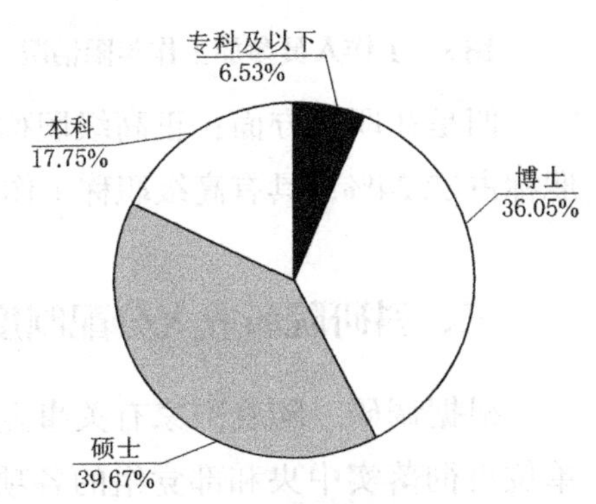

图1　学历分布情况

二是在年龄分布方面，以31～40岁的人居多，30岁及以下人数相比其他单位略少，为11.58%，考虑到科研院所新入职人员一般为博士，年龄在30岁以上也符合科研院所特性。

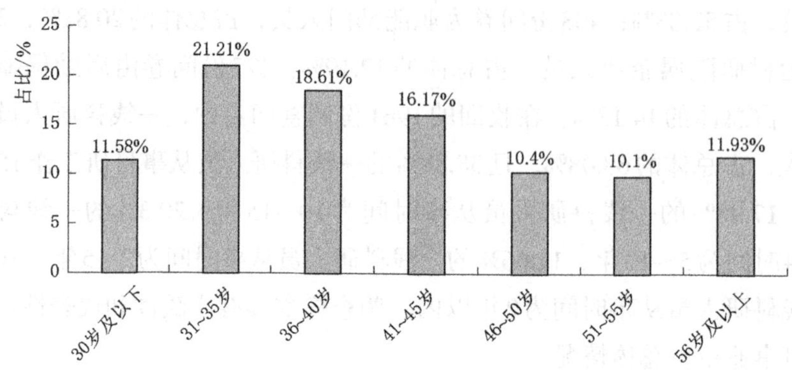

图2　年龄分布情况

三是在工作情况方面：大部分人员参加工作累计年限和在本单位工作累计年限类似，最多的为11～20年，超过四分之一；其次为5年以内，超过五分之一。

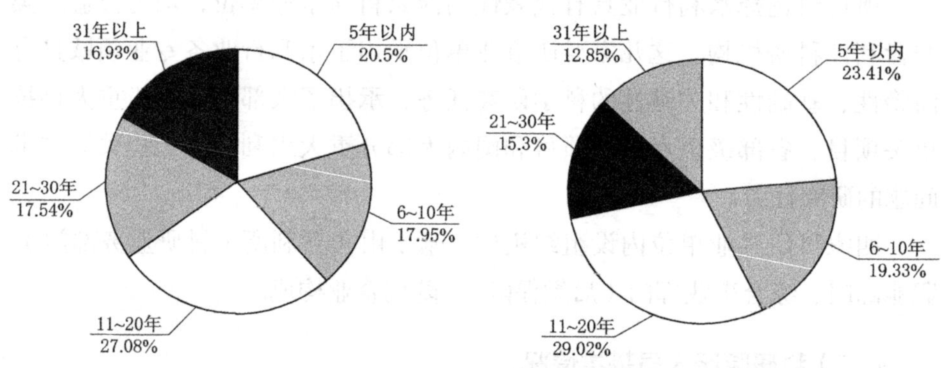

图3　工作人员参加工作年限情况　　**图4　工作人员在本单位工作年限情况**

四是在职称方面：正高级职称占25.85%，副高级职称占37.48%，中级职称占22.24%，具有高级职称工作人员居多。

三、科研院所收入分配制度建设

根据调研，随着国家有关事业单位收入分配改革推进，四家科研事业单位贯彻落实中央和部党组的各项工作部署，积极探索与岗位职责、工作业绩、实际贡献紧密联系的分配激励机制和动态调整机制，初步建立了比较完善的收入分配机制。

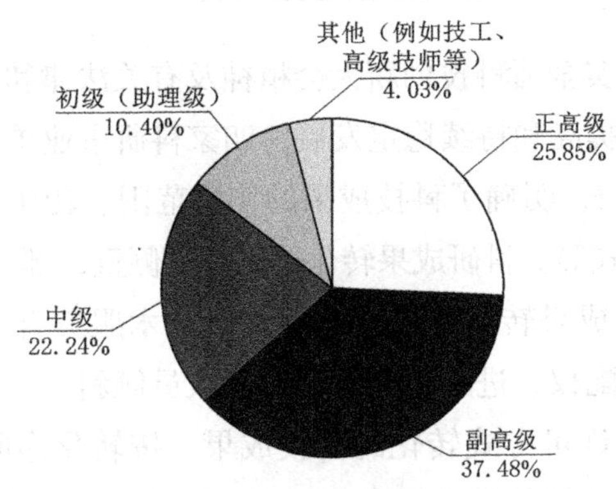

图5　职称分布情况

（一）建立了以绩效激励为主的分配机制

根据国家关于事业单位实施绩效工资的有关政策和水利部相关文件精神，四家科研事业单位结合实际情况，均制定了绩效工资分配办法，明确职工收入由基本工资、国家统一规定的津贴补贴、改革性补贴、绩效工资、暂时保留部分、科技成果转化现金奖励等构成，其中绩效工资占总收入比重的50%～70%。在绩效工资分配方面，不同单位突出了各自特点，以不同的形式发挥绩效工资的激励作用，部分单位案例如下：

一是自主研究制定了绩效系数核定办法，坚持以“量化考核、托低限高、优化整合、和谐发展”为原则，促进绩效分配与考核部门总体业绩、职工个人实际贡献以及团队和谐发展等多方面因素紧密联系。

二是出台职能部门工作人员年度基准绩效津贴实施方案，明确科研岗位和职能岗位的考核要素，实行分类考核，重点鼓励科研岗位多劳多得，消除“大锅饭”现象。

三是绩效工资包括基础性绩效和奖励性绩效，其中前者与岗位挂钩，而后者主要体现实绩和贡献，以激励员工为导向，以各项计划完成实绩、重大贡献和突出成绩等为考核依据。

四是奖酬金制度在批复的暂时保留绩效工资总量内核定，科研一线人员年终绩效奖金根据横向项目结算，其他人员参照相应科研一线人员平均结算奖金的一定比例核定。

（二）建立科技成果转化奖励的分配机制

为深入贯彻落实全国科技创新大会精神及有关法律和文件规定，促进各院整体科技水平的提高和持续稳定发展，四家科研事业单位均制定了《科技成果转化实施办法》，明确了科技成果的实施范围、转化形式、转化奖励范围以及收益分配方式等。科研成果转化奖励各有侧重，部分单位案例如下：

一是不断完善成果转化奖励办法，扩大技术服务合同认定范围，提高成果转化净收入支配权，进一步向青年科技人员倾斜。

二是对转让、许可方式转化的科技成果，按转化净收入的60%分配给成果完成人、30%计提统筹分配给院职能部门、10%计提分配给支撑保障人员。

三是规定对科研成果以“四技”合同等项目形式实施转化的，转化净收入的60%用于分配（重点对相关人员给予奖励和报酬），40%用于院科教盈余或职工福利基金。

四是对以自行投资实施转化或以科技成果作为合作条件与他人共同实施转化的，在成果转化成功投产后连续5年，从投资收益中提取10%用于奖励成果完成人和为实施转化做出主要贡献人员。

（三）建立了鼓励承担重大科研任务的配套奖励机制

为不断调动科研人员承担国家、行业和重大工程科研任务的积极性，各院参考国家对各级科技成果的奖励强度和实施办法，均制定了承担科研任务、科技创新激励等相关配套奖励办法，部分单位案例如下：

一是对获奖科技成果、科技论著、发明专利、标准、工法等成果及国家自然科学基金项目立项进行奖励，对做出突出贡献的创新团队和科研人员、优秀科技成果完成人以及为科技成果转化做出重要贡献的人员进行奖励。

二是对获批的国家科技计划项目（不含国家自然科学基金）、其他科技计划项目和国际合作项目按照项目合同金额大小分段计算奖励基数和按项目类型确定的奖励系数对负责人进行奖励，以及科技奖项进行配套奖励。

三是对国家自然科学基金项目按照项目类型和数量，实行基础奖励和累加奖励。

四是对在水利科技进步中做出重要贡献的团队和个人进行奖励，提出了加大对基础研究的稳定支持力度、实行“以资代奖”方案，分级给予团队经费资助作为对基础研究人员的奖励。

（四）建立了向青年人才倾斜的分配机制

为落实关于加强高层次人才队伍建设的要求，激发广大青年科研人员科技创新积极性，促进青年科技创新人才培养，各单位建立了向青年人才倾斜的方案措施。具体措施如下。

1.工资收入方面

对新入院职工工资发放和津贴制定了专门办法，规定适用范围和期间内免交管理费，对新进博士，按不低于1万元计发月平均绩效津贴；提高专业技术十级及以下岗位职工系数，保障青年职工每年总收入增幅不低于10%等倾斜政策。

2.人才支持方面

对优秀青年科技托举人才给予专项支持；实行奖优罚劣的政策，鼓励和引导科研人员从事基础性、公益性研究工作，对35岁前获得的第一个非青年基金项目给予一定奖金，同时对获批的基础和公益研究项目进行经费配套；制定青年科技英才培养选拔办法，加大对青年科技人才的培养。

3.福利保障方面

为新入职青年职工提供单身公寓，并设立科技人才住房基金，在购买本地首套房时提供相应额度的免息购房资金支持等。

四、科研院所收入水平调研情况

（一）收入增长感知

调研显示，36.61%的人认为自己的收入没有增长，7.85%的人认为自己的收入是负增长，41.71%的人认为自己的收入平均每年增加在5%以内，12.04%的人认为收入平均每年增加5%～10%；不足2%的人认为自己的收入平均每年增长11%以上。考虑到社会平均工资增长比率为每年的7%～11%（国家统计局），根据问卷结果可见，近几年四家科研院所人员收入增长速率较慢，对人员的激励水平和努力程度维系可能有限。

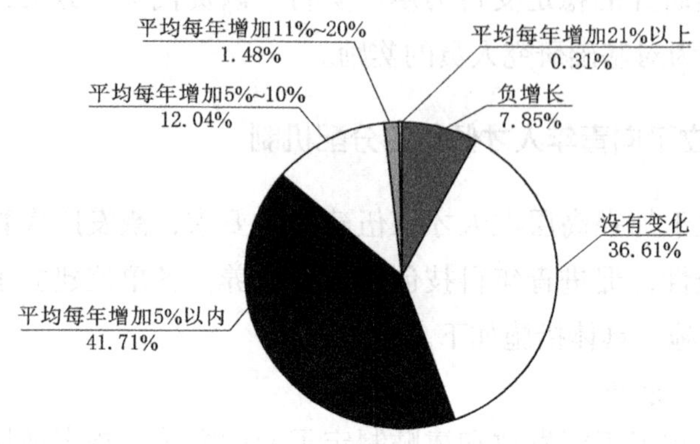

图6　近年收入增长变化情况

（二）收入满意度

水利部科研院所职工对收入整体满意度一般，认为还应有更高的改变和提升空间。虽然收入可以满足基本生活需要，但是和社会外界、其他单位相比，职工认为自己的价值没有完全得到认可，在收入上没有体现出自己付出的努力，工资增长缓慢，动力不足。在单位收入分配上，水利部科研院所职工希望更加合理，减少工资差距的同时能够做到能者多得。

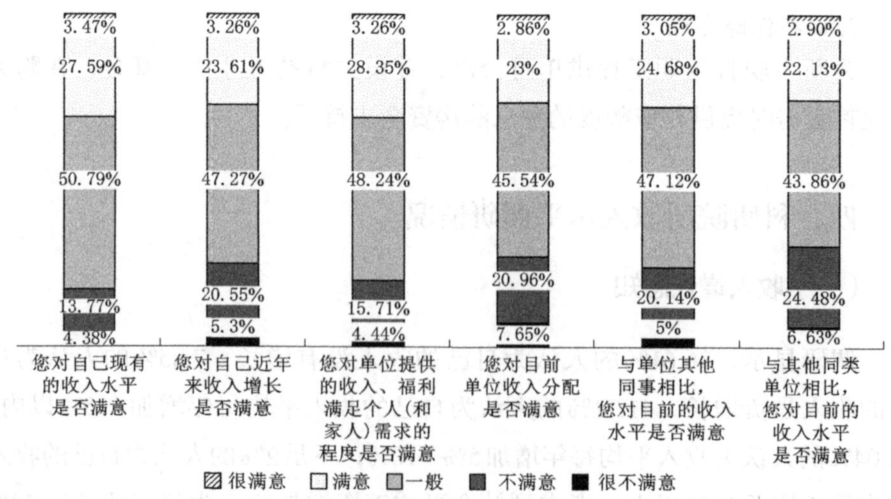

图7　近年对收入满意度情况

（三）对于收入分配制度的感知

四家科研院所职工认为单位做得最好的是“单位工作人员基本工资、国家统一规定津补贴、改革性补贴等按照国家和地方规定标准执行”（7.41/10分），其次为“单位制定了完备的收入分配制度”（6.17/10分）和“科技成果转化分配合理”（6.13/10分）；得分较低的项目为“单位工作人员收入差距合理”（5.43/10分）和“单位向科研人员收入的倾斜程度”（5.64/10分）。

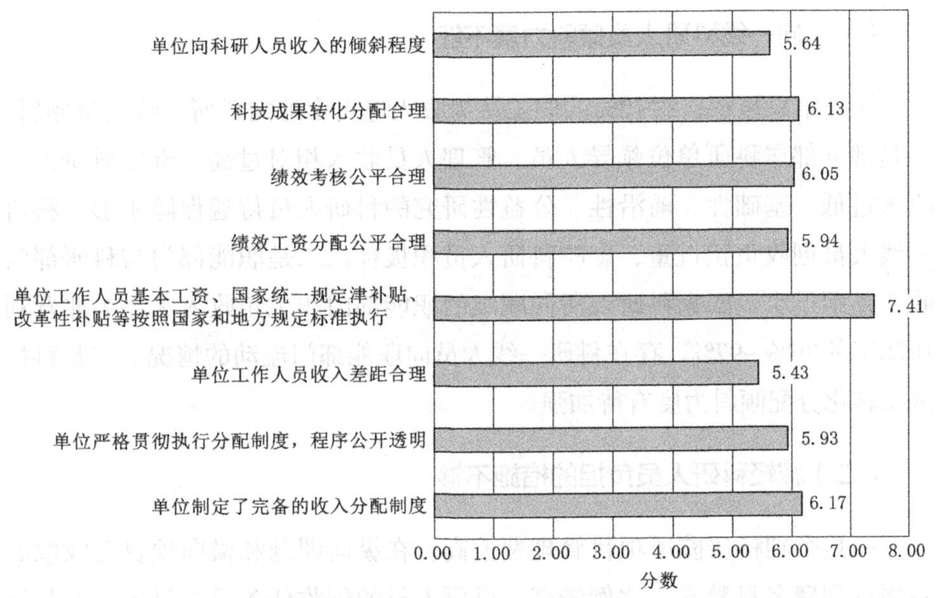

图8 职工对收入分配打分情况

（四）收入水平特点

根据统计3006人近两年（2019—2020年）的人员类别、工资项目、工资水平等情况，四家科研院所收入水平呈现以下特点：一是收入水平与职工年龄呈正相关，职工收入水平随着年龄的增长，逐年递增；二是收入水平和职工院龄呈正向相关，职工进院时间越长，收入越高；三是收入增幅与院龄呈反向相关，进院时间越长，收入增幅越小，说明四家科研院所对青年职工收入均有一定程度倾斜；四是收入水平和职务职称密切相关，随着职级的提升，人均收入水平不断提升，职工收入和专业技术职称密切挂钩，职称越高，收入越高，人均收入水平呈阶梯状上升；五是部分科研院所科研人员收入与职能部门人员收入差距未拉开，存在向一线科研人员倾斜力度不够的个别情况。

五、存在的问题及原因分析

调研发现，在积极发展、取得成果的同时，各院在推进收入分配机制改革过程中还存在一些不足和问题，具体问题如下：

（一）向一线科研人员倾斜力度不够

调查结果显示，约72%的职工认为收入应更多地向科研一线人员倾斜。一是部分部属科研单位领导人员、管理人员收入相对过高，青年科研人员收入过低，基础性、前沿性、公益性研究的科研人员待遇保障不够，科研一线人员创收负担过重，影响科研人员积极性。二是职能部门与科研部门收入差距过小，四家科研院所同职级的职能部门职工年收入水平为非营利所职工的79%~97%，存在科研一线人员向职能部门流动的情况。三是科技成果转化分配倾斜力度有待加强。

（二）减轻科研人员负担的措施不够

一是个别科研院所项目管理费偏高。在纵向课题和横向项目上收取的各项管理费名目繁多，比例较高，科研人员的创收任务压力过大，尤其是主要承担基础性、前沿性、公益性研究的科研部门。二是简化科研单位经费报销流程措施不够。科研人员学术负担沉重，承担着完成突破“卡脖子”技术任务的重任，要让所有科研经费都发挥高效率，还需不断完善科研经费管理体系，进一步减轻科研人员参加评审、接受检查、填报表、跑经费报销等非学术压力和负担。

（三）支持公益基础科研的力度不够

一线员工在科研过程中，更多地要考虑争取科研项目及其承接项目的经济效益，通过创造收益保证自己收入不降低。与基础性、公益性研究的纵向项目进行比较，偏向应用性研究的横向项目更容易面对市场，科技成果转化也较为容易，为保障职工收入，需要通过向市场提供技术服务创造收益，一定程度上容易造成市场导向过重，出现“科研人员无法安心做科研”的情况。

（四）规范科技成果转化的奖励不够

科技成果转化奖励制度规定，在转化过程中对做出主要贡献的人员获得奖励份额不低于奖励总额的50%。在实际分配时未体现出差距，所有工作人员均参与统筹分配，对科研一线人员倾斜力度明显不够。对于事业单位各类职工的内部分配关系，国家没有具体规定，个别科研单位反映，辅助支撑人员虽然从每个项目中提取的比例不高，但多个项目累积后年度发放总水平相对过高，容易使科研一线人员产生不平衡感受。

（五）科学有效考核评价机制不健全

一是部分科研院所缺少内部的绩效考核制度，绩效考核的规范性、科学性较差，考核流于形式。因此，绩效工资分配缺少考核依据，最后归结到以科研人员的职称、资历等作为分配绩效工资的依据，不利于激励科研人员创新。二是部分科研院所考核片面强调量化，将科研人员所有的工作都进行量化考核，从表面上看绩效考核具有客观性，实际上违背了科研规律，导致课题经费的多寡、论文数量的多少成为决定科研人员绩效工资分配的主要依据。三是部分科研院所忽视科研特点，注重短期化考核。科研事业单位的绩效考核指标通常是年度考核，对于学术研究的长期性考核重视不足，科研活动中重应用项目、轻基础研究的行为明显，不利于科研机构的长期发展。

六、有关建议

根据调研情况，为进一步推动和深化部属科研单位收入分配制度改革，切实体现向科研一线倾斜，使科研单位各类人员的收入持科学合理，提出建议如下：

（一）落实科技成果转化现金奖励政策

鼓励科研人员通过科技成果转化获得合理收入，严格界定科技成果转化现金奖励的发放范围，适当提高主要完成人员的科技成果转化收益分配份额。建立相关科技创新激励措施，建立对有创新潜力和突出贡献的科研人员进行补助、奖励等激励保障措施。

（二）合理确定科研单位收入分配关系

合理调控地区间、行业间事业单位的收入差距，逐步将差距控制在合理范围内。注重综合平衡，努力保持科研事业单位工作人员的收入与其他公职人员和其他社会群体的收入的平衡。统筹处理好单位内部科研人员与其他人员的收入，合理拉开科研人员与管理人员收入分配差距。切实保障从事基础性、前沿性、公益性研究的科研人员待遇水平。

（三）加大对科研一线人员收入倾斜力度

坚持尊重知识、尊重人才与重实际、重贡献相结合，使科研人员收入与其创造的科学价值、经济价值、社会价值紧密联系。结合科研人员的实际贡献，合理确定科研人员的待遇水平，要向关键创新岗位、主要科研业务骨干及作出突出贡献的科研人员倾斜，加大分配保障力度。要保障青年科研人员待遇水平，一是建立新进科研人员待遇保底机制，二是对青年科研人员在住房等方面给予适度支持。

（四）进一步落实高层次人才激励机制

对院士和为国家作出重大贡献的杰出人才，经国家批准可执行专业技术一级岗位工资标准，继续实行院士津贴和政府特殊津贴。对基础研究、战略高技术研究和重要公益领域的事业单位高层次人才逐步建立特殊津贴。对全时承担国家关键领域核心技术攻关任务的团队负责人以及单位引进的急需紧缺高层次人才等可实行年薪制、协议工资、项目工资等灵活分配方式，其薪酬在所在单位绩效工资总量中单列，相应增加单位当年绩效工资总量。

（五）进一步完善考核评价管理

完善考核评价机制，深化以创新能力、质量、实效、贡献为核心的评价导向，切实将工资收入与考核结果挂钩，充分发挥绩效考核的激励导向作用。根据岗位职责等因素，合理区分职能管理及服务保障部门人员和科研人员的评价周期和考核办法，对从事基础性、前沿性、公益性等研发周期较长研究工作的科研人员，可实行中长期考核。加强监督检查，强化纪律约束，规范内部分配秩序，加强工资政策执行情况的监督检查，严肃收入分配纪律。

干部援派工作的实践和思考

主要完成人：周华敏　张勇林　汪泳　尚水清　毛娜　全婧

所在单位：长江水利委员会人事局

干部援派工作是干部管理工作的一个重要组成部分，也是在党的领导下，向艰苦边远地区和基层一线输送人才的一种重要制度安排。这是中央从加强党的执政能力和先进性建设、巩固党同人民群众血肉联系的战略高度作出的重大决策和部署。在基层实践中培养选拔年轻干部，是我们党选人用人的成功经验。本课题整理了干部援派的相关制度和理论，总结了水利部长江水利委员会（以下简称“长江委”）干部援派工作开展的相关情况和成效，调研了援派干部、援派单位、受援单位三方的意见建议，提出了改进工作的思考。

一、干部援派工作的相关制度与理论

（一）干部援派工作的发展历程

20世纪40年代，陕甘宁边区政府就有下派干部到农村开展工作而形成的“乡村运动”和派出工作队到基层协助征收粮食税款等做法。新中国成立初期，党中央向基层派驻工作队，开展社会主义教育运动，指导或帮助基层落实中央的路线、方针、政策。

1978年，党中央发布了《关于抽调干部支援西藏和在藏干部内返问题的通知》，干部援派工作再次受到中央重视。1979年7月，中央提出“要组织内地省、市，实行对口支援边境地区和少数民族地区”。1994年7月，中央第三次西藏工作座谈会作出“分片负责、对口支援、定期轮换”的重大部署。从这一年开始，中共中央组织部开始定期组织选派援藏干部，截至2022年，已经选派10批援藏干部。1994年，仍在岗的援藏干部也正式纳入中央援藏统一管理。

1996年3月，中央研究推进新疆社会稳定，做出了“培养和调配一大批热爱新疆，能够坚持党的基本理论、基本路线和基本方针，正确执行党的民族宗教政策的汉族干部去新疆工作”的决策部署，以干部援疆为主，多方位的援疆政策逐步展开。中共中央组织部开始定期组织选派援疆干部，截至2020年，已持续选派10批援疆干部。

1999年，中共中央组织部和团中央为贯彻落实国家战略、支持西部大开发、促进区域协调发展和培养锻炼青年人才，从中央国家机关各部委及所属科研院所、高等院校、国有大型骨干企业，选派具有博士学位的优秀人才到西部地区服务锻炼，在当地各相关部门挂职服务，引导优秀中青年人才向基层和艰苦地区柔性流动。此类博士服务团每年1批，截至2023年，已选派23批。

2015年5月，中组部、中央农村工作领导小组办公室、国务院扶贫开发领导小组办公室下发了《关于做好选派机关优秀干部到村任第一书记工作的通知》，要求向党组织软弱涣散村和建档立卡的贫困村“全覆盖”选派第一书记。2021年，为全面推进乡村振兴、巩固拓展脱贫攻坚成果提供坚强组织保证和干部人才支持，中共中央办公厅印发了《关于向重点乡村持续选派驻村第一书记和工作队的意见》，第一书记和工作队员任期一般不少于2年，到期轮换，压茬交接。

2018年，中共中央办公厅印发了《关于进一步激励广大干部新时代新担当新作为的意见》，提出：“优化干部成长路径，注重在基层一线和困难艰苦地区培养锻炼，让干部在实践中砥砺品质、增长才干。”2018年，水利部党组制定的《关于进一步激励广大干部新时代新担当新作为的实施意见》指出，“注重在基层一线、贫困艰苦地区和急难险重任务中培养锻炼干部，将水利重大任务、重点建设、滇桂黔石漠化片区、边疆和少数民族地区扶贫、援疆援藏援青等作为干部历练成长的重要平台和途径，让干部在实践中开阔眼界、增长才干、砥砺品质。”

2019年12月，中共中央办公厅印发《2019—2023年全国党政领导班子建设规划纲要》，要求领导干部“注重实践锻炼，聚焦服务国家重大战略、重大工程、重大项目、重点任务，有计划地选派干部参加挂职任职、对口支援等，推动领导班子建设与中心工作深度融合，引导领导干部在实践实干中锻炼成长。”

（二）干部援派的相关管理办法

2011年1月，中组部和人社部联合印发《对口支援新疆干部和人才管理办法》《对口支援西藏干部和人才管理办法》，从选派人选要求、轮换交接、职务任免、考核考察、教育培训、待遇等方面做了全面规定，且随实际情况不断补充完善。

近年来，干部选派工作强化组织把关，实行组织推荐与个人报名相结合，发现考察与培养使用相结合，切实把能力素质过硬、党性作风过硬的优秀干部选出来。把参加对口支援的态度作为衡量干部政治素质的一个重要标准。

担任党政领导干部的援派干部，援藏援疆工作时间一般为3年。驻村第一书记和工作队员任期一般不少于2年。专业技术人才根据实际情况掌握，一般为1～2年。“组团式”援派一般为3个月。

援派干部工作期间，由派出单位与受援省区共同管理，以受援省区当地管理为主。援派干部任职由受援单位党委（党组）按照干部管理权限和有关法律、章程规定的程序办理。援派干部对口支援期间不占派出单位的职数。

专业技术人员援藏援疆工作期间，可按规定申报专业技术职称，在同等条件下优先评审、优先聘任。聘任的专业技术职务不占受援单位的专业技术职务岗位职数。

援派干部在援派工作期间，只转组织关系，不转户口和行政、工资关系，由原工作单位发放工资，享受原工作单位同类同级人员的各项福利待遇，同时由受援地按照当地同类同级人员的工资标准（含补贴）计发差额。派出单位可参照差旅费中伙食补助费标准给予生活补助，安排通信补贴，每年安排定期体检，办理任职期间人身意外伤害保险，按规定报销医疗费。

（三）干部援派工作的理论基础

干部援派制度的产生与发展是由中国国情和干部队伍的发展历史、结构现状以及时代要求决定的，也是由马克思主义政党的性质决定的，是我党自身建设不断走向新阶段和干部人事制度改革与发展的必然选择，其形成发展的理论基础主要包括以下几个方面：

一是马克思主义实践观和认识论。干部援派工作符合马克思主义实践观，是马克思主义实践观和认识论的具体应用。马克思主义认识论认为，实践是认识的来源、是认识发展的动力、是检验真理的唯一标准。正如毛泽东所倡导的“实践、实践、再实践”，习近平同志也强调“要切实抓好培养选拔优秀年轻干部工作，注意在基层、生产一线、艰苦地方培养锻炼干部”。干部援派工作是在实践中锻炼培养干部的重要方式，体现了实践的要求。在援派工作中，干部通过实践，学习掌握理论知识并“内化”为科学技术、思想体系；再在实践中将个体意识“外化”为行为习惯和个体品德；最后通过与社会的联系，“内化”形成良好的个人素质。坚持实践中培养干部是中国共产党的一贯立场和优良传统，是经过中国革命和建设实践检验了的客观真理，培养干部是援派工作的出发点和落脚点。

二是人力资源开发理论。干部援派工作符合人力资源开发理论，是我党在干部人才培养方面的教育投资。从人力资源开发的角度，干部援派工作是实践锻炼开发方法在我国人力资源开发的实际应用，是对人才队伍量和质的开发与管理。通过岗位轮换，对人才队伍进行培训、锻炼和调整，使人力和物力保持最佳比例和有机结合，充分发挥人才的主观能动性，激发人才的积极性和创造性。这一过程不仅使援派干部个人获得了素质、技术、能力提升，也增长了人力资源存量，促进了地方经济发展。因此，选派干部开展挂职锻炼与援扶交流，是加强干部队伍人力资源开发、提高干部队伍整体素质的有效途径，符合人力资源开发的一般规律。

三是人力资本溢出效应理论。干部援派工作符合人力资本溢出效应理论，是对受援地文化、技术、观念的嵌入。一个拥有较高人力资本的人对周围的人会产生更多有利影响，从而可提高周围人的生产率。援派工作对援派干部来讲，是一种锻炼提高，在实际工作中磨炼意志品质，增强党性修养，增长工作才干；而对受援单位和受援地域来讲，是一种人力资源支持，是人才和智力的输送。通过援派干部开展挂职或交流锻炼不仅可以优化受援单位领导班子年龄、专业、知识结构，给领导班子带来新鲜血液，同时在援派过程中，通过工作、学习、交往、生活，援派干部将自身的知识、文化、技术、观念带入受援地，不断将其传递扩散，进而使其影响受援地区的干部，促进地域之间的技术、文化、观念碰撞，形成良性互动。

四是马斯洛需求层次理论。干部援派工作锻炼符合马斯洛需求层次理论，是实现援派干部自我人生价值需求的重要途径。马斯洛需求层次理论认为“自我实现需求”是人的最高层次需求，实现自我人生价值成为人力资本流动进而产生聚集、溢出效应的重要动因。援派工作是援派干部自我价值实现的过程，援派干部会经历一种崭新的心理体验，常常伴随着普遍认识需求、认识自我需求、与他人建立和谐关系需求、控制周围环境需求以及情感沟通需求等复杂过程。援派干部在反复的实践锻炼中，逐步提高自身的知识、技术、能力等，创造更丰富的社会财富和社会关系，使个人的发展越来越充分、全面，进而为干部实现自我人生价值和个人职业发展提供舞台、创造机会。因此，援派工作是援派干部自我价值和职业发展目标实现的重要途径。

二、长江委干部援派工作的基本情况

2017—2022年期间，长江委共派出干部137人次参与援派工作。

（一）援派人员基本情况

1.按任职形式分类

挂职援派。援派干部通过担任受援单位一定的行政职务组织开展援助工作，这是目前干部援派最主要的形式。如“援藏”“援疆”“博士服务团”等中组部安排的援派干部，在援派期间均由受援单位按严格的组织程序根据原有职务级别，安排新的行政职务岗位。

技术援派。除挂职援派形式外，也有部分援派工作是以专业技术干部的身份开展技术援助，援派干部不担任受援单位行政职务。例如：水利部短期“组团式”援藏计划、部分对口援疆计划。

2.按受援地区分类

按受援地区分，干部援派挂职工作类型主要为援藏、援疆、乡村振兴、水利技术帮扶四种。

援藏。主要为西藏水利厅、西藏各地市水利局援派干部，地点主要为拉萨、阿里、那曲、山南、林芝等地。

援疆。主要为新疆水利厅、新疆生产建设兵团水利局、新疆各地市水利局、塔里木河流域管理局援派干部，地点主要为乌鲁木齐、昌吉、库尔勒、和田等。

乡村振兴工作。主要为有关县（乡）级地方政府、地方水利局和驻村工作队援派干部。地点主要为重庆丰都县、武隆县、城口县、万州县，湖北省十堰市郧阳区，湖北省秭归县范家坪村、石柱村。

水利技术帮扶工作。主要是根据与地方或相关单位签订的战略合作协议或双方约定，派出专业技术干部参与重大工程、重点项目、重点任务的技术援助工作，包括云南滇中引水工程、四川凉山州、云南水利厅等。

3.按援派干部来源和素质分类

按单位分，机关单位9%，事业单位51%，企业40%。

从年龄层次看，35岁以下有29%，36~45岁有43%，45岁以上有28%。

从学历层次看，硕士学历40%，博士学历15%人。

从职务层次看，副科级干部35%，正科级干部33%，副处级干部21%，正处级干部6%，副厅级干部5%。

从职称层次看，中级职称31%，副高级职称62%，正高级职称7%。

（二）援派任务完成情况

援派干部牢记组织重托，以高度的政治责任感和历史使命感，扎根雪域高原、天山脚下、大漠戈壁、西南旱区、革命老区、贫困山区，不畏环境恶劣，不惧任务艰险，不顾条件艰苦，不计个人得失，埋头苦干，奋勇拼搏，开拓进取，为推动地方经济社会及水利发展奉献青春年华和聪明才智。广大援派干部以地方繁荣稳定发展为己任，充分利用专业优势和技术特长，积极为当地水利改革发展建言献策、奔走呼吁，尽心竭力为人民群众办实事、办好事，帮助地方解决了一大批突出水利问题。援派干部身先士卒、冲锋在抢险救灾一线，关键时刻勇挑重担、奋战在水利建设前沿，常常夜以继日、废寝忘食地工作，展示了优良的政治品格、良好的业务素质和严谨务实的工作作风。他们为国家、舍小家、顾大家，全力投入基层工作。他们以实际行动弘扬了“献身、负责、求实”的水利行业精神，树立了水利部门的良好形象，受到了当地党委政府的充分肯定，赢得了当地干部群众的广泛赞誉。

三、干部援派工作的经验做法

（一）建立综合协调机制

选派干部时加大干部援派工作统筹力度，坚持提前考虑、主动谋划，通盘考虑援助工作需要、受援单位需求、干部培养和各单位事业发展的实际情况，加强与工作相关单位的沟通协调，有针对性地制定干部选派方案，合理确定选派计划和规模，加强与选派单位沟通，提高干部援派工作的成效。

（二）建立择优选派机制

在选派工作中严把人选的政治关、品行关、能力关、作风关、廉政关，更加突出政治标准、更加突出专业水平、更加突出人岗相适、更加突出优秀干部培养。注重从优秀年轻干部名册中选派有发展潜力、需要递进培养的干部；注重从全委专家库中选派政治素质过硬、工作作风踏实、工作业绩突出的干部，树立鲜明的用人导向。

（三）建立协同管理机制

不断完善援派干部的日常管理方式，建立起党组织统一领导，人事部门、派出单位、受援单位、援派干部团队“四位一体”的管理模式，共同做好管理和服务工作。人事部门通过走访调研等加强与派出单位、受援单位的联系，及时了解干部援派工作开展情况。经常与援派干部沟通，掌握援派干部工作、生活等情况，协调派出单位和受援单位妥善解决好援派干部在工作、生活中遇到的困难。通过协同管理，促进援派干部高质量完成援派任务。

（四）建立关心关爱机制

援派单位与援派干部实时沟通，定期联系，关心他们的工作和生活，解决他们的后顾之忧。另外，相关领导多次到受援单位看望慰问援派干部，要求各选派单位在政策规定范围内落实好援派干部的补贴、休假、探亲、体检等待遇，并且及时了解掌握他们在思想、工作、生活等方面遇到的困难和问题，全力做好援派干部的服务保障工作，确保援派干部放心、安心、顺心完成各项援派任务。

（五）建立跟踪考核机制

注重在援派干部的日常工作和平时表现中识别干部，结合慰问、调研等了解干部援派期间的工作、学习和思想情况。在援派干部日常考核中，全面了解援派干部现实表现和作用发挥情况。在援派干部年度考核中，全方位了解援派干部在“德、能、勤、绩、廉”等方面的表现，将考核结果作为评先评优和提拔使用的重要依据，对表现优秀的援派干部建议推荐为优秀等次。根据统计，目前长江委机关部门和委属单位领导班子成员中，有援派和地方挂职经历的干部约占10%。在机关部门、委属单位年度绩效考核中，对考核年度内有在岗援派干部的部门单位给予加分。

四、援派工作问卷调查结果分析

为全面了解干部援派工作开展效果，调研采用问卷调查、结构化访谈的方式对长江委干部援派工作进行调研分析。共收集援派干部调查问卷119份，收集委属各单位、各部门相关负责人调查问卷159份，收集受援单位有关负责人调查问卷20份。从援派干部、派出单位和受援单位三个角度分析长江委干部援派工作开展情况。

（一）援派干部调研分析

1.总体评价

援派干部对援派工作的总体评价“满意”的占81.51%，认为本单位对援派工作的重视程度“非常重视”的占55.46%，认为援派工作对本人职业发展“影响很大”的占49.58%（图1）。

受访援派干部认为，参加援派工作对个人来说是一次重大挑战，也是一次难得的机遇，更是一次锻炼提升自己、丰富成长阅历的机会。经过一段时间的锻炼，个人在思想政治素质、专业技术水平、对水利行业的认识等方面都有了不同程度的提高，援派工作能有效提升其政治站位、责任担当、沟通协调、组织管理等方面的能力。

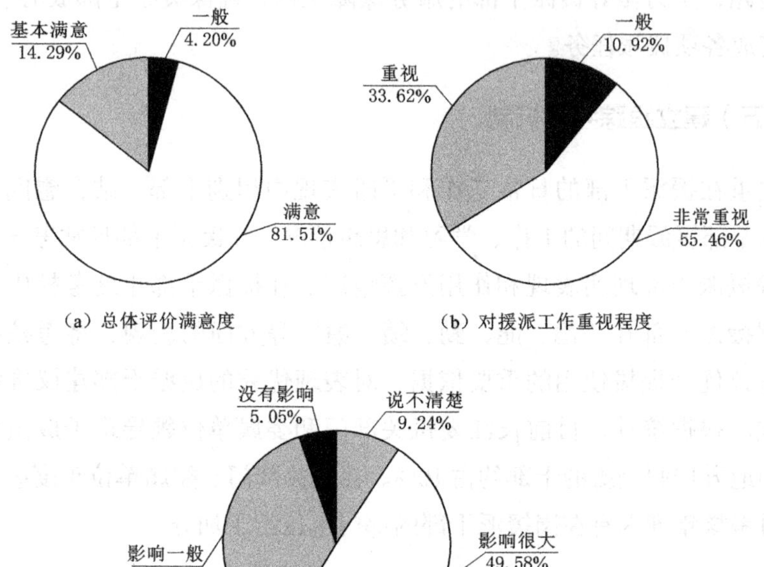

（a）总体评价满意度

（b）对援派工作重视程度

（c）援派工作对本人职业发展影响程度

图1　援派干部对援派工作的认识评价调研

2.调研结果反映的问题

一是援派干部的教育培训还不够。调查结果显示，援派干部认为“缺乏援派任前培训”的占43%，认为缺少常态化的援派培训教育，培训效果不佳。

二是援派干部积极性还受一些主客观因素影响。调查结果显示，“个人发展不确定性”占68%，“单位领导不够重视”占52%，“家庭因素”占45%，这些是影响援派干部积极性的主要原因。

三是援派干部的激励使用方式还不够丰富。调查结果显示，优先提拔职务职级是援派干部最认可的激励方式，占57%。其次是优先聘任技术岗位、优先职称评定、轮岗交流。

（二）派出单位调研分析

1. 总体评价

援派干部派出单位相关负责人对援派工作的总体评价“满意”的占86.00%；认为本单位对援派工作“非常重视”的占71.79%；认为干部援派工作对单位发展“影响很大”的占41.66%（图2）。

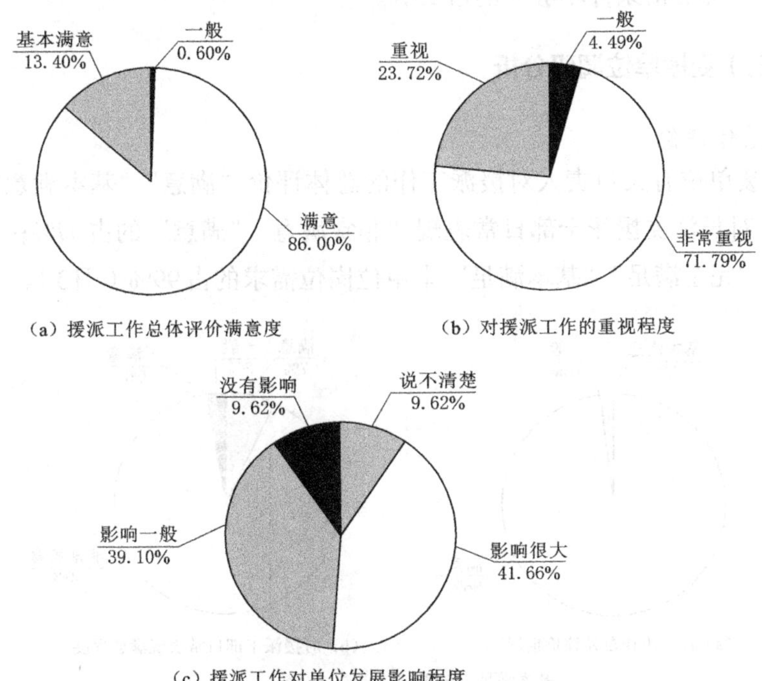

（a）援派工作总体评价满意度　（b）对援派工作的重视程度

（c）援派工作对单位发展影响程度

图2　派出单位有关负责人对援派工作的影响评价情况

派出单位受访者认为将干部人才选派到有挑战性的水利工程历练，对扩大长江委的行业影响力、培养优秀年轻干部发挥了重要作用。通过干部援派能有效提高干部的政治素质和沟通、管理、应变等能力。

2. 调研结果反映的问题

一是援派干部的选派工作计划性不足。调查结果显示，认为存在“选派工作缺乏计划性问题”的占48.7%、“单位符合条件的优秀年轻干部较少”的占57.5%。干部选派存在时间紧、任务重、压力大等问题。

二是少数单位对干部援派目标定位缺乏清晰认识。调研结果显示，认为“援派工作影响本部门工作任务”的占55%、“单位缺乏合适援派干部”

的占37%。少数单位参与援派工作积极性不高，或过分强调项目合作，致使援派工作成为“拉关系、跑项目”的手段。

三是援派干部的跟踪培养力度不够。调研结果显示，援派单位认为“援派干部的使用存在选拔政策倾斜不够”的占45%、“使用导向不鲜明”的占23%。主要原因是“缺乏合适岗位”的占60%，“没有空缺干部职数”的占47%，“干部资格条件不够”的占25%。

（三）受援单位调研分析

1.总体评价

受援单位有关负责人对援派工作的总体评价“满意”“基本满意”的占100%，对长江委援派干部日常表现“非常满意”“满意”的占97%；认为援派干部“完全满足”“基本满足”本单位岗位需求的占99%（图3）。

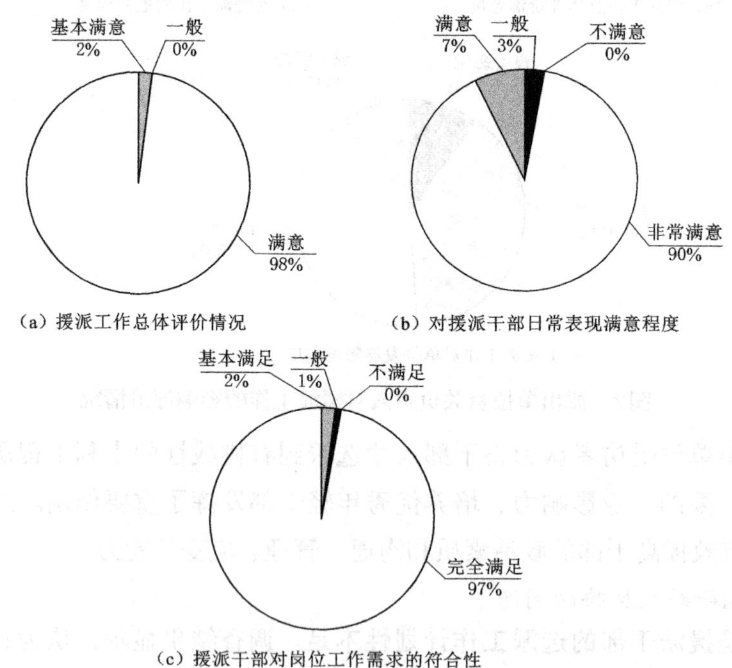

图3 受援单位对援派工作的认识评价调研

受援单位普遍反映，选派援派干部统筹考虑专业、经历、职称、年龄、性别等因素，具有很强针对性，援派干部整体素质较高，涵盖各级领导干部、专业技术骨干、高学历人才，有力支撑了地方水利改革发展和脱贫攻坚工作开展，有效补充了本单位人员力量，提高了受援单位专业技术水平，加强了双方单位之间的项目合作，发挥了沟通桥梁作用。

2.意见建议

在援派年限和岗位方面，部分受援单位建议援派年限为2年。其次是建议援派岗位以受援单位干部管理权限内的岗位为主，便于干部任命和管理。

五、改进干部援派工作的思路

（一）进一步提高干部援派工作的认识

1.各级单位要提高政治站位

各级单位党组织要充分认识到支持西藏、新疆、乡村振兴是党和国家的重大战略决策，是贯彻新时代党的组织路线的重要举措，是培养干部的重要平台，要从全局出发，增强政治意识、大局意识和责任意识，做好干部援派工作。要舍得把优秀干部特别是优秀年轻干部放到艰苦基层、重要岗位去经风雨、见世面、壮筋骨、长才干，要在政治上充分信任、工作上大力支持、生活上热情关心、管理上严格要求，为援派干部创造良好的工作环境和必要的生活条件。

2.援派干部要提高政治素质

援派干部要加强政治能力和政治自律，筑牢思想防线，谨言慎行，洁身自好，防微杜渐，时刻保持清醒的头脑，维护援派干部的形象和声誉。要纠正功利主义思想，用自己的实际行动造福当地百姓，赢得群众拥戴，使当地群众切实感受到党和政府的温暖。各单位要把参加援派的态度作为衡量干部政治素质的一个重要标准，通过各种方式合理引导援派干部端正自身态度，正确认识援派的意义和目的，帮助援派干部克服顾虑和畏难情绪，鼓励其全身心投入援派工作，主动作为、自觉磨炼。

3.人事部门要提高政策水平

人事部门要全面梳理和掌握有关干部援派工作政策制度。特别是自党的十八大以来党中央提出的一系列援藏、援疆、乡村振兴等新要求，要深入思考、系统研究，力求准确理解、全面掌握、灵活运用，进一步提高政策理论水平，增强业务和管理能力，做到对援派政策了如指掌、对答如流。组织人事部门要加强援派干部的精准化任前培训，包括工作职责、工作方法、民族政策等方面的培训。

（二）增强干部援派工作的计划性

1. 科学安排上级下达的援派计划

目前选派干部要求高、时间紧，派出单位和选派对象在短时间内需要克服较大的工作、生活困难。要根据各单位工作职责、干部队伍的实际情况，结合援派工作地区、所需专业、援派干部职务层级等要求，制定干部援派工作安排的总体计划。让各单位各部门的干部都有参加援派的机会，对急需改善年龄结构的单位，通过援派交流，培养优秀年轻干部。各级人事部门要把准备工作做在前面，做好前期的摸底工作，把具备条件的后备人选挑出来，实行常态化管理，变被动为主动，提高援派工作的质量和效率。

2. 健全优秀年轻干部的培养计划

要树立明确的导向，把基层作为培养锻炼干部的重要平台，坚持“派下去，选上来”，有计划地选派有发展潜力的优秀年轻干部到基层一线和艰苦地区磨炼意志、砥砺品格、提升素质、经受考验。对于那些长期扎根基层、埋头苦干、默默奉献、实绩突出的援派干部要及时发现、提拔使用。明确援藏、援疆、乡村振兴、水利技术帮扶等不同形式援派挂职所应承担的功能和目标定位，相应制定不同的培养计划。

3. 落实援派干部监督管理和关心关爱的工作计划

不断完善援派干部主管部门、派出单位与地方党委组织部门、挂职单位齐抓共管的管理机制，完善援派干部的日常管理和监督措施。定期与援派干部进行谈话，倾听他们的愿望和呼声，跟踪掌握他们的思想、工作、学习、生活、健康状况，了解他们在地方干群中的口碑，发现苗头问题要尽早提醒。争取、支持地方和受援单位大胆使用援派干部，多分任务、多压担子、多提要求，充分发挥援派干部的积极性和主动性。落实好援派干部的工作和生活待遇，切实帮助援派干部解决实际困难，使他们在基层和一线心无旁骛地干好工作。

4. 制定深入广泛的宣传计划

充分利用官方平台积极宣传长江委援派工作成效与援派干部成长经历，

加深群众对干部援派工作的认识，提高广大职工参与援派工作的积极性。发现先进典型要及时表扬，及时给予精神鼓励和广泛宣传，积极营造有利于援派工作开展的良好氛围。

（三）加强援派干部分类培养使用的激励引导措施

1.及时提拔

对表现突出且符合条件的援藏干部，根据工作需要，在进藏满1年后，经双方协商一致，可以提拔或者进一步使用，以提拔或者转任领导职务为主。

对在疆期间表现突出、群众公认并且符合任职条件的干部一般可在3年援疆期内晋升职务。在原工作单位担任领导职务的，返回后一般不安排同级别非领导职务。

对有培养前途的援派干部，要不拘一格大胆使用，要破除论资排辈、平衡照顾、求全责备等观念，打破隐性台阶，必要时可以大胆采用破格、越级等选拔方式使用。

2.优先晋升

援派干部，除符合条件可以提拔领导职务外，在机关工作人员的职级晋升、事业单位专业技术职务晋升、企业的岗级晋升时，应结合援派期间的日常监督、年度考核、援派期满考核等结果，在同等情况下优先考虑。

3.重点培养

对成绩突出、群众认可的驻村干部，按照有关规定予以表彰；符合条件的，列为后备干部，注重优先选拔使用。参加其他技术援派或援派时间不足2年的，纳入重点关注对象。

对个人积极报名参加援派，服从组织安排，援派期间表现优秀的干部，组织人事部门应及时关注，将其作为重点培养对象。符合优秀年轻干部条件的，应纳入优秀年轻干部名册。对于表现优秀的援派干部，实行点名调训，加强跟班考核，注重在培训中考察识别干部。

4.轮岗交流

对技术人员在重点工程中有援派工作经历，表现优秀、有发展潜力的干部，援派结束后，可安排到管理岗位轮岗交流，进一步考察使用；对非关键部门、重点岗位的干部，优先轮岗到关键部门、重点岗位。

六、结论与展望

（一）结论

总体来说，做好干部援派工作在以下几个方面有重要意义：

一是坚决落实了党中央重要决策部署。做好干部援派工作，要始终以强烈的政治责任感，按照中央、部、省统一安排和受援单位需求选派干部，为推动共同富裕、维护国家安全稳定大局做出了应有贡献。

二是深入践行了水利高质量发展战略。做好干部援派工作，积极践行了“节水优先、空间均衡、系统治理、两手发力”治水思路，在援派工作中落实推动了水利高质量发展要求，切实推动了受援地区水利事业迈上新台阶。

三是深度推进了长江大保护战略合作。通过援派工作，有效助推了相关战略合作协议走实走深，得到了受援地区、单位及群众的高度评价和充分肯定，促进了流域机构与相关各方共抓大保护工作新格局的形成。

四是大力培养了优秀干部与人才队伍。援派干部在祖国边疆最深处、乡村振兴主战场、水利工程第一线、服务群众最前沿经受考验，经历跨地区、跨专业、多岗位交流锻炼，丰富了经历阅历，提升了处理复杂问题能力，对推动干部人才队伍建设发挥了重要作用。

五是全面促进了双方经济与社会发展。通过援派干部牵线搭桥，流域机构持续在基础研究、水利科技、勘察设计、项目争取等方面发力，深入推介了技术优势和人才资源，有效促进了双方单位的项目合作与经济社会发展。

（二）展望

党的二十大报告指出：“健全培养选拔优秀年轻干部常态化工作机制，把到基层和艰苦地区锻炼成长作为年轻干部培养的重要途径。”做好援派干部工作，既是贯彻落实中央水利部部署、推动水利科学发展的迫切需要，也是建设政治过硬、适应新时代要求、具备领导现代化建设能力干部队伍的需要。

在今后的援派工作中，可以利用创新团队组建、专家集中业务培训、联合培养、双向挂职交流等方式，建立人才双向交流机制，加强与受援单位的人才交流和技术合作力度，形成合力优势，共同推动双方高质量发展。

深化流域管理机构所属公益类事业单位改革的思考

主要完成人：杨帆　肖行健　钟敬全　李翔

所在单位：长江水利委员会人事局

公益类事业单位是事业单位改革“大头”，是深化改革、推进体制机制创新的重点。流域机构所属事业单位公益属性较强，涉及的行业多，单位类型复杂，历史包袱较重，在强化流域治理管理和深化事业单位改革的新要求下，事业单位的改革发展面临新的机遇与挑战。目前流域机构新“三定”规定已经印发，事业单位改革迎来新的契机，迫切需要做好深入研究，深入推进流域公益性事业单位改革发展。

一、形势分析

（一）事业单位深化改革的要求

2011年，党中央、国务院印发了《中共中央国务院关于分类推进事业单位改革指导意见》，提出在清理规范基础上，分类推进改革工作。分类是推进事业单位改革的第一项任务，把现有事业单位分为承担行政职能、从事生产经营活动和从事公益服务三个类别，改革后，只有从事公益服务类单位继续保留在事业单位序列。根据职责任务、服务对象和资源配置方式等情况，将从事公益服务的事业单位细分为公益一类事业单位和公益二类事业单位。2020年，水利部明确了流域管理机构事业单位分类意见。流域管理机构所属二级事业单位共计71家，其中划入公益一类事业单位32家，占比45.0%；划入公益二类事业单位21家，占比29.6%；暂不分类事业单位18家，占比25.4%，主要为河务管理局、后勤服务机构和培训疗养机构等，如图1所示。事业单位分类改革在加强党建、干部人事管理、财政支持、收

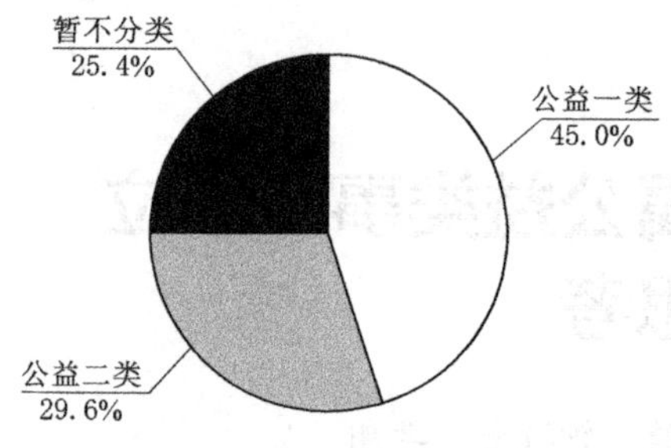

图1 流域管理机构所属二级事业单位分类情况

入分配、养老保险等方面，制定和出台了一系列改革配套政策。

深化事业单位改革，是全面深化改革的一项重点任务。党的十九大提出深化事业单位改革，强化公益属性，推进政事分开、事企分开、管办分离。2018年，《中共中央关于深化党和国家机构改革的决定》要求加快推进事业单位改革。2020年，党中央、国务院出台《关于深化事业单位改革试点工作的指导意见》，随后确定了9个深化事业单位改革试点省份，加快推进事业单位改革。目前大部分试点省份均已完成改革任务，通过改革试点事业单位布局结构明显优化、机构编制更加精简，相关事业单位党的领导、公益职能得到强化，改革试点成效显著。

（二）水利高质量发展的要求

党的十八大以来，习近平总书记深刻洞察我国国情水情，从实现中华民族永续发展的战略高度，提出“节水优先、空间均衡、系统治理、两手发力”的治水思路，指导治水工作实现了历史性转变。新阶段水利高质量发展的总体目标是全面提升国家水安全保障能力，为全面建设社会主义现代化国家提供有力的水安全保障。

一是提升水旱灾害防御能力。加快建设数字孪生流域，建设数字孪生水利工程，支撑生态安全、经济安全、工程安全等多目标联合调度。加快完善水资源水生态监测预警体系。加快推进水利智能业务应用，构建流域防洪、水资源管理调配、河湖管理、水土保持等覆盖水利主要业务领域的智能化应用和管理体系。

二是提升水资源集约节约利用能力。全面深入实施国家节水行动。实施水资源刚性约束制度，严守水资源开发利用上限。健全水资源监测体系，实施全过程用水监管。

三是提升水资源优化配置能力。以大江大河大湖自然水系、重大引调水工程和骨干输配水通道为纲，加快构建国家水网主骨架和大动脉。以区域河湖水系连通工程和供水渠道为目，加强国家重大水资源配置工程与区域重要水资源配置工程的互联互通，改善河湖生态环境质量，提升水资源配置保障能力和水旱灾害防御能力。以控制性调蓄工程为结，加快推进列入流域及区域规划、符合国家区域发展战略的控制性调蓄工程和重点水源工程建设，提升水资源调控能力。

四是提升大江大河大湖生态保护治理能力。开展母亲河复苏行动，扩大河湖生态补水范围。加强河湖保护治理，深入落实国家“江河战略”，扎实做好黄河流域生态保护和高质量发展、长江经济带发展涉及水利的各项工作。加强河湖水域岸线空间分区分类管控，重拳出击整治侵占、损害河湖乱象，因地制宜实施河湖空间带修复，建设造福人民的幸福河湖。加大长江上中游、黄河中上游、东北黑土区等重点区域水土流失治理力度。

（三）流域机构职责履行的要求

党和国家历来高度重视大江大河大湖流域治理管理，在黄河、长江、淮河、海河、珠江等七大流域相继设立管理机构，代表水利部在所管辖的范围内依法行使水行政管理职责。习近平总书记先后多次主持召开会议，研究部署推动长江经济带发展、黄河流域生态保护和高质量发展、推进南水北调后续工程高质量发展，确立起国家“江河战略”。流域性是江河湖泊最根本、最鲜明的特性。这种特性决定了治水管水的思维和行为必须以流域为基础单元，用系统思维统筹水的全过程治理，强化流域治理管理，重点要做好流域统一规划、统一治理、统一调度、统一管理。

流域管理机构所属事业单位大多是以专业技术提供公益服务的单位，涉及专业领域门类较多、较为齐全，专业人才和技术储备充足，要充分发挥事业单位技术性、服务性、辅助性作用，在流域规划编制和管理，构建流域监测网络体系，完善流域工程体系，实施流域水工程统一调度，推进流域联防联控联治，打造数字孪生流域等方面，完善事业布局做好支撑保障。

二、深化事业单位改革存在的问题及分析

贯彻新发展理念，构建新发展格局，流域治理管理也应转为以“生态

优先、绿色发展”为导向的高质量发展的新路子。目前流域管理机构所属事业单位的高质量发展还存在公益属性不强，各单位发展不平衡不充分不可持续等问题，主要体现在以下几个方面。

（一）公益属性不强

水利是经济社会发展的基础性行业，是党和国家事业发展大局的重要组成，具有很强的公益性、基础性、战略性。流域管理机构所属公益事业单位作为流域管理机构履职的重要支撑力量，在定位方面就要明确突出公益属性。但流域机构所属事业单位在增强公益性方面面临的最大障碍就是创收需求，这是应对财政压力产生的自然对策。由于财政经费保障不足（表1），需要自筹资金解决绩效工资、养老统筹外待遇和医保等经费缺口，部分事业单位包袱重，创收能力弱，导致单位创收压力较大，影响公益事业的履职。在生存压力下，事业单位创收经营成为基本的运行模式，也已成为事业单位发展的重要动力机制和资源配置机制。

表1　2021 年部分流域机构所属二级事业单位财政保障率

分类	公益一类	公益二类	暂不分类
长江委	53%	44%	64%
黄委	67%	29%	65%
珠江委	59%	10%	14%

（二）布局结构不合理

七大流域管理机构新“三定”规定已印发实施，明确了在水旱灾害防御 、水资源管理 、水资源节约与保护、河湖管理等方面的职责，流域统一规划、统一治理、统一调度、统一管理制度体系不断完善。而流域机构所属部分事业单位仍存在功能不清、定位不准，机构设置与职能配置脱离了新时期水利事业发展的需要，主要存在以下几个方面的问题。

一是事业职责虚化。随着阶段性工程的完成，部分工程建设管理单位原有职责难以存续，存在公益职责虚化的情况；随着形势的变化，部分事业单位公益服务需求不足，大量从事生产经营活动，公益职责所占比重越来越少，逐渐偏离了公益目标。

二是事业职责弱化。部分公益二类单位事业职责较为单一，经营创收压力大，生存发展面临较大困境；部分服务保障类单位机构较为臃肿，存在大量空编，造成编制资源的浪费。

三是事业职责分散和交叉。部分流域管理机构所属事业单位在水旱灾害防御、水资源统一管理和调度、水资源保护等职责方面还缺乏相应的技术支撑，不利于职责履行；流域规划编制力量以企业为主，部分单位存在着对规划编制重视度不够，投入的精力有限等问题，难以满足“统一规划”的要求。部分科研类单位在职责分工上不明确，存在部分研究领域的交叉，导致资源重复建设和流域机构内部不良竞争，造成公益服务资源的浪费。

（三）运行机制不健全

流域管理机构是由机关、事业、企业组成的系统治理体系，集行政管理、公益性服务、经营于一体的复合型事业单位，所属事业单位发展需要处理好政事企关系，进一步理顺管办关系。

一是政事关系需要理顺。理顺政事关系是实施管办分离的前提。长期以来政府承担事业单位出资者、服务购买者、资金提供者、监管者等多重角色，政事关系较为复杂。水利行业是传统行业，流域机构所属事业单位设立较久，多数是在计划经济时期成立的，虽经多年的改革，但行政化、主体单一化仍比较凸显，与流域管理机构还存在权责不明晰，受其微观管理和直接管理较多，事业单位法人自主权体现不充分。

二是管办关系需要理顺。流域管理机构普遍直接举办和管理所属事业单位，存在监督职能和举办职能不分的问题，容易形成主管部门职能越位、错位、监管缺位，不利于公益事业发展。事业单位的章程管理和治理机制方面仍处于探索阶段，对流域管理机构的依附程度较大。

三是事企关系需要理顺。目前事业单位办企业情况较为普遍，但仍存在事企不分的情况：其一，事业单位的业务范围与所办企业的经营范围相近，彼此交叉重复，有的所办企业收取应属事业单位的收益，造成国有资产的流失，对事业单位的反哺作用不强。其二，部分事业单位过多干涉企业日常运作，存在一股独大、人为控制的现象，企业缺乏经营自主权，导致企业决策审批程序较为复杂，容易错失良机。其三，目前部分流域管理机构缺乏统一的国有资本运作平台，尚未对事业单位经营性国有资产进行集中统一监管，国有资本配置和监管效率不高。

三、深化事业单位改革工作建议

流域机构的发展方向和管理地位，关系到所属事业单位发展的未来。事业单位优化布局要以强化流域治理管理为导向，优先保障重点领域公益事业发展，做优做强面向社会提供公益服务的事业单位，精简设置为机关提供支持保障的事业单位，创新管理体制机制，激发事业单位活力。

（一）坚持政治统领，加强党的全面领导

把加强党的全面领导贯彻到事业单位改革发展和履职尽责各方面全过程，保证党的领导制度安排到位、作用发挥到位、实际效果到位。完善流域机构所属事业单位党的领导体制和工作机制，根据改革部署要求，同步设置或调整党的组织，理顺党组织隶属关系，按规定核定党组织专职副书记、纪委书记等领导职数。根据不同类型单位特点及改革发展需要，选优配强事业单位领导班子，增强整体功能，充实党务工作力量，充分发挥党组织功能作用。

（二）用好系统思维，优化事业单位布局

找准强化流域治理管理与事业单位职责的结合点，着力保重点、强弱项、补短板，坚持“瘦身”与“健身”相结合，实现流域机构所属事业单位体系架构的重塑，优化调整事业单位职责、编制、隶属关系，明确职责定位,强化公益属性。

在改革中进一步加强规划编制和政策研究、水旱灾害防御、水资源管理和调度、水资源保护等领域事业布局，增强重点领域公益服务力量；按照“一类一策、一家一策”的原则对职能弱化类单位的历史遗留问题进行针对性处理，为流域管理机构履职提供有力保障；精简整合为机关提供支持保障的事业单位，腾出更多资源用于面向社会提供公益服务。

水利事业单位历史遗留问题较多，情况较为复杂，部分流域管理机构

河务局下属县局机关存在混编混岗问题，需要在事业单位改革中进一步优化编制资源配置。对于行政后勤、教育培训、医疗卫生类事业单位改革要做到兼顾水利行业和所处专业领域的政策要求结合行业体制改革协同推进。要强化科技创新和数字化改革目标导向，充分利用信息化手段提高服务效能，精简机构设置、人员配置。

（三）用好“三个抓手”，提高治理效能

充分运用政事权限清单、机构职能编制规定、事业单位章程“三个抓手”，全面加强流域机构所属事业单位内部体制机制建设，进一步理顺政事关系，提高公益服务水平。

一是逐步建立政事权限清单制度。区分党建工作、干部人事、收入分配、业务运行等事项类别，全面梳理流域管理机构举办监督职责和事业单位自主运营管理权限，厘清流域管理机构与所属事业单位的职责边界、理顺政事管办关系，落实事业单位更大自主权，推动流域管理机构从“办事业”向“管事业”转变。逐条逐项厘清主管部门和事业单位党建工作职责分工，以明确的制度规定把坚持党的领导、加强党的建设落到实处。

二是根据流域管理机构新“三定”规定，将梳理主要职责作为事业单位机构职能编制规定工作首要任务，进一步明确事业单位主要职责核定依据和原则要求，加强对流域治理管理中心工作的全流程服务保障。根据事业单位功能定位，概括不同类型事业单位主要职责的特点、内容及要求。对为机关提供支持保障事业单位，重点要厘清职责边界，规范运行行为；对面向社会提供公益服务事业单位，重点要突出公共服务，强化公益属性。严格规范领导职数，严控挂牌机构数量，规范职能配置。充分根据事业单位服务型专业性特点，科学设置内设机构、合理配置人员编制和领导职数，精干设置党务行政、干部人事、财务等综合管理机构，优化业务板块和服务流程。加大事业编制资源统筹。

三是探索制定事业单位章程，按照加强党的全面领导、科学民主管理与依法依规运行有机统一的要求，明确事业单位外部及内部权利义务关系，理顺领导体制和组织结构，建立起符合水利特点、专业特点和内在规律的现代治理机制。在“三定”规定、章程中专章专款明确和强化党组织的地位和作用。

长江水文高层次人才培养及梯队建设的探索与思考

主要完成人：蒋纯　侯春　梁绮云　欧阳骏　王静　冯传勇　苏晓玉　袁雄燕

所在单位：长江水利委员会水文局

党的二十大报告指出，“坚持为党育人、为国育才，全面提高人才自主培养质量，着力造就拔尖创新人才，聚天下英才而用之”。把人才强国、创新驱动发展作为全面建设社会主义现代化国家的基础性、战略性支撑，强调要坚持尊重劳动、尊重知识、尊重人才、尊重创造，完善人才战略布局。水文局始终坚持科技立局、人才强局发展战略，并将高层次人才培养及梯队建设，作为深入推进人才强局战略的一项重要举措，着眼人才战略性开发，逐步建设一支适应新时代水利改革发展需要的高层次人才队伍，为长江水文高质量发展提供坚实的人才保障。

因此，我们通过到长江水利委员会水文局（以下简称“长江委水文局”）的内外单位开展调研、和流域兄弟单位交流、与干部职工座谈、到基层党建联系点开展调研座谈等方式了解情况，对长江水文人才队伍现状、党的十九大以来长江水文高层次人才培养及梯队建设的主要做法进行了梳理和分析，并就下一阶段加强长江水文高层次人才队伍建设提出了思路和对策。

一、单位基本情况及人才队伍现状

（一）单位基本情况

长江委水文局是具有一定管理职能的完全公益类事业单位（正局级），成立于1950年2月，长江委水文局是为长江流域综合治理、水旱灾害防御、工程建设、水资源开发和可持续利用等开展流域水文站网建设、水文水资源监测、水环境监测评价、河道水库测绘、水资源调查评价、水文气象预报、水文分析计算、水文自动测报、河道泥沙演变研究等工作的专业水文机构。所辖8个水文水资源勘测局（水环境监测中心）分别分布在昆明、重庆、宜昌、荆州、襄阳、武汉、南京和上海等地。

（二）人才队伍总体情况

截至2022年10月底，长江委水文局现有在职职工1730人，其中专业技术人员1305人，技术工人425人。在职职工中，博士研究生46人，硕士研究生257人，大学本科811人。在现有1305名专业技术人员中，具有正高级专业技术任职资格98人，具有高级专业技术任职资格461人，具有高级及以上职称人数占比为42.8%。425名技术工人中，高级技师80人，技师212人，技师及以上人数占比为68.7%。

（三）高层次人才培养成效

自党的十九大以来，长江委水文局人才队伍的年龄、专业、学历等结构得到了有效改善，一批具备良好知识结构、年富力强的技术骨干队伍正在迅速成长，队伍整体结构不断优化，专业技术素质明显提高，高层次人才队伍建设稳步推进。

高层次科技人才队伍方面，长江委水文局新入选水利部水利青年科技英才、青年拔尖人才各1人，湖北省政府津贴专家1人，湖北省突出贡献中青年专家2人，水利部一级水文首席预报员2人，长江委青年科技英才4人，长江委重大成就奖获得者1人。

高层次技术技能人才队伍方面，1人获全国先进工作者，2人获全国五一劳动奖章，4人获全国技术能手，5人获全国水利技术能手，4人获湖北省五一劳动奖章，16人获省级各类技术能手等称号，1人获国家技能人才培育突出贡献个人，入选中国能源化学地质工会大国工匠、全国农林水利气象系统绿色生态工匠各1人，水利部水利行业首席技师2人。目前长江委水文局有水利部首席技师工作室2个，汉江局被评为水利行业高技能人才培育基地。

二、高层次人才培养及梯队建设的实践

（一）坚持党管人才、政治引领

习近平总书记指出："各级领导要从执政兴国的高度，牢固确立人才是第一资源、第一资本、第一推动力的思想。"长江委水文局党组准确把握党中央对新时代人才工作提出的新任务新要求，坚持党管人才原则，加强人才队伍建设。在选人用人工作中，严把政治关、品行关、作风关、廉洁关。贯彻落实水利部《关于贯彻落实〈2019—2023年全国党政领导班子建设规划纲要〉的实施意见》和长江委有关文件精神，研究印发了《关于适应新时代要求进一步加强年轻干部培养选拔工作的意见》，探索干部能上能下和干部任期制。多次修改调整绩效考核方案和绩效工资方案，对在抢险救灾等应急事件中表现突出的集体和职工给予奖励。对机关部分管理岗位进行公开遴选等方式，大胆选拔配备素质高、业务精、品德好的年轻干部，不断完善人才评价激励机制，树立重实绩、比贡献的鲜明导向，强化人才政治引领、政治吸纳，为各类优秀人才的脱颖而出创造良好的政策环境和舆论氛围。

（二）坚持精准施策，分类别差异化人才培养

根据长江水文发展需要，科学制定年度进人方案，有序推进人才引进工作。自党的十九大以来，我局通过公开招聘新引进396人，其中博士25名、硕士122名、本科178名、大专71名，涉及专业40余类。针对各类人才引进情况，因材施教，让各类人才在职业生涯起点找准目标，确定发展方向。结合生产工作实际和职工个性化需求，通过岗位培训及学历教育，提高职工业务技能和管理水平，近年来，水文局每年的教育培训经费投入均在300万元以上，并呈逐年递增趋势，年平均参训职工4000余人次。

立足高端引领，优化结构，强优势、补短板，采取有力措施，重点选拔培养一批能够代表我局一流水平、具有领军才能和团队组织能力的高层次科技人才，特别是有重大创新前景和发展潜力的中青年人才，力求在国家、省部级等高层次人才评选中不断取得突破，切实落实长江水文人才队伍建设规划目标任务。长江水文高层次科技人才选拔培养实行自下而上、

逐级选拔、个性化管理的原则，根据不同层次人才培养目标，有针对性地逐步建立“一梯队一策”“一团队一策”“一人一策”，就现有高层次后备人才进行全面分析，研究制定了《水文局国家级专家后备人才培养方案》，同时做好长江水文青年人才培养专项规划，及时对国家级、省部级、长江委级专家三个梯队的后备人选及方案制定进行动态调整，不断充实各层次人才梯队和团队，不断扩大专业覆盖面。通过充分利用行业内外科研平台、组建或加入高层级创新团队、承担重大科研攻关项目、加速科技成果转化、走出去参与国内外学术交流等多种途径，全方位提高人才的攻关能力、创新能力、实践能力和综合素质，进一步提升长江水文高层次人才的行业及社会影响力。

以技能竞赛为依托，精准赋能高技能人才成长。根据青年人才成长规律，抓住新职工入职前五年的黄金成长期，坚持每五年举办一届技术大比武，向上对接委级、省级直至全国技能竞赛，向下建立各勘测局、分局层层选拔的培养机制，实现了基层青年职工技能培训全覆盖。通过以赛促学、标杆引领、导向激励，全面提升了技术技能人才专业技术水平，培养出一批技术精湛、技能高超的技术技能人才，磨炼出一支紧盯行业最新技术的教练团队，形成了一套以竞赛为载体的高层次技术技能人才培养体系。

（三）坚持依托平台、团队及重大项目培养锻炼

长江委水文局充分利用已有的科研平台，围绕长江泥沙及河道演变规律、河道崩岸监测预警技术等，积极开展国家重点研发计划、长江水科学研究联合基金等申报和研究工作，近年来承担国家重点研发计划、国家自然科学基金、长江科学研究联合基金等各类项目30余项。长江委水文局与高校开展深度合作，推荐各专业高层次人才20余名担任高校硕博导师，进一步推进学术交流，促进教学相长；发挥专业优势，与高新技术企业、科研院所建立共享共创机制，牵头成立“长江水文智慧感知技术创新联盟”，拓展科研生产合作，搭建跨界融合、产学研用一体化平台，为高层次人才提供更多的实践锻炼、展露才华、提升能力的机会。

长江委水文局鼓励“揭牌挂帅”，重点支持在传统优势领域、新兴领域和长江大保护急需紧缺领域组建创新团队。目前长江委水文局有长江委级

重点实验室1个，水利部首席技师工作室2个，水利行业高技能人才培养基地1个，共设立11个职工创新工作室，3个长江委职工（劳模）创新工作室，多支创新团队，在ADCP应用开发、水环境、水生态、GNSS无验潮测深、无人机摄影测量、激光雷达滩涂测绘、GIS应用等方面取得了不少创新成果，一批自主研发的软硬件产品亮相中国水博览会。长江委水文局系统性、全方位培养使用专业技术人员，促进优秀拔尖人才脱颖而出。

长江委水文局围绕治江重大科研生产项目和澜湄水资源合作等国际项目，积极选派高层次人才参与乌东德、滇中引水、引江补汉等大中型水库、调水工程设计，深度参与国家水网工程建设。加强国际交流合作，有序开展澜湄水资源合作项目，推动水文信息共享，初步搭建澜沧江预报调度平台，长江水文人才足迹遍及"一带一路"沿线十余个国家。结合重大项目总结提炼创新成果，近年来，获得省部级以上科技进步奖励30余项，获专利100余项，计算机软件著作权60项，出版专著20余部，发表SCI/EI论文50余篇。

（四）坚持完善保障激励体制机制

不断完善人才培养和团队建设机制，先后出台了《水文局高层次人才支持计划》《水文局科技创新基金项目管理暂行办法》《水文局创新团队建设实施办法》等，探索建立了"专家+团队+项目"的高层次科技人才培养模式，周期性给予每个项目团队经费支持，给予必要的人物财支配权，让他们放开手脚、潜心科研、多出成果。建立党组直接掌握联系高层次人才制度，定期征求各类专家人才的意见和建议，为长江水文发展献计献策。全局上下形成合力，集中优势资源，为水文高层次人才培养提供便利和必要支持。

突出建立人才评价和激励机制，坚持物质和精神激励并重，相继出台了《水文局科技成果奖励办法》《水文局青年科技英才评选表彰办法》《长江委水文局技术能手评选表彰办法》等，首次开设水文局科学技术奖，在科研条件、个人待遇方面给予充分倾斜，并在具体业绩成果上明确了奖励标准。打通人才发展通道，建立和完善政策、目标、晋升、绩效、薪酬等灵活多样的人才激励机制，激发各类人才创新创造创业活力。利用各类载体广泛宣传优秀人才典型和人才工作先进经验，营造尊重知识、尊重人才的浓厚氛围。着力解决人才队伍科研成果转化少、收益低等问题，让做出贡献的人才有成就感和获得感。

（五）坚持信息化建设，助力高层次人才培养

积极探索创新，进一步提高人才培养和管理的信息化水平，坚持以人才发展需求为导向，紧密结合人才成长规律及发展特点，研究开发了一套涵盖人事信息管理、人才引进管理、人才评价管理、岗位聘用管理、绩效考核管理、干部选拔任用全流程管理六大模块的人事人才综合管理系统。

通过对各类技术技能人才相关信息的实时更新、维护，实现了各类人才队伍情况动态分析，以全面了解各类人才及各梯队人才变动情况。通过对人才的创新能力、履职能力、发展潜力、应急抢险等综合素质进行综合比较、科学分析，得出更加直观准确的结论，发挥信息系统在人才培养及管理中的优势和作用，进一步推进单位人才队伍建设规划，提供决策支持助力人才培养。同时能进一步分析高层次人才专业特长、工作经历以及项目经验等方面信息，助力单位各层级后备人才队伍建设，有针对性地制定实施人才培养计划，不断提升人才的科技成果转化能力、掌握先进知识和前沿技术的能力，对思想素质好、有发展潜力的年轻人才进行重点培养、跟踪管理，促其更快成长成才。

三、下阶段长江水文高层次人才培养及梯队建设思考

进入新时代，我国治水主要矛盾发生深刻变化，水利工作面临新形势、新任务、新要求。围绕水利改革发展总基调，长江委“四个长江”的治江思路，及长江水文“四个水文”和“补短板、强监管、优服务”主线，对如何贯彻落实长江委党组印发《长江委高层次治江人才选拔培养实施意见的通知》中明确的：建设4个高层次科技人才梯队、创建6个技能名师团队、壮大一支高级专家人才队伍的计划目标，结合调研分析，就推进新时代长江水文高层次人才培养工作提出几点思考。

1.牢牢把握高层次人才培养的目标方向

抓好人才队伍建设是事关长江水文事业健康发展的基础性、战略性任

务，为长江水文高质量发展培养领军人才和高层次人才后备力量，是当前及今后一个阶段最重要的使命任务，应该将其放在更加重要的位置。立足新发展阶段，贯彻新发展理念，构建新发展格局，推动高质量发展。当前，长江水文高质量发展需要我们思考创新的地方还有很多：水文数字化转型之路的探索、关键技术基础理论和技术原理的研究、跨单位跨行业站网的动态优化调整、有核心知识产权和高附加值的高新技术及产品的创新研发、自主研发产品的推广应用等。这些关键技术和关键环节，已经成为制约我们事业改革发展的“卡脖子”因素。如何在危机中育先机、于变局中开新局，要求我们必须牢固树立科技立局、人才强局战略，大力培养锻造一批德才兼备适应长江水文改革发展需要的高层次人才队伍。

2.牢牢把握高层次人才培养的核心理念

深入研究掌握水文人才发展规律，打造从夯实业务基础素质的“装备补足期”、积累项目经验锤炼核心能力的“实战历练期”、找准目标领域深耕提炼的“沉淀发展期”到在专业范畴引领行业发展的“领军开创期”的高层次人才全周期培养体系。科学制定《水文局人才队伍建设“十四五”规划》，以改革创新为动力，以调整人才结构为主线，以高层次人才梯队建设为重点，不断提高人才队伍综合素质和创新能力，推动人才工作与长江水文改革发展目标同向、举措同步、成效同显。

着力构建高层次人才数字模型，用好用活人才信息库，统筹运用数字化技术、数字化思维、数字化认知，把数字化一体化贯穿到人才培养发展全过程，通过数据赋能、技术赋能策略，对人才培养发展管理机制、方式、流程、手段等进行全方位系统性重塑。抓好信息采集和平台建设工作，围绕人才需求、业务协同，实现全方位的赋能，使人才的引进、培养、评价、服务等各个环节无缝对接，紧密相连，提升高层次人才培养发展管理的现代化水平。

3.牢牢把握高层次人才培养的评价要素

做好新时代人才工作，坚持党管人才，必须将爱党爱国作为我们引进、培养高层次人才的首要评价要素。坚持德才兼备，加强对高层次人才科学精神、职业道德等评价，引导高层次人才牢固树立对党和国家的忠诚，树立坚定的理想信念，在关键时刻冲得上去、危难时刻豁得出来，自觉将个人命运与国家和民族的命运紧密相连，把个人的成长成才自觉融入到单位事业发展、服务社会经济发展、建设社会主义现代化强国和实现中华民族伟大复兴的奋斗之中。高层次人才评价要进一步破“四唯”，要清晰地认识到将论文、奖项作为人才评价唯一标准时，对创新人才活力释放形成的阻碍。有“破”必然有“立”，要回归人才培养、人才引进、人才使用的初心，建立科学的人才评价机制，结合长江水文“五大体系”建设和现代化发展需要，探索建立以创新能力、创新成果、解决实际问题的贡献、产学研深度融合成效、服务社会经济、应对突发事件、保障民生和社会安全等服务能力为核心评价要素的立体评价体系。

4.牢牢把握高层次人才培养的机制保障

各级党组（委）要深入学习领会中央和水利部关于人才工作的精神要求和决策部署，进一步树牢人才是“第一资源”的意识，加强人才工作的形势研判、整体谋划和专题研究，切实担负起人才工作主体责任。坚持人才工作目标责任制考核，将人才工作纳入各级领导班子和领导干部工作实绩考核，将考核结果作为领导班子评优、干部评价的重要依据。进一步与科技、工会等相关部门协调配合，举全局之力为人才成长提供更有效的帮助、更广阔的平台。在自然科学基金项目申请、创新基地和平台资源共享、水文局科技创新基金申请、水文创新成果名录申报，以及“五小”成果评选、职工创新工作室评选考核、岗位能手申报评选、创新创优创效成果评选等方面主动对接服务。围绕水旱灾害防御智慧调度和数字孪生流域建设等治江重点领域，发挥我局现有高层次专家的引领力，通过跨部门、专业组建团队，集智攻关，探索人才培养新模式。建立领导干部联系青年人才工作制度，协调解决高层次人才遇到的政策性障碍，以及重大人才项目、重要人才政策实施和重点人才平台建设过程中遇到的困难问题，接地气的同时团结人才、添活力的同时凝聚人才。逐步形成党组（委）统一领导，人事部门牵头抓总，相关部门各司其职、密切配合的有效机制，加强针对性引导，全局上下同频共振，为有志向、有志愿、有实力的高层次后备人才畅通成长成才渠道。

功以才成，业由才兴。世上一切事物中人是最可贵的，一切创新成果都是人做出来的。硬实力、软实力，归根到底要靠人才实力。我们将继续深入贯彻落实党中央、上级党组织关于加强人才队伍建设工作的有关要求，牢固树立“抓人才就是抓生产力、抓人才就是抓创新力”的理念，进一步加大高层次人才培养力度，不断优化人才队伍结构，加快建设一支数量充足、结构合理、素质优良、保障有力的高层人才队伍，为服务流域经济社会和长江水文高质量发展提供优质的人才保障和智力支持。

强化思想政治引领　激发干事创业热情
助推水利高素质创新人才培养

主要完成人：郭文康　冯雪　杨婉　房润南　向前　刘珊燕
所在单位：长江水利委员会长江科学院

进入新时代，世界百年未有之大变局加速演进，中华民族伟大复兴进入关键时期。全球范围内新一轮科技革命和产业变革蓬勃兴起，世界各国都在抢抓机遇，国际人才争夺日趋白热化。我国要实现高水平科技自立自强，归根结底要依靠高水平创新人才。习近平总书记在中央人才工作会议上指出，要为各类人才搭建干事创业的平台，构建充分体现知识、技术等创新要素价值的收益分配机制，让事业激励人才，让人才成就事业。近年来，水利科研单位在高素质创新人才的“选、用、育、留”过程中注重运用薪酬福利等物质激励方式激发各类人才创新创业的内生动力，对高素质创新人才培养发挥了重要的作用。然而，随着我国经济社会发展，新时代新阶段高素质创新人才培养也面临新形势，特别是经济、文化和社会发展到较高水平后，仅仅依靠薪酬福利待遇等激励方式，不足以充分激发高素质创新人才的内生动力，难以树立正确的价值导向和实现长效激励。因此，对高素质创新人才的培养，就更需要强化思想政治引领，以思想政治教育工作为抓手，增强其对水利科技创新工作的责任感和使命感。

本文通过查阅图书、期刊文献、研究报告和实地访谈等方法，梳理了当前水利科研单位对高素质创新人才的常用激励方式及存在的问题，从强化思想政治引领出发，探索用事业激励助推高素质创新人才培养的新方法，并从政治引领、事业激励和营造氛围等方面提出了具体的建议对策，旨在为进一步完善和丰富水利高素质创新人才发展机制提供参考。

一、当前创新人才激励常用方式及存在的主要问题

（一）当前人才激励常用方式

当前常用的人才激励手段包括物质激励、精神激励以及感情激励三种。物质激励主要是借助物质层面的手段调动创新人才的积极性、主动性和创造性，包括金钱报酬、科技成果转化现金奖励、股权激励、岗位分红和其他实物奖励等；精神激励是借助精神层面的手段调动创新人才的积极性、主动性和创造性，包括工作评价、平台条件、环境氛围、培训学习、发展机遇、休假等多种形式；感情激励主要是借助感情层面的手段，与人才交流沟通，处理好人才与各方的关系，让人才获得感情上的满足，从而达到调动人才积极性、主动性、创造性的目的，培养人才的事业心和归属感便是感情激励的一种表现。

（二）当前人才激励存在的主要问题

1.激励方式较为单一

只有对水利高素质创新人才实施正确的激励方式，才能发挥激励作用，增强激励效果。目前我国水利科研单位激励高素质人才方式较为单一，物质激励是主要方式，精神激励和感情激励偏少。事实上，根据马斯洛需求理论，人的需求一般包括五个层级（金字塔形），从底部向上需求层次分别为：生理（食物和衣服等）、安全（工作保障等）、社交需要（友谊等）、尊重和自我实现。“自我实现”是人的最高需求。水利高素质创新人才的需求同样如此，当工资待遇、物质激励等满足了“基础性需求”，更高层次的精神激励和感情激励也必不可少，即文化建设、荣誉奖励、环境氛围等“尊重、求职和审美”“高素质需求”，事业心和归属感等“自我实现”的需求也就理所应当地成为了他们的追求目标。因此，当前水利科研单位高素质创新人才激励方式与人才发展实际需求不匹配，激励作用发挥并不充分。

2.过于注重短期激励

物质激励是人才激励最重要的手段，从短期来看可以快速调动人才的积极性，但容易让科研人员产生急功近利的心理，不利于单位和人才的长远发展。实际工作中，水利科研单位的高素质人才主要从事前沿性、基础

性、公益性研究的工作，因其承担基础研究项目的研究周期较长且存在诸多不确定因素，一般难在短期内产生明显效益。然而，从事横向项目等应用性研究的高素质人才更容易从市场中获取研究周期短、效益高的应用研究项目，其科技成果转化也较为容易，一定程度上引导和鼓励科研人员去市场寻找冲业绩、搞创收的横向项目、寻找能够实现科技成果转化的项目，造成市场化导向过重，导致出现“科研人员无法安心做基础科研”的情况。因此，当前的水利科研人员不同程度地存在趋利倾向和科技浮躁现象，潜心研究、追求卓越、风清气正的科研氛围尚未真正形成，不利于科研单位和高素质人才的长远发展。此外，给予高素质创新人才过高额度奖金有可能会破坏科研工作的氛围，导致人才之间的沟通与协作有所保留，这将直接影响工作的效率和效果。

二、对策措施研究

（一）政治引领，用理想信念筑牢奋斗基石

自党的十八大以来，习近平总书记高度重视党对人才工作的全面领导，多次强调坚持正确政治方向，加强对人才的政治引领，号召知识分子和广大人才为服务国家富强、民族复兴、人民幸福贡献力量。今年的中央人才工作会议上习近平总书记再次强调，做好人才工作必须坚持正确政治方向，不断加强和改进知识分子工作，鼓励人才深怀爱国之心、砥砺报国之志，主动担负起时代赋予的使命责任。广大人才要继承和发扬老一辈科学家胸怀祖国、服务人民的优秀品质，心怀“国之大者”，为国分忧、为国解难、为国尽责。

思想政治引领及教育在高素质创新人才培养中起着很关键的作用。马克思主义科学的世界观、人生观和价值观发挥着导向和动力作用，优秀的思想品德内化为创新主体的人格，激发其精神动力、驾驭其创新能力、监控其创新行为，有效推动产出创新创造成果。强化对高素质创新人才培养的思想政治引领及教育工作，增强其组织归属感和价值认同感，能最大限度激发其创新潜能，能真正做到思想留人，用理想信念筑牢终生奋斗基石。

当前，国际人才竞争已经成为大国博弈的关键领域，科学无国界，但

科学家是有国家的，我们要更加注重思想政治引领和教育，发扬钱学森、邓稼先等科学家先辈的精神，不断筑牢高素质创新人才的理想信念和思想根基，不断增强其归属感和价值认同感，心怀“国之大者”，站在国家和水利事业高质量发展的高度，不断强化其事业心、使命感、责任感，从而最大限度激发其创新潜能，确保水利高素质创新人才引得进、留得住、用得好，并进一步加速创新人才快速成长。

（二）事业激励，用事业助推高素质创新人才培养

事业激励本质上兼具精神激励和情感激励的主要特征，通过培养创新人才的事业心、为民奉献及干事创业的家国情怀，使得高素质创新人才对自己所从事的事业形成坚定不移的执着追求，进而产生进取心和自信心，充分激发其主动性和创造性，充分释放其干事的激情、创业的豪情、敬业的痴情，助推创新人才培养和创新成果产出。通常事业心强的人，往往能妥善处理好自己的能力和任务完成水平，失败了也能正确对待，具有坚定的意志和长远发展的思想境界，一般不会产生急功近利的浮躁思想，也不容易形成不良的物质追求。因此，在水利高素质创新人才培养过程中充分运用事业激励可以进一步丰富人才激励手段，克服过度采用物质激励带来的问题，用我国水利的千秋大业吸引、培养和用好高素质创新人才。

水利事业是国计民生，千年大计。在古代，“三过家门而不入”的大禹治水故事至今仍家喻户晓，他总结吸取了鲧治水的经验教训，提出了改堵为疏、因势利导的治水策略，前后历时十三年，终于治水成功，大禹治水被誉为中华文明的起源，为夏王朝的开创奠定了基础；战国时期，蜀郡太守李冰把治水作为终生奋斗的事业，创建奇功，在前人鳖灵开凿的基础上修建都江堰，两千多年来一直发挥着防洪灌溉的作用，使成都平原成为水旱从人、沃野千里的“天府之国”，都江堰也成为世界上最伟大的水利工程和生态水利工程的典范，李冰父子在创建千秋伟业的同时也成就了自己。新中国成立初期，河南安阳林县县委书记杨贵带领全县人民经过艰苦奋斗，做出巨大牺牲，用人工开凿、修通被誉为“世界水利第八大奇迹”的“人工天河”——红旗渠。当代以“三峡之子”郑守仁院士为代表的水利科技工作者，数十年如一日攻坚克难、坚守工地，建成了当今世界上规模最大

的水电站，也是我国有史以来建设最大型的工程项目——长江三峡工程。大禹、李冰、杨贵、郑守仁等都是一身执着于水利事业的典型代表，古往今来这样的人物不胜枚举，他们把水利事业作为毕生追求，在完成伟大事业的同时也成就了他们的伟大人生。

当前，正在实施的长江大保护、黄河大保护等战略，以及推动新阶段水利高质量发展的完善流域防洪工程体系、实施国家水网重大工程、复苏河湖生态环境、推进智慧水利建设、建立健全节水制度政策、强化体制机制法治管理等六条实施路径的任务目标中，包含着大量的基础理论、应用技术和政策体系等研究内容，为水利高素质创新人才提供了发挥个人潜能、成长和成为更高层次人才的广阔发展空间。因此，在水利高素质人才培养过程中要努力用好事业激励手段，科学引导他们对从事的水利事业形成坚定的执着追求，在参与国家重大工程或国家重点战略中挥洒才华，留下浓墨重彩的事业成就，实现人生价值。

（三）营造氛围，用良好环境助推人才成就事业

一是营造有利于高素质创新人才干事创业、潜心研究的良好氛围。要加大对从事基础性、前沿性和公益性研究科研人员的事业激励力度，加强政策宣传、事业心培养，摒弃急功近利的浮躁思想，积极引导基础科研人员牢固树立十年磨一剑、板凳甘坐十年冷、梅花香自苦寒来的潜心研究的良好氛围。

二是加强环境平台的建设，为高素质创新人才提供干事创业、施展才华的舞台。在软环境建设方面，不仅要给创新人才提供工作便利，还要从情感上给予他们关心与帮助，想其所想，急其所急，真正让他们感受到单位的温暖与爱护。特殊急需人才引进方面，可以帮助其解决住房、医疗、配偶、子女就业与就学等问题，免除他们的后顾之忧。此外，加强单位文化建设，从隐性与显性要素层面支持创新人才发展，激发他们的责任感、使命感与归属感，使其专心于本职工作，增加其情感承诺，为水利事业发展做出更大的贡献。

在硬环境建设方面，单位应该积极为其成长、成才、成功提供必要条件，为他们营造有利的工作环境，创造培训、深造的机会，加大研究与培

养资金的投入力度，帮助他们获得职业发展所需的资源与机会。通过加大环境建设与组织支持力度，真正留住、用好创新人才，实现创新人才对组织价值观的认同。

三是加强新时代“水利事业”的宣传力度，不断增强高素质创新人才的事业心。新阶段的水利中心工作有了新变化，因此，要更加注重在水利创新人才的“引、培、留、用”等各个环节对新时代“水利事业”的宣传力度，不断增强水利创新人才的事业心、使命感、责任感，充分激励他们努力参与完成新时期全面提升水安全保障能力目标，为重点提升水旱灾害防御能力、水资源集约安全利用能力、水资源优化配置能力、大江大河大湖生态保护治理能力等新时期水利中心工作贡献力量。

三、结语

当前，水利科研单位的人才培养激励手段主要还是聚焦在常用的物质激励上，精神激励和感情激励偏少，短期激励与长效激励的共同运用不足，亟须强化思想政治教育，进一步发挥政治引领、事业激励和氛围营造等措施在高素质创新人才培养中的重要作用，充分利用当前我国政治稳定、经济繁荣、创新活跃的难得机遇期，全面构筑集聚全球优秀人才的水利科研创新高地，让高素质人才的创造活力竞相迸发，聪明才智充分涌流，为水利事业高质量发展汇聚磅礴的人才。

以岗定培、赛证融合，培养水利高素质技能人才队伍

主要完成人：杨兵　游荣强

所在单位：长江委汉江集团

一、水利事业的发展和技能人才的现状对高素质技能人才队伍建设要求日益迫切

党的十八大以来，水利人才工作深入贯彻落实习近平总书记在中央人才工作会议上的重要讲话精神，聚焦国家重大战略和水利高质量发展对高素质专业化人才的需求，以建设与经济社会发展相适应、与水利事业发展相匹配的一流水利人才队伍为目标，坚持问题导向、目标导向，强化前瞻性思考、全局性谋划、战略性布局和整体性推进，补齐工作短板，完善发展机制，激发人才活力，营造良好环境，努力打造一支数量充足、结构优化、布局合理、素质优良的专业化水利人才队伍，为水利高质量发展提供有力的人才保障和智力支持。

从整体上看，经过水利行业改革的发展，水利行业技能人才队伍建设有了很大的进步，人才数量有了明显的增加，对保障新时期水利事业的发展起到了很好的作用。但相较水利事业改革高速发展的要求，水利高技能人才队伍建设还有许多事情要做，现有的队伍建设还不能跟上水利行业高速发展的基本需求，是制约水利事业发展的“短板”。由于水利行业的特殊性，水利行业的技能人才队伍存在着劳动密集、工作量大、人员舒适度和幸福感低的客观现实，人才队伍建设的数量和质量还待进一步提高，因此人才队伍相对于其他先进行业吸引力不强，在实际工作中高技能人才队伍存在着明显的缺档现象。随着治水矛盾的转变，水利事业也处于重大转型期，践行水利改革发展总基调，急需高素质水利技能人才队伍，因此培养

水利高技能人才队伍成为当务之急。

水利技能人才大多在企事业单位，大部分水利行业对技能人才队伍的培养缺乏足够的重视，各种配套的制度不健全，激励机制不完善、奖励不到位，因此人员队伍素质参差不齐。同时一些新的技术工艺不断出现，需要对技能型人才进行动态化、持续化的培训和提升，以适应新时期的发展。但新时期技能人才培养中多采用的是单一的教育培训模式，由于培训中采用“被动化”的培训计划，很多教育培训沦为了为应付上级检查的形式，出现计划和目标脱节，形式和内容不能满足实际需求，因此有了不能吸引技能型人才主动参与的现象。同时，培训结果没有明确的可吸引的归宿，和工资、待遇、奖励等没有形成一套完整的激励机制，因此技能型人才队伍建设处于一种被动适应新时代水利发展的局面。所以要主动适应新时代水利改革事业的发展，就需要通过改革现有的培训模式，提高适应能力，为培养一批高素质的技能人才队伍重新谋划。

二、“岗”“培”“赛”“证”的提出和含义

水利高素质技能人才是国家水利事业发展的重要战略资源，培养高技能人才是水利人才培养改革实现高端发展、优化人才结构的必然选择。水利高素质人才队伍现状对培养高素质人才队伍提出新的要求，为增强水利人才培训模式的适应性，培养更多的高素质技能人才，水利人才培训急需创新育人模式。部分水利行业企业在开展“岗”“培”“赛”“证”培养高技能人才工作中总结了一些经验，并进行了有益尝试，在实践中取得了较为显著的成效。

“岗”：指的是水利技能人员的岗位，由于水利行业的特殊性，水利人员岗位主要集中在水利工程运行与管理、水文、水土保持等部门，水利技能人员都有自己明确的工作内容和职责，由于水利行业工作岗位主要与水打交道，因此其岗位的内容完成质量直接关系到水利行业发展的大局。

“培”：指的是职工培训，是企业对职工进行有计划、有针对性、多层次、多形式的训练和培养的活动。旨在全面提高职工的文化、技术、管理和政治思想素质；增强其任职能力，提高工作效率。职工培训是国民教育体系的组成部分，培训是提高技能人员素质的重要途径。

“赛”：指的是技能竞赛，狭义所指的是各级部门组织的水利行业的技能竞赛，广义上也包括了日常生产中的技术比武、技能比赛。

“证”：狭义上的证主要指的是水利行业的职业资格证书，广义上的证还包括水平评价类证书、注册类执业资格证书、各级技术能手证书等。

三、以岗定培，突出培训的核心内涵

以岗定培是培养水利技能人才中确定培训内容的重要思路，主要就是通过岗位要求来确定培训内容与方式，要做好以岗定培，首先要明确岗位对人员的知识、技能的素质要求，结合人员的现实状况，根据人才培养的客观规律，确定培训的内容，并对培训的内容进行检查、整改，进一步实施（图1）。

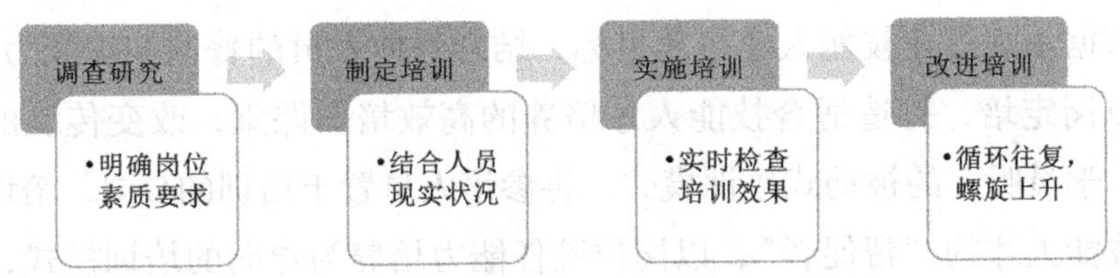

图1　以岗定培的程序图

（一）以岗位需求为核心，突出培训的针对性

首先，要紧扣岗位的技能标准来确定培训内容。培训的内容要通过调研，明确培训内容所对应的岗位的适应性。在实际调研过程中，以岗位技能需求为主线进行工作分析，通过对完成工作任务过程的系统化分析，形成工作项目，然后设置培训内容。培训内容的设计要本着“实用可用”的原则，以做到“培训后能上岗、上岗能操作”的原则，通过培训内容的整合，按照系统建设的要求构建基于能力本位的培训体系。

（二）紧扣岗位技能标准设计实操培训

实操能力是高技能人才的主要素质要求，要基于岗位技能要求，按照基本技能、核心技能、综合技能的能力递进规律设计适应技能人才提升的技能实操培训过程；同时，要基于岗位实操的要求，编制岗位实操指导手册与评价标准，实操培训内容主要来自行业实际工作的技能需求，实行真操真练，由具有实践经验的人员担任指导，同时完成专项技术工作，着重提高技能人才解决实践问题的能力。

（三）构建模块化培训体系

充分利用水利行业熟悉业务、有较高业务能力的人员与培训团队共同组成培训内容设计团队，针对岗位进行工作任务和职业能力分析，整理水利行业技能人才的职业能力清单，也可根据已有的水利行业技能人才工种的职业能力要求，并基于此构建模块化的培训内容，开发以能力为基本单位的新型活页式的培训内容。

（四）改革培训方式

依据水利行业技能人才培养目标，结合目前人员的普遍知识能力水平，立足以岗定培，打造适合技能人才培养的高效培训课堂，改变传统的“老师讲、学员听”的被动式培训模式，将参培人员置于培训的C位，培训老师成为技能人才的“帮促者”，以岗位胜任能力培养为导向的培训模式，培训组织力求角色化，培训过程力求工作化。

四、以赛促培，赛证导培，做高技能人才培养的活化剂

培训是高技能人才成长的阶梯，培训的质量如何，最终要靠实际工作的能力水平来检验。职业技能大赛是将国家的职业标准、行业企业的岗位标准融入到竞赛中，是全方位地体现实际工作能力水平的一个极为重要的手段。通过技能竞赛来促进技能培训，通过竞赛和取证引领培训，能够更好地将技能培训的导向性、目的性做好。

（一）充分发挥技能竞赛“试金石”和“方向标”的作用，开放式地培养高技能人才

职业技能竞赛是高技能人才培养的重要抓手，是检验高技能人才培养质量的试金石，也是人才培养工作标志性成果的重要组成部分。优秀的技

能竞赛成绩的取得，既能“提气”，又能“锻魂”，不仅能够树立企业良好的形象，还能体现个人的能力和价值。个人通过在技能大赛获得物质奖励和精神奖励，在全社会树立一个良好的形象。

技能人才培养要持续以技能大赛为导向，充分发挥技能竞赛对技能人才培养的“树旗、导航、定标、催化”作用，不断提升技能人员的理论水平和操作技能，扎实推动技能培训的高质量发展。

（二）根据技能竞赛的效果引领培训方向

在技能竞赛的项目设置上，借鉴成熟的技能大赛经验，根据水利行业的发展方向，具有一定的前瞻性和引领性，能够代表若干年后的实用方向。同时，也要突出适用性和可行性，竞赛项目要和工作实际紧密结合，体现出工作的具体要求并具有可操作性。

技能竞赛是一种创新性培训技能人才的方式，通过技能竞赛，实战化的检验培训效果，更好地总结技能培训的优势经验，发现技能培训的缺点和不足。参赛单位和主办技能竞赛单位通过技能竞赛的过程和效果总结经验，在技能培训的内容、形式、深度、方法、考核的方法进行进一步优化，通过改进提高培训模式来进一步适应新的岗位技能素质需求，单位也通过不断培训优化，在技能大赛中取得更好的成绩，实现良性循环。

同时将技能竞赛项目融入技能人才培养方案。从专业技能竞赛项目中整理出知识、技能、素养方面的要求，并将知识点、技能目标、素养目标融入培训方案目标中，形成“赛培融通”体系，同时设置相应的技能竞赛培训模块。

（三）以证导培，通过证书的权威性为培训设定可视化目标

职业资格、水平评价类证书既有现实的通用权威性，又有实际工作中的身份标识作用，因此证书对技能人才具有很强的吸引力，利用证书的人才导向作用，为技能人才的培训设定明确的可视化目标。

高技能人才培养在锚定行业需求的同时，树立竞赛、取证两大功能性目标后，可以按照技能等级的划分建立相应的培训体系。培训体系可分为两部分，首级培训主要是针对的是基础理论、企业岗位目标，技工实习等，

也是初级培训，通过培训为以后的取证打下基础；后级培训，也是高级培训，涵盖技能大赛、职业资格认证等环节，用可视化的培训目标为培训工作树立标杆。

五、赛证融合是培养高技能人才的促进剂

“岗培赛证”是培养高技能人才的重要举措，“岗”“培”“赛”“证”是包含丰富内容的个体，同时也是有机联系的统一体，在“岗”“培”“赛”“证”模式中，要突出赛证融合的积极作用，以赛取证，以证促赛，发挥赛证融合促进剂的作用。

（一）打通赛证在培训及能力要求上的相通性

着力赛证融合，引领培训改革。在技能竞赛的科目设置上，要求和水利行业职业资格等证书内容上要具有密切的相通性，将职业资格的能力要求成为技能竞赛科目设置的原则之一。

通过赛证融合，将技能竞赛培训的内容直接转化为证书考试的培训资源，通过竞赛心得整理、竞赛规范整理、理论知识整理、竞赛成果整理以及微课视频录制等，将竞赛内容和心得体会融合到证书考试的培训学习中，将竞赛的培训成果转化为考证的培训资源。

结合赛证上的各自要求，在竞赛能力要求上和职业资格能力要求上体现出二者的相同性，通过培训，使得能力要求既能达到职业资格证书要求，又能够满足不同等级竞赛的能力要求。

（二）以赛取证、以赛促证

通过技能竞赛和水利职业资格证书等具有的相通性，将竞赛和取证紧密地结合起来，在高级别技能竞赛规则中设定参赛获奖人员可以直接晋升高一级的水利行业职业资格或缩短晋升高一级资格的时间，目标部分竞赛项目已经开始执行这项规定。通过这样的设置，既可以提高赛事的吸引力，又可以和参赛人员的实际需求紧密地结合起来，同时，在技能竞赛中根据不同等级的技能竞赛，获得不同等级的证书划分，可以优化赛证融合的方

式和途径。

作为技能竞赛的培训人员，要时刻认识到行业、企业对高技能人才的素养和技能的新要求，充分掌握专业发展的动态，通过培训、设定的竞赛激励机制，让竞赛产生激励效益。形成以赛促证的良好氛围。形成人人取证，人人考证的良好局面。

（三）赛证定新，完善分配机制和激励措施

水利行业企业事业单位在高技能人才的激励上可设立技能津贴、竞赛奖励、证书补贴等多种形式，通过技能等级、竞赛成绩、证书含金量来确定相应地薪资，支持鼓励高技能人才在岗位上发挥技能水平的同时，又能提高工资收入，通过提高获得感来激励一大批人员参与到技能水平的提高上来，为技能兴国打好基础。

同时鼓励行业企业根据需要，建立高技能领军人才以及参与重大生产决策、重大技术革新和技术攻关项目的制度。

鼓励和引导行业企业事业单位关心关爱技能人才，依法保障高技能人才合法权益，合理确定劳动报酬，完善奖励分配机制。针对竞赛获奖、考试取证等特殊贡献的高技能人才，畅通高技能人才向专业技术岗位或管理岗位流动渠道。同时在提高技能人才合理报酬的同时，引导高技能人才向基层一线流动，充实一线技能人员需求。

六、通过“岗”“培”“赛”“证”培养模式，综合提高水利高技能人才队伍素质

“岗”“培”“赛”“证”是四个相互联系、彼此相互促进的个体，“岗”是目标、“培”是内容、“赛”是形式、“证”是结果。通过四位一体的推进，示范引领，起到综合提升水利行业高技能人才队伍素质的作用，在优化岗培赛模式中，还需要继续做好以下工作。

（一）强化基于岗位能力要求的培训队伍建设

“岗”“培”“赛”“证”的培养模式中，“培”是内容的核心，是关键。培

训队伍的建设既能够适应理论培训需要，又能进行技能实操的辅导。目前行业企业中具有两种能力的培训人员相对比较短缺。因此培养高素质的培训人才队伍也是提升培训质量的关键。

提升培训队伍建设，首先在实际培训能力人员短缺的情况下，可以选择优化队伍结构，对部分实操培训可引进行业内的技能竞赛高手等专家进行指导；其次是与行业相关职业院校建立联系机制，让高校教师进入企业之中，可以明显提升培训质量；最后是鼓励培训人员高标准取证，强化培训人员素质，提高对培训人员自身的技能要求，以上举措为提升培训人员的质量打下坚实的基础。

（二）对接行业证书，健全培训标准体系

按照水利行业工种设置需求进行行业证书对接、培训内容与行业的技能要求标准对接、培训过程与岗位生产过程对接的要求，对接行业证书评价标准，持续更新并推进培训标准。根据水利行业技能要求标准和培训师资的实际能力，开发技能培训标准，指导培训部门调整培训项目的设置和具体的内容，规范技能鉴定，使参加培训人员在通过卓有成效的培训后，通过自身努力同时获得相应的职业资格证书，实现培证融合，畅通技术技能人才成长渠道。

（三）基于行业标准，不断完善高技能人才证书体系

目前高技能人员的职业技能鉴定证书主要采用的是社会化职业技能鉴定方式，其他的职业资格证书采用的是全国统一考试的方式。目前企业事业单位的高技能人才评价和专项职业能力考核没有充分做到与时俱进，很多考核办法沿用的是多年前制定的行业标准规范。改革完善技能人才证书体系，需要借鉴以往的成熟经验，采用依托具备条件的国有大中型企业，推进高技能人才评价工作。利用国有大中小企业在水利行业技术引领的标杆作用，不断完善基于水利行业标准的评价职工在执行操作规程、解决生产问题和完成工作任务等方面的能力；同时根据行业发展，不断制定一批具有较高技术含量的专项职业能力的考核规范，挖掘高技能人才应掌握的高技能素养，尝试进行实用的职业能力认证，促进理论培训向技能培训的转

变。严格技能人员取证考核质量，制定符合岗位实际的通过率，宁缺毋滥，把技能人才培养和技能提升与行业技术发展的相通性放在重要位置，强化技能鉴定证书的含金量。

水利行业高素质技能人才培养是一个系统且复杂的工程，当今中国乃至全球社会正经历百年未有之大变局，在水利高技能人才培养的同时应时刻心怀“国之大者”，立足水利岗位实际状况，优化改革培训模式，赛证融合，切实提高技能人才的技能水平，打造适应水利行业高质量发展的人才竞争力。水利行业各级单位要转变观念，改革培训体系，充分利用“岗培赛证”新的模式，为水利行业高技能人才培养持续助力。

水利科研人才队伍建设的思考与实践

主要完成人：冯雪　房润南　徐海涛　郭文康　杨婉　刘珊燕　左甜

所在单位：长江水利委员会长江科学院

千秋大业，人才为基。当前，中国特色社会主义进入新时代，水利改革发展也进入了新时代。党的十八大以来，以习近平同志为核心的党中央确立了人才引领发展的战略地位。习近平总书记指出“新时代是在奋斗中成就伟业、造就人才的时代”。国家战略创新驱动发展，国家部委陆续出台政策，对创新人才发展也提出了更高要求。国家形势对人才队伍建设具有推动作用，对水利人才队伍建设也提出了更高的要求。

本研究以问卷调查和召开人才专题座谈会的形式进行调研，通过对本单位人才队伍现状、存在的问题进行分析，为水利行业人才队伍建设规划提供依据。

一、人才队伍现状

（一）人力资源基本情况

截至2022年11月，长江科学院（以下简称“长科院”）在职职工800余人。在职职工平均年龄约42岁，35岁及以下职工占比36.0%，36～45岁职工占比25.1%，45岁以下职工占比达到61.1%。作为水利科研单位，近年来，长江科学院高学历人才队伍结构得到优化，博硕士学历人数占比提高到在编人员总数的65.6%，具有副高及以上专业技术职称占比约提高到在编人员总数的60%。总体而言，高学历和高级职称人员已具一定规模。

（二）高层次人才情况

近年来，长科院先后承担了国家高层次人才特殊经费项目、水利部引进境外技术、管理人才项目、中国水利学会青年人才托举工程和助力计划项目、湖北省高端人才引领培养计划项目等。围绕新时期治水治江新思路，面向水安全保障、水生态文明建设、“补短板强监管”“四个长江”建设、长江经济带发展等方面的科技新需求，紧跟国家、部委科技改革新动向，大力开展治水治江科学问题研究，承担了国家科技支撑项目、国家重点研发计划项目、国家自然科学基金项目、省部级科技计划项目等，取得了丰硕成果，锻炼塑造出了一支科技治江主力军。截至2020年12月，长科院在职职工中获得国家、省部级等各类专家称号80余人。

二、当前人才队伍建设主要存在的问题

通过问卷调查和座谈调研发现，长科院人才培养及人才开发虽取得了一定的成效，但依然存在以下问题。

（一）人才评价激励机制不够完善

调查问卷中，有71.5%的人认为“单位很重视人才培养工作，但缺少长远规划及完善的培养机制”，大多数人认为应该设置“有明确导向作用的考核指标”和实施“切实可行的人才分类评价”。

出台行之有效的人才分类、评价及激励措施是当前职工呼声较高的诉求，调查问卷及座谈中，“您最看重以下哪些方面”，排在前四位的选项是“收入待遇”“学术成就和声望”“个人兴趣/潜力发挥”“社会价值/贡献”，潜心专业，发挥个人专长，实现个人价值是大家的共同愿望。“在您成长中困扰您的主要问题”调查中，绝大多数人选择了“产研矛盾突出，潜心科研环境差”“专业发展定位不清，没有明确的发展目标”，大多数人呼吁“拥有更多项目资金的支配权”“拥有更多自己项目的灵活时间”“自己组建或领导项目团队”“在工作安排上充分考虑本人专业、专长和兴趣”。57.6%参加调查问卷的人认为“项目收益奖励机制，建立项目独立核算评价体系，奖金与效益直接挂钩”是最有效的收益机理模式。总的来看，单位在人才培养、评价、激励机制仍不够完善，人才评价衡量标准仍不够科学，分类评价指标不够健全，相关政策实施不够扎实，激励手段较为单一，营造科

研人员潜心研究、埋头苦干工作氛围的力度不够，对人才先进事迹宣传不足，在调动各类人才的积极性和创造性方面的举措不够具体。

（二）高层次领军人才匮乏

“十三五”期间，实施了杰出人才培育工程并加大了引进高层次及急需特殊人才力度，但在院士、国家有突出贡献的中青年专家、杰青获得者、科技创新领军人才方面仍未取得突出性进展，同时国家级、省部级领军人才规模仍总体偏小，培育杰出人才的基础还相对薄弱。“当前长科院人才队伍建设方面主要问题”问卷调查结果显示，“高端领军人才匮乏”和“高层次创新人才短缺”占比较高。领军人才及高水平创新团队的缺乏，导致长科院在学科发展前沿和治江事业重大战略性问题研究上缺乏有效话语权。

（三）人才结构性矛盾较为突出

一是人员规模呈现萎缩趋势。在人才引进招聘难度加大、退休人数增加的双重因素影响下，长科院人员规模已开始出现萎缩趋势。

二是人才队伍年龄结构存在断层现象。20世纪60年代出生的国家级、省部级具有较大影响力的专家级人才有一定规模，但70年代出生的专家人才出现了断层现象，既表现在数量上的锐减，也表现在行业影响力上的不足。80年代出生的后起之秀虽初具规模，但在行业和学界的影响力尚未建立。专业领域的优秀人才数量较少，学科带头人缺乏发展后劲。人才梯队的青黄不接，给我院相关专业的可持续发展带来了不利影响。

（四）青年职工流动率较高

据统计，近10年人才的流动年龄段主要集中在30~50岁的青年人才且以80后占比最大；从学历来看，人才流动主要为博士、硕士毕业生，合计占比达91%；从职称来看，处于成长阶段的副高级职称以下人才占90%；从人才的流向来看，主要集中在政府机构（委内参公管理机关单位为主）、国内外高校（含继续深造）、企事业单位和沿海发达城市等。中青年人才的流失量偏大容易导致部分专业方向的学术人才年龄结构不均衡，人才断层现象较严重，后备人才储备不足，合理的人才梯队难以形成，不利于单位的长远发展。

三、人才队伍建设改进方向和建议

按照国家新形势、新目标的总体要求，建议从以下几方面促进水利人才队伍水平整体提升。

（一）内外并举，构建结构合理的人才梯队

立足于治水治江事业专业发展需求，继续做好内部培养和外部引进两个方面的工作，形成有层次、有衔接的人才结构梯队。一是注重加强培养人才队伍梯队，储备人才，培养后备人才，逐步完善人才队伍，形成有层次的梯队型人才队伍；二是制定科学人才引进计划，包括引进人才的专业、层次、数量等，从而确保引进人才的质量；三是继续通过校园和社会招聘等措施大力引进博、硕士为主的优秀青年人才；四是制定更加积极、更加开放、更加有效人才政策，尝试通过实行协议工资制、项目工资制等，将人才柔性的引才引智相结合，引进紧缺急需人才。

（二）多样包容，构建分类人才培养和精准管理机制

根据专业技术、经营开拓和综合管理人才的不同特点，分类建立人才能力素质评价标准，健全科学的人才分类体系，完善人才单通道、双通道、多通道晋升机制。

一是专业技术人才队伍。按照新时代水利事业发展需要，以提高专业技术人才的专业水平和创新能力为核心，大幅度提升专家人才在水利行业乃至国家层面的影响力和竞争力为目标，遵循专业技术人才成长规律，畅通专业技术人才成长通道，健全专业技术人才精准管理机制，不断为中青年科技人才创造独立承担和负责重大科研工作的机会，大力培养其解决科研重点难点问题的能力；不断鼓励中青年科技人才积极开展国际合作交流，拓宽国际学术视野，着力减轻按专业技术人才成长路径发展人员的市场经营负担。

二是高素质经营开拓人才队伍。加强对经营开拓人才的水利政策、专

业知识及经营管理知识的持续业务培训，不断为其提供参与实际工程项目的锻炼机会，促进经营管理人才综合素质的提升。探索设计经营开拓人才成长路径，畅通经营人才发展通道，建立经营开拓人才激励机制。

三是高素质综合管理人才队伍。重点是加强高素质管理干部队伍的建设和培养。坚持德才兼备、以德为先的用人标准，以优化干部队伍结构和加大年轻干部培养使用为重点，提高干部队伍的领导能力和管理水平。实现干部队伍的纵向、横向、内部转任（轮岗）等多渠道交流，不断提高综合素质。

四是专业国际化人才队伍。以创建“国际化一流水利科研强院”为引领，围绕国际合作中心工作，加大我院国际化人才培养力度。实施“三大人才计划”，努力建设“三支人才队伍”，形成国际合作学术带头人、国际合作后备人才、国际合作管理人才相结合的复合型人才结构，为我院国际合作和外事科技交流提供国际人才保障。

（三）改进方式，组建并支持一批创新团队

改进创新团队组建方式，采用“自上而下”指导干预和“自下而上”自由组合相结合的方式组建团队，经专家评审优选产生，分院级统筹和自主负责两种类型。控制团队数量和团队成员规模，团队负责人从承担重大项目、入选国家高层次人才计划或有巨大发展潜力的优秀中青年骨干中产生，鼓励专业融合、学科交叉，核心成员以博士或具有副高级以上职称人员为主体。

加大创新团队资助力度，经费由院划拨，并从人力、财力、物力上给予团队负责人更多支配权。

加强对创新团队的考核与管理，有效推动多出人才、多出成果、出好成果，优先推荐并支持创新团队的重大成果、创新人才申报国内外奖励和荣誉，助推人才规模化成长。

（四）强化保障，确保各项制度和措施落地见效

一是加强完善组织领导。坚持党管人才原则，建立人才培养的决策协调机制和督促落实机制，进一步加强人才队伍建设的组织领导；分解人才

发展规划目标，明确用人单位主体职责，充分调动用人主体在人才培养中的积极性和主动性，改善人才成长环境，畅通人才成长渠道。

二是持续改进人才环境。通过不断改善软硬件条件、创造开展国际、国内高层次学术交流活动学术环境，形成“尊重劳动、尊重知识、尊重人才、尊重创造”的良好文化氛围，开阔视野积极开展国际合作项目，从而进一步打造良好的工作环境、学术环境和生活环境，激发人才成才的内在动力。同时，鼓励优秀人才潜心科研攻关、科技创新为治江事业建功立业。

三是增加经费投入。针对不同层级人才培养的需求特点，建立不同侧重的经费投入模式，在通过基本科研业务费资助人才发展及团队建设形式的基础上，增加单位自筹经费在人才培养激励方面的支持力度，加大科研项目研究过程中对人才培养、奖励等方面的资金投入，使人才队伍建设和科研项目同步增长。设立创新人才发展专项基金，注重年轻人才和后备人才培养资金的投入，为各层次水利人才队伍建设提供强有力的支撑。

通过不断深化改革和管理创新，打造水利行业高水平专业技术人才队伍、高素质管理干部队伍、经营及支撑人才队伍，推进各类人才队伍整体素质持续提升。

完善激励约束机制，不断优化收入分配体系

主要完成人：夏丹

所在单位：汉江水利水电（集团）有限责任公司水电公司

在市场经济体制条件下，经营者在企业发展过程中扮演着越来越重要的角色，其作用也日益显著。经营者作为重要的人力资本，应该积极地参与到收入分配工作之中，构建一套完善的收入分配体系，将当前收入分配多头管理以及实际上无人监管的现状予以改变。强化完善激励约束机制，不断优化收入分配体系，是当前一个十分重要的课题。

一、当前时期下收入分配激励约束机制存在的问题分析

（一）收入分配激励机制存在的问题分析

1. 收入差距过大

现代企业收入差距过大具体体现在以下两个方面：一是企业经营者间的收入差距过大；二是企业经营者与一般工作人员之间的收入差距过大。具体而言，由于企业行业存在差异，行业内企业实力又存在较大的差异性，且企业内部岗位存在差异等方面的因素影响，不同行业、不同实力以及不同岗位经营者收入差距便会出现非常大的差距，而企业经营者的贡献尚无完善的收入分配机制，业绩优良的经营者，其收入不一定非常高，反之对于业绩较高者而言，却具有非常高的回报。企业经营者之间收入差距的扩大，不仅会使得激励程度过度，使得那些轻松获得高薪的经营者变得懈怠和松弛，产生内部人控制的情况发生。同时，会引发激励不够，导致那些长时间收入处于低水平者的积极性受挫，从而导致“59岁现象”的发生。

2. 经营者职务消费水平过高

企业经营者不仅能够获得基于货币形式的收入，而且企业还会结合其

职级给予相应的待遇，这些职务消费内容主要包括商务谈判、通信以及差旅等方面。职务消费在企业中属于一项十分普遍的现象，对于很多企业而言，如果经营者收入水平较低，那么则可以通过经营者的职务消费进行填补。所以，通过收入分配为主的激励方式形式化十分严重，无法发挥相应的激励效果。企业经营者职务消费水平过高，则会严重影响企业激励机制的构建与完善。具体体现在以下几个方面：

一是物质激励效果会让位于隐性的职务消费，企业经营者不必为追求高额收入付出所有努力，仅仅需要将相应的职务消费加以增加即可。二是企业经营者之间会出现互相攀比的现象，奢靡之风十分盛行，企业经营者更不会全身心地聚焦于企业经营管理工作，企业经济效益水平显著下降。三是企业经营者个人道德水平参差不齐，职务消费水平过高，则会影响正常的年薪制以及股票期权等激励形式的重要作用。

（二）当前企业收入分配约束机制存在的问题分析

1. 未建立一套完善的内部激励机制

企业构建现代企业制度后，虽然也成立了董事会、股东会、监事会以及经理层等多权力制衡的企业治理机制，然而从当前企业发展状况而言，尚未构建一套完善的机制，企业经理层未能对其进行全面深入约束。具体而言，主要体现在以下几个方面：一是对于上市企业而言，其召开的股东大会基本上是大股东在议事，而中小股东则由于行权意识薄弱以及路程阻隔、参会流程复杂等方面的原因，而不能参加投票表决，无法对企业经营者进行有效约束，从而使得企业出现“一言堂”等问题。二是上市企业董事会成员基本上是由政府部门直接指定，从而导致企业经营者自我监督出现扭曲的问题。那么，董事会对经营者的监督约束便成为形式化。三是很多企业监事会几乎处于形同虚设的状态，监事会成员也是拿固定薪资，与公务员薪酬待遇方式相同，直接导致经理层权力会显著扩大，而监事会却对此种情况视而不见，监督约束也就不存在。所以说，企业内部治理机制需要进一步完善对企业经营者进行监督和约束。

2. 市场机制未能有效约束经营者

具体而言，市场机制对企业经营者的约束主要体现在以下几个方面：一是资本市场对企业经营者的约束。若一个企业经营者未能高效管理企业，那么就会使得企业所获取的经济效益无法令股东满意，直接导致的后果就是企业股东会撤股或者抛售一定量的股票，经营者会面临被解雇的风险。那么，经营者不敢掉以轻心，往往会想方设法积极提高企业经济效益水平。二是由于我国经理人市场发展时间则相对较晚，因此不够成熟，这就使得企业经营者受到来自于经理人市场的竞争压力较小，其薪酬水平要比国内外其他企业竞争水平要高很多，究其根源，主要在于我国目前严重缺乏充满竞争的经理人市场，经理人资源严重匮乏，那么就无法对在职的经营者产生竞争压力。

二、完善激励约束机制，不断优化收入分配体系的具体对策

为了坚持公平、公正的原则，政府主要考虑的是对收入分配不公平方面的工作予以考虑。为了实现公平公正，政府在再分配过程中通过政府转移收支、税收工具以及强制性社保制度等手段，目的是为了降低贫困水平、增加收入分配公平程度。在构建社会激励机制过程中寻求最优解，将收入分配差距范围加以缩小，将贫困人口数量降至最低水平。要改善投资者与消费者之间的关系、将收入分配差距尽可能缩小，显著提高低收入人群的收入水平，促使居民消费比例扩大，从而加快国民经济可持续发展。

（一）强化立法，确保收入的合法性

具体而言，包括以下几个方面的举措：一是对合法收入进行依法保护。例如，对劳动收入、按生产要素分配获得的收入等合法性收入，应该加强合法性保护。二是采取必要的措施对非法收入行为予以整治或遏制，特别是要对那些掌握权力与公共资源的公务人员利用职权等腐败行为进行重点整治。集中力量对各类假冒伪劣等非法经济活动进行全面整治，强化惩治腐败行为。三是对不合理收入进行治理。对于那些与分配原则不相符的收入，如相关部门乱收费、乱摆摊等获得的额外收入，应该采取积极有效的举措加以整顿。四是以法律形式对个人收入分配进行调节，采取立法调节和司法调节两种手段。立法对个人收入分配的调节主要包括最低工资立法和各种社会保障立法等。从执法的角度看，要加大打击力度，从重处罚和惩处

非法暴富，使其违法行为的成本远远大于其经济上、政治上、心理上的收益，并提高违法犯罪行为的受罚概率。从监督的角度看，要健全分配监督机制，形成国家、社会、群体和党的监督相结合，内部和外部监督相结合，层层监督、上下联动的分配监督体制。要防止社会共有的垄断利润转化为小集团的利益和个别人员的薪酬福利，积极探索超额垄断所得向全民所有者的转移机制。

（二）完善个人所得税征管措施

首先建立有效的个人收入监控机制，从个人所得税的税源进行源头监控。建立财产实名制，实施源头控管。实行个人存款实名制，个人财产登记制，建立个人纳税专用号码，实行身份证号码、纳税号码与社会保障号码相统一并永久固定。实行双向申报纳税制度，所谓双向申报一是指纳税人自行申报，二是指纳税人收入单位的申报。其次建立个人信用体系，将个税缴纳作为个人信誉评定的一项基本标准。与其他领域信用消费相联系，进而提高个税交缴的自觉性。总之，税收政策是国家宏观调控的重要手段之一，利用税收调节在一定程度上会减小收入差距，缓解分配不公。

（三）健全社会保障体系

社会保障体系是国民收入再分配的一项调节手段，包括养老保险、医疗保险、社会福利和社会救助与优抚四大方面。任何社会成员在遇到困难时都能同等面对社会保障，从而解决人们的后顾之忧，提供社会公平竞争机会。我国当前应以完善社会救助和社会保险为主要内容。在社会保险方面侧重于扩大养老保险、医疗保险的覆盖范围，逐步建立覆盖包括农村居民在内的全体公民的保险制度，即实行城乡统筹联动。在教育方面要适当提高中央和省级财政对农村教育的支出比例，并建立中央对中西部地区基础教育转移支付制度。在条件成熟时，可考虑在农村和城镇低收入群体中实行九年免费义务制教育，可在中西部地区率先实行这一政策。积极发展社会福利、社会救济、优抚安置和社会互助等社会保障事业。切实保障妇女、未成年人、老年人、残疾人的合法权益。政府应通过卓有成效的宏观控制，把社会阶层分化控制在社会可以接受的范围内，建立和完善社会保障制度，要不断推进社会保障体系的建设，完善“低保”制度，使所有人尤其是低收入者都可以得到必要的社会保障。

综上所述可以得知，当前收入分配激励约束机制尚存在着诸多方面的突出性问题，对收入分配体系构建与完善产生极为不利影响。因此，应该采取积极有效的举措，强化收入科学合理分配，促进公平、公正。

水利部黄河水利委员会所属企业工资决定机制改革实施情况调研报告

主要完成人：王大明　何朝斐　靳廓　蔡延宾　刘芳

所在单位：黄河水利委员会人事局

2018年5月，国务院对国有企业工资决定机制改革作出了重大决策部署，旨在通过改革建立企业工资总额与效益同向联动机制，充分调动国有企业职工的积极性、主动性、创造性，进一步激发国有企业创造力和提高市场竞争力，推动国有资本做强做大，促进收入分配更合理、更有序。根据《水利部关于印发所属企业工资决定机制改革实施办法及配套办法的通知》（水人事〔2019〕215号，以下简称《实施办法》），水利部黄河水利委员会（简称“黄委”）所属企业自2019年1月1日起实施工资决定机制改革。

一、企业基本情况

（一）企业类型及数量

黄委及所属各级事业单位全资和控股企业有70家，按企业类型划分，其中：商业一类44家、商业二类4家、公益类11家、文化类2家、尚未确定类型9家。截至2021年年底，共有正式职工7223人。

（二）主营业务范围及收入占比

黄委所属企业主营业务范围包括水利水电工程施工及养护、水利工程设计规划、水利工程监理及咨询、供水发电等；2019—2021年主营收入占比均达到98%以上，资产租赁、技术咨询等其他营业收入占比不到2%。

（三）国有资产保值增值情况

2019—2021年，黄委能够实现国有资产保值增值的企业逐年增多，占比由70%增至81%，其中，2019年49家，占比70%；2020年54家，占比77%；2021年57家，占比81%。

二、改革实施情况

（一）黄委落实改革情况

企业工资决定机制改革是国务院的一项重大决策部署，黄委高度重视，自2019—2021年，已组织委属事业单位及所属企业分别在郑州和西安开展了两次专项培训，解读改革政策和具体实操。同时，要求各单位和各级履行出资人职责机构切实履行职责，按照国务院政策明确的分级分类管理原则和《实施办法》有关规定，积极推动改革。

2022年4月，为加快推进改革工作，印发了《黄委人事局关于加快推进企业工资决定机制改革的通知》（人事〔2022〕15号），提出具体工作要求：一是符合条件的，在2022年年底改革到位；二是暂未达到条件的，客观分析原因，积极创造条件力争2022年起实行改革；三是确实不具备条件的，履行出资人职责机构要按照2019—2021年三年实际工资总额的平均值，自2022年起对企业工资总额进行管控，务必将所属企业全部纳入改革范围，落实到位。

2022年7月，组织召开黄委企业工资管理培训班暨企业工资决定机制改革推进会，委属有关单位劳资人员及部分企业负责人共50人参会。在解读政策、宣讲实操的基础上，对加快推进委属单位所属企业工资决定机制改革再次提出要求：一是有关单位要将企业工资决定机制改革工作作为工资收入专项审计整改内容落实到位；二是将企业工资决定机制改革工作纳入选人用人专项检查范围；三是将企业工资决定机制改革工作纳入工资专项检查。以上举措对督促各级履行出资人职责机构压实责任、明确改革思路、加快改革步伐，起到了强有力的促进作用。

（二）改革进展

截至目前，黄委已有56家企业按照《实施办法》要求改革到位，涉及企业正式职工7206人，占企业正式职工总人数的99.8%；有14家企业尚未改革到位，涉及企业正式职工17人，占企业正式职工总人数的0.2%。

1.改革到位企业

改革到位企业中，33家企业于2021年年底前完成改革，涉及企业正式职工6413人；23家企业自2022年1月1日起实施改革，涉及企业正式职工793人。

2.尚未实施改革企业

尚未实施改革企业有14家，涉及正式职工17人，其中5家企业正在积极推进改革工作，涉及企业正式职工15人；9家企业暂不具备改革条件，涉及企业正式职工2人。不具备改革条件企业分为以下几种情况：一是企业处于组建初期，尚未运营，不产生经济效益；二是企业受机构改革影响产权不清，无法开展业务；三是企业均为事业兼职人员或劳务派遣人员，无人在企业取酬，无工资支出；四是企业规模小，临聘人员少且流动较大，不能合理确定工资总额。

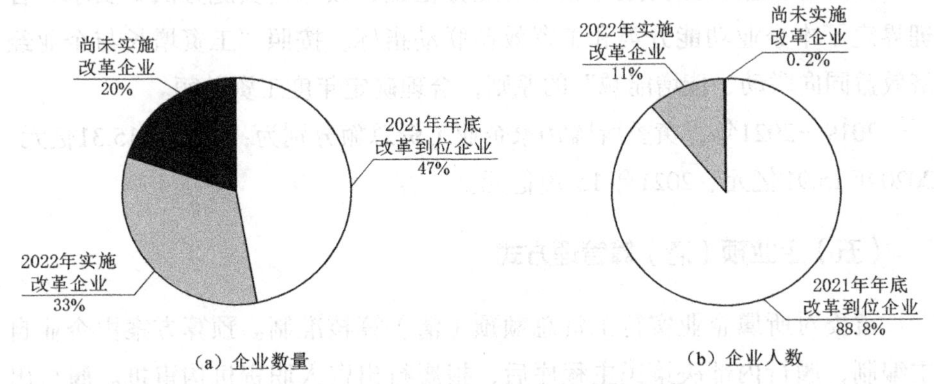

图1　黄委所属企业改革进展情况

从图1可以得出：2021年年底已经完成改革的33家企业数量接近企业总数的一半，职工人数占企业总人数近90%。

（三）工效联动指标选取情况

按照《实施办法》要求，结合企业实际及主责主业，黄委所属企业工资效益联动指标包括经济效益指标和任务完成指标，一般选取2~4个。经济效益指标原则上为2个，最多不超过3个；任务完成指标一般选择1个，最多不超过2个。

2021年已改革到位的33家企业，选取工效联动考核指标均能体现企业主责主业，其中，20家商业为一类企业，经济效益指标权重达到90%以上；3家商业为二类企业，经济效益指标权重达到60%~80%；9家企业为公益类企业，经济效益指标权重达到40%~60%；1家企业为文化类企业，经济效益指标权重达到50%。

（四）工资总额管理情况

目前，黄委按照分类分级管理的原则，根据企业的不同功能性质定位和法人治理结构完善程度，合理划分企业类别，实行工资总额分类管理。同时，按照“谁出资、谁管理、谁分类”的原则，以企业国有资产产权隶属关系为依据，由各级主管部门和履行出资人职责机构负责履行分级监管职责。

各企业根据其主营业务和核心业务范围，按照《实施办法》要求，合理界定了本企业功能分类和工资效益联动指标。按照“工资增长与企业经济效益同向联动、能增能减”的原则，合理确定年度工资总额。

2019—2021年，黄委所属70家企业工资总额分别为：2019年15.31亿元、2020年15.91亿元、2021年15.79亿元。

（五）企业预（清）算管理方式

黄委对所属企业实行工资总额预（清）算核准制。预算方案由企业自主编制，履行内部决策民主程序后，报履行出资人职责机构审批。履行出资人职责机构按照“年初预算、年中调控、年终清算”的方式，落实工资总额预算执行情况，加强对工资总额执行情况的调控。建立健全清算机制，履行出资人职责机构根据工资效益联动指标的考核结果，完成对企业上年度工资总额预算执行情况的清算评价。企业严格执行经履行出资人职责机构清算后的工资总额，按规定据实列支。

2019—2021年已改革到位的企业工资总额预算、清算及执行情况见表1。

表1 改革到位的企业工资总额预算、清算及执行情况

年份	实施工资总额预（清）算管理的企业数	企业工资总额/亿元		
		预算数	清算数	实际执行数
2019	8	10.70	10.88	10.71
2020	29	14.34	14.54	13.56
2021	33	15.81	15.02	14.77

以2021年数据为例，已改革到位的33家企业工资总额占黄委所属企业工资总额的95%。

三、改革成效

水利企业实行工资决定机制改革以来，建立起企业经济效益和劳动生产率挂钩的工资决定机制，进一步完善了工资增长与经济效益同向联动、能增能减的机制，充分激发和提升了企业创造力和市场竞争力，对促进企业经济效益增长、提高劳动生产率起到了积极作用。

（一）企业经营财务情况

改革到位企业和未改革到位企业人均财务指标情况分别见表2和表3。

表2 改革到位企业人均财务指标情况 单位：万元

年份	人均营业收入	人均利润	人均净利润	人均劳动生产总值
2019	122.69	3.12	2.30	26.89
2020	146.48	4.32	3.54	32.70
2021	147.10	4.98	4.28	37.26

表3 未改革到位企业人均财务指标情况 单位：万元

年份	人均营业收入	人均利润	人均净利润	人均劳动生产总值
2019	181.80	12.40	10.02	32.33
2020	178.07	6.03	4.83	30.91
2021	179.00	7.63	6.12	31.61

对比分析已改革到位企业与尚未改革到位企业相关财务指标数据得出：

2019—2021年，改革到位的企业，人均营业收入、人均利润、人均劳动生产总值等数据呈逐年上升趋势，人均净利润增幅达到86%。

与2019年相比，未改革到位企业2021年人均营业收入、人均利润、人均劳动生产总值等各项财务数据均有所下降，人均净利润降幅达到39%。

（二）劳动生产率情况

改革到位企业和未改革到位企业劳动生产率分别见表4和表5。

表4 改革到位企业劳动生产率情况 %

年份	人事费用率	人工成本利润率	人工成本占成本费用比重
2019	16.66	15.32	19.41
2020	13.99	21.10	16.09
2021	14.72	22.95	17.33

表5 未改革到位企业劳动生产率情况 %

年份	人事费用率	人工成本利润率	人工成本占成本费用比重
2019	8.26	36.83	9.32
2020	7.92	33.18	8.82
2021	9.07	25.23	10.10

对比分析已改革到位企业与尚未改革到位企业相关劳动生产率指标数据得出：

企业工资决定机制改革实施以来，已改革到位的企业人工成本利润率逐年稳步提高，人事费用率和人工成本占成本费用比重较改革前有所下降，实现了效益与效率的同步增长。与经济效益和劳动生产率挂钩的水利企业工资决定机制改革，进一步增强了企业活力，提高了工作效率，充分调动职工的积极性、主动性和创造性。

2019—2021年，未改革企业人工成本利润率逐年下降，降幅达到31%；与前两年相比，2021年人事费用率、人工成本占成本费用比重均有所增加。

（三）工资收入情况

未实行企业工资决定机制改革之前，以2018年为例，黄委所属企业正式职工年平均收入为12.33万元。实施企业工资决定机制改革后，2019—2021年，黄委所属企业正式职工年平均收入分别为13.62万元、15.31万元和18.35万元，其中，改革到位企业正式职工年平均收入为：15.09万元、18.37万元、19.02万元；未改革到位企业正式职工年平均收入为：9.95万元、11.32万元、13.62万元，具体情况见表6。

表6 黄委企业职工平均工资情况对比

年份	企业职工平均工资/万元		
	全部企业	改革到位企业	未改革到位企业
2019	13.62	15.09	9.95
2020	15.31	18.37	11.32
2021	18.35	19.02	13.62

分析以上数据得出：2019—2021年，改革到位企业和未改革到位企业正式职工年平均工资均呈增长趋势。与改革前相比，改革到位企业职工年平均收入水平增幅较大，累计增幅达到54%。未改革到位企业2019年、2020年职工年平均收入水平低于2018年黄委所属企业职工整体年平均收入水平，2021年职工年平均收入水平与2018年相比有所增长，累计增幅为10%。

通过改革，依据“工资增长与企业经济效益同向联动、能增能减”的原则，建立工资总额与经济效益联动机制。经济效益增长，工资总额就可以提升，带动职工收入上涨；职工收入上涨，提供劳动生产率，激发企业活力，从而促进经济效益增长。

（四）具体实例

从已改革到位的企业中抽取设计院、明珠集团、黄河建工集团3家规模较大、改革实施早、改革较为彻底的企业，分析其2019—2021年具体数据，得出工资决定机制改革对改善企业财务经营情况、提高劳动生产率及职工年人均收入等方面均产生了积极作用。具体如下：

1.企业财务经营情况

设计院：2019—2021年，企业营业收入从29.36亿元增长至43.29亿元，营业利润由4.93亿元增长至6.27亿元，人均净利润由4.7万元增长至5.93万元。

明珠集团：2019—2021年，企业营业收入从13.66亿元增长至17.31亿元，营业利润由4.60亿元增长至6.21亿元，人均净利润由1.51万元增长至5.29万元。

黄河建工集团：2019—2021年，企业营业收入从6.63亿元增长至7.76亿元，营业利润由0.71亿元增长至0.78亿元，人均净利润由1.32万元增长至1.77万元。

2.劳动生产率情况

设计院：2019—2021年，企业人事费用率从29.04%降低至20.49%，人工成本利润率由12.10%增长至15.29%，人工成本占成本费用比重由34.90%降低至23.96%。

明珠集团：2019—2021年，企业人事费用率从30.36%降低至23.98%，人工成本利润率由16.81%增长至35.54%，人工成本占成本费用比重由45.79%降低至37.40%。

黄河建工集团：2019—2021年，企业人事费用率从8.41%降低至7.85%，人工成本利润率由17.84%增长至19.25%，人工成本占成本费用比重由9.43%降低至8.73%。

3.工资收入情况

设计院：2018年，企业正式职工人均年收入28.51万元，2019—2021年，分别为30.80万元、34.74万元和34.83万元。

明珠集团：2018年，企业水电口职工人均年收入11.68万元，2019—2021年，分别为12.95万元、14.25万元和16.33万元。

黄河建工集团：2018年，企业正式职工人均年收入6.95万元，2019—2021年，分别为7.51万元、7.41万元和8.03万元。

四、存在问题及建议

（一）任务完成指标在工资总额清算中贡献值不能合理体现企业贡献度

商业一类水利企业同时承担了防洪、防凌、完成重大规划项目等公益性重点任务，保障着防汛设施设备正常运转或重大建设项目实施，是企业需要全力确保完成的重点任务，作为任务完成指标，每年完成率为100%，年度没有增幅，在工资总额清算计算过程中也没有贡献度，不能合理体现企业贡献。

建议：将企业任务完成值指标量化，如企业任务指标完成率为100%时，任务完成指标增幅采用其他两个经济指标增长率的平均值或考虑一定幅度的加分，合理体现任务完成指标对工资总额的贡献度。

（二）工资指导线封顶核定工资总额清算数不尽合理

按照人社部公布的工资指导线封顶核定工资总额清算数，不符合工资效益联动机制。企业经济效益指标按当年完成值确定，工资总额清算数按封顶后确定，经封顶后确定的工资总额清算数与企业经济效益指标完成值脱钩，下一年度工资总额预算增长幅度受限，打击了次年企业生产的积极性和主动性，不利于企业充分调动和发展生产力。

建议：对企业进行工资总额清算时，设置工资增长的基准线和上线，基准线即工资指导线本身，适用于生产发展正常、经济效益增长的企业，遵循不得突破工资指导线的原则；上线即设置允许企业达到的工资增长最高限额，如设置工资指导线的10%～20%为上线，适用于经济效益好且工资水平有较快增长的企业，最高不得突破工资指导线20%的上线。

（三）水利企业负责人薪酬管理发挥激励作用不足

水利部《关于规范水利企业负责人薪酬管理的意见》等4个配套办法对水利企业负责人的薪酬管理作出了明确规定，企业负责人薪酬由基本年薪、绩效年薪及任期激励收入三部分构成，同时，还存在总水平调控和增幅调控。水利企业负责人的薪酬水平既要同经济责任和经营业绩挂钩，体现薪酬与风险、责任相一致，实现有效激励；又要对不合理的偏高、过高收入进行调整，实现有效约束。黄委严格执行水利部关于企业负责人薪酬管理的有关政策，按照4个配套办法核定所属企业负责人薪酬，2020年及2021年，设计院、明珠集团两家企业主要负责人年薪总水平申报数及批复数具体见表7。

表7 企业主要负责人年薪总水平申报及批复情况 单位：万元

年份	设计院		明珠集团	
	申报数	批复数	申报数	批复数
2020	108.02	86.77	83.84	61.80
2021	107.67	89.81	91.53	67.05

从表7可见，上级单位批复的企业负责人薪酬总水平远低于按照政策核定的申报数，平均低了21万元左右。这与水利部薪酬管理中坚持激励与约束相统一的原则是相违背的，凸显了约束，没有充分发挥有效激励的作用。

建议：按照水利部《关于规范水利企业负责人薪酬管理的意见》等4个配套办法规定进行企业负责人薪酬管理。坚持公平和效率相统一，妥善处理好科学激励和合理调控的协调关系，构建起科学、合理、规范的水利企业负责人薪酬管理机制，充分发挥激励作用，进一步增强企业活力，促进企业持续、健康发展。

（四）小、微企业受限于自身模式无法完全套用企业工资决定机制改革模式

黄委所属企业数量多，类型不同，体量差异大。在暂不具备改革条件的企业中，有部分企业由于规模小，临聘人员少且流动较大，不能合理确定工资总额，不适应套用《实施办法》规定程序开展企业工资决定机制改革，暂不具备条件实施改革。

建议：在《实施办法》基础上，充分考虑和区分大、中、小型企业的实际情况，因“企”施策，探索完善适合中小企业的改革方式和内容，建立完善各类不同企业工资总额决定机制，多措并举促进企业健康发展。对于类似小微企业和其他暂不能实施改革的企业，按照该企业近三年实际工资总额的平均值对工资总额进行管控。同时，对特殊情况下工资总额需要增加的，按“一事一议”原则进行审批。

五、下一步工作重点

一是将企业工资决定机制改革工作作为工资收入专项审计整改内容落实到位。根据《水利部人事司关于印发工资收入专项审计整改要求的通知》（人事劳〔2021〕46号）精神，要求各单位要切实履行出资人职责和监管责任，对未实行工资决定机制改革的企业，抓紧将企业工资决定机制改革实施到位。

二是将企业工资决定机制改革工作纳入选人用人专项检查范围。为贯彻落实好国务院的重大决策部署，黄委党组对直属事业单位开展巡察时，人事部门将所属企业工资决定机制和负责人薪酬制度改革情况纳入选人用人专项检查范围。各单位党组（党委）开展巡察时，也要将企业工资决定机制改革情况纳入选人用人专项检查范围，对未完成改革的企业，要建立整改台账，限期完成整改。

三是将企业工资决定机制改革工作纳入工资专项检查。定期组织开展工资收入专项检查，将企业工资决定机制和负责人薪酬制度改革情况作为一项重要内容狠抓落实。同时，要求各级履行出资人职责机构加强对所属企业工资决定机制改革的指导，加强制度宣贯与培训，提升工作人员业务水平，全面推动工资决定机制改革顺利实施。

四是进一步加强对所属企业内部分配制度的规范管理。各级履行出资人职责机构要指导所属企业建立健全内部分配管理制度体系，不断深化企业内部工资分配制度改革，构建以岗位价值为基础、以绩效贡献为依据的薪酬管理制度，加强全员绩效考核，实现工资总额与经济效益挂钩、同向联动。

关于落实"黄河战略"加强全省基层防汛人才队伍建设的思考
——以2021年防御黄河秋汛洪水为例

主要完成人：商荷娟　张旭　郭朔彤　贾士麟　秦宏浩

所在单位：黄河水利委员会山东黄河河务局

当前，黄河流域生态保护和高质量发展已上升为重大国家战略，开启了要把黄河建设成为造福人民的幸福河的新征程。建设造福人民的幸福河，首先要保障黄河的长治久安。防御黄河洪水，一靠堤防，二靠人防，这是历次战胜黄河洪水的历史经验。本课题以2021年防御黄河秋汛洪水为例，对全省基层防汛人才队伍建设进行专题研究，提出有关思考和认识。

一、山东省黄河防汛安全的重要意义

保障黄河长治久安，责任重于泰山，使命义不容辞。在郑州"9·18"重要讲话中，习近平总书记将"洪水风险依然是流域的最大威胁"作为当前黄河流域存在的四方面问题之首，指出"黄河水害隐患还像一把利剑悬在头上，丝毫不能放松警惕"，强调要"保障黄河长治久安"。在济南"10·22"重要讲话中，习近平总书记强调要"统筹发展和安全两件大事，提高风险防范和应对能力"，要"高度重视水安全风险，高度重视全球气候变化的复杂深刻影响，从安全角度积极应对，全面提高灾害防控水平，守护人民生命安全"，将"加快构建抵御自然灾害防线"作为"十四五"时期推动黄河流域生态保护和高质量发展的首要重大任务，指出"确保黄河安澜，是治国理政的大事"，强调要"立足防大汛、抗大灾，针对防汛救灾暴露出的薄弱环节，迅速查漏补缺，补好灾害预警监测短板，补好防灾基础设施短板""要强化综合性防洪减灾体系建设，提升水旱灾害应急处置能力，确保黄河沿岸安全”。在发表2022年新年贺词时，习近平总书记讲道，“黄河安澜是中华儿女的千年期盼”。

黄河自菏泽市东明县入境山东以后，先后流经菏泽、济宁、泰安、聊城、德州、济南、淄博、滨州、东营共9市25县（市、区），在垦利注入渤海，河道长628千米。如何做好黄河山东段的防汛工作，保护山东沿黄地区人民群众生命财产安全，治黄防汛人才队伍建设至关重要。

二、2021年黄河秋汛洪水基本情况

2021年9月下旬以来，受强降雨影响，黄河干支流普遍涨水，干流接连出现3场编号洪水，山东省黄河干流出现新中国成立以来最严重秋汛，东平湖老湖水位达到2001年以来最高值，金堤河范县站流量达到2010年以来最大值。秋汛洪水期间，山东省河道重要控制站最大流量达4990～5370立方米每秒，最大流量为10月5日11时艾山站5370立方米每秒。10月2日16时，东平湖老湖达到最高水位42.47米，超警戒水位0.75米，相应蓄水量6.91亿立方米，为2001年以来最高值。

9月20日、21日分别依次启动了山东黄河水旱灾害防御Ⅳ级、Ⅲ级应急响应，紧紧对标执行水利部、黄委和山东省委省政府决策部署，强化“四预”措施，及时启动了防御大洪水运行工作机制，山东省沿黄各级团结一心，凭着扎实过硬的防汛队伍、精准有效的调度和众志成城的防线，全力以赴打赢了防御黄河秋汛洪水这场硬仗，实现了水利部确定的“人员不伤亡、滩区不漫滩、工程不垮坝、河势不突变”防御目标。

三、山东省黄河防汛人才队伍基本情况

《山东省黄河防汛条例》第六条规定：“任何单位和个人都有依法参加黄河防汛抗洪和保护黄河防洪设施的义务。”第十一条规定：“黄河防汛队伍实行专业防汛队伍和群众防汛队伍相结合和军警民联防原则。”2018年国务院机构改革实施后，国家应急管理部设立。目前，黄河防汛队伍主要由黄河专业队伍、群众防汛队伍(包括民兵抢险队、企业职工)、综合性消防救援队伍、驻鲁的中国人民解放军和武装警察部队等组成。

（一）黄河专业队伍

1.组成及职责

黄河专业队伍是防汛抢险的技术骨干，主要负责防洪工程建设、日常管理和维护，水情、工情测报，通信联络，工程防守，紧急抢险和防汛抢险技术指导工作。黄河专业队伍由各级黄河河务部门负责组织与技术训练。

2.黄河专业机动抢险队使用原则和调度程序

黄河专业机动抢险队承担抢险责任段范围内（黄河专业机动抢险队抢险责任段划分见表1）的重大险情抢护任务。黄河专业机动抢险队在本辖区内参加黄河抢险，由所在市黄河防办下达调度指令或批准，并报省防指黄河防办备案；跨市调动，由省防指黄河防办下达调度指令或批准。

表1　黄河专业机动抢险队抢险责任段划分表

队　　名	驻地地址	所属单位	人数	抢险范围
菏泽黄河河务局黄河专业机动抢险队	鄄城县董口营坊	菏泽黄河河务局	100	菏泽市黄河河段
东平湖管理局黄河专业机动抢险队	东平县东平街道	东平湖管理局	100	济宁、泰安市黄河河段，东平湖，大汶河下游
聊城黄河河务局黄河专业机动抢险队	东阿滑口	聊城河务局	50	聊城市黄河河段、北金堤
济南黄河河务局黄河专业机动抢险队	济南天桥黄河右岸大堤	济南河务局	150	济南市黄河河段
德州黄河河务局黄河专业机动抢险队	齐河县祝阿镇南	德州河务局	50	德州市黄河河段
淄博黄河河务局黄河专业机动抢险队	高青县黄河路94号	淄博河务局	50	淄博市黄河河段
滨州黄河河务局黄河专业机动抢险队	滨州黄河河务局331号	滨州河务局	100	滨州市黄河河段
黄河河口管理局黄河专业机动抢险队	东营黄河胜利大桥南头西侧	河口管理局	80	东营市黄河河段

（二）群众防汛人才队伍

1.组成及职责

群众防汛队伍是黄河防汛抢险的主力军，担负着堤线防守、巡堤查险、抢险、运料、迁移安置及洪水后的水毁工程修复等任务。群众防汛队伍由一、二线组成。一线队伍由沿黄乡（镇）的群众或企业职工组成；二线队伍由沿黄县的后方乡（镇）的群众或企业职工组成。每个沿黄乡（镇）组织一支50人的民兵黄河抢险队，重点加强技术培训。群防队伍由各级人民政府及其防汛指挥机构统一领导和指挥，当地人武部门负责组织和训练，所在地黄河河务部门负责技术指导。

2.使用原则和调度程序

按民兵管理模式，就近成建制上防，先上一线，后上二线；重点河段、重要工程、险点险段及重大险情抢护时，民兵黄河抢险队和企业抢险队可跨地区支援。

群众防汛队伍上堤防守，由市、县（区）防汛指挥部根据汛情需要调集。一线群众防汛队伍上防数量可参照表2执行，具体数量应根据工程情况确定。群众防汛队伍上堤防守情况要逐级上报至省防指黄河防办备案。

表2 一线群防队伍上防数量参照表

偎堤水深		0.5~2米	2~4米	4米以上
上防班数（班/千米）	已淤背达标堤段	1~2米	3~4米	5~6米
	未淤背和淤背未达标堤段	1~2米	3~6米	7~10米
批准权限		县（区）防指		市防指

（三）综合性消防救援人才队伍

综合性消防救援队伍承担着防范化解重大安全风险、应对处置各类灾害事故的重要职责。按照山东省应急救援力量联调联战工作机制，在当地党委、政府统一领导下，应急管理部门统筹，消防救援队伍主调主战组织救援力量开展现场抢险救援工作，协助地方政府转移和救援群众。

（四）驻鲁的中国人民解放军和武装警察部队

1. 职责

中国人民解放军驻鲁部队和驻鲁武装警察部队是抗洪抢险的突击力量，担负着急、难、险、重的任务，主要承担重大险情抢护、分洪闸前围堰和行洪障碍的爆破、群众紧急迁安救护等任务。

2. 调度程序

解放军、武警部队参加抗洪抢险按部队调动程序办理。

四、全省防御黄河秋汛洪水人才队伍建设中暴露出的问题

2021年黄河秋汛洪峰流量大，启动Ⅳ级以上应急响应持续时间长达38天，大流量过程在黄河山东段持续34天，对防洪工程冲刷力强，是新中国成立以来最严重的秋汛洪水，对黄河山东段防汛工程、防汛队伍等提出了严峻考验。经过本次洪水实战，暴露出了全省防汛人才队伍建设存在的一些问题和不足。

（一）防汛行政首长负责制落实不够彻底

我国《防洪法》第三十八条规定："防汛抗洪工作实行各级人民政府行政首长负责制，统一指挥、分级分部门负责。"地方行政首长承担着组织贯彻防汛法规与政策、防汛宣传与思想动员、协调解决黄河防汛抗洪工作中的重大问题、组织编制防洪预案、组织防汛抢险与迁安救护等重要职能。少数地方政府领导受黄河多年不来大洪水影响，对黄河防汛工作存有麻痹思想，思想上不够重视黄河防汛工作；个别地方政府领导存在着黄河防汛不属于地方职责等错误认识。

（二）基层黄河专业人才队伍不足

黄河专业队伍是防汛抢险的技术骨干，承担着黄河防洪工程的运行观测、工程管理、巡堤查险、险情报送、险情抢护等重要职责。由于2021年洪水洪峰流量大、持续时间长、冲刷力强，对黄河山东段河道考验大。按照黄河防汛班坝责任制的要求，大洪水期间，黄河专业队伍24小时驻守险工、

坝头、堤防进行巡堤查险。以山东黄河河务局技能人才为例，由于受到退伍兵安置政策等影响，截至2021年11月，全局有技术工人2130人，与2015年年末相比，技术工人减少1086人，减少了33.8%，基层防汛人才一直处于疲劳应战状态，基层防汛人才不足问题非常突出。为帮助基层克服防汛人员短缺问题，黄河水利委员会、山东河务局等各级机关、所属单位共1200余名干部职工下沉到基层一线，帮助开展巡查防守工作，以解决基层防汛查险人才不足的问题。

（三）专业机动抢险队人才“一岗双责”问题

山东黄河专业机动抢险队始建于1988年，至2003年共组建14支。2015年，经过黄河专业抢险队伍改革，山东河务局原有14支黄河专业机动抢险队整合为8支，分别隶属于8个市级河务（管理）局。当前除济南河务局机动抢险队配备部分设备外，其他机动抢险队均无设备。抢险队人才除济南河务局所属机动抢险队有部分常驻人员外，其他地区多为“一岗双责”人员，分散在各个县级河务局所属管理段、工程班和相关企业等工作，组织培训时难以及时集结。如有抢险任务把抢险队员抽走，就会出现各管理段观测巡查岗位空缺的情况，对防汛抗洪正常工作造成不利影响。

（四）群众防汛人才队伍组织难

群众防汛人才队伍一般由沿黄乡（镇）政府，按照民兵组织形式，当地青年登记造册组建。虽然我国《防洪法》等法律规定，防汛是全民的义务。受市场经济的影响，近年来青壮年外出务工、经商人员较多，沿黄很多农村都成了老人、孩子的“留守村”，群众防汛人才队伍存在着人员流动性大、年龄偏大、文化水平偏低、身体素质不够等问题。此外，群防队伍无工资报酬，也在一定程度上影响了队伍的稳定性，组织培训到位率低，防汛业务水平、防汛能力比较弱，在当前的市场经济条件下，主要靠行政手段和法规约束，群防队伍开展巡堤查险难度大。

（五）防汛抢险职责界定不够清晰

2018年国家防汛体制改革后，各级组建了应急部门。各级应急部门着眼“全灾种”“大应急”任务需要，负责组织协调重大灾害应急救援工作。各级水利部门发挥“前端”作用，主要承担灾害抢险救援的技术保障等工作。由于黄河河道的独特河情，中小水也会出大险，且要抢早、抢小。如2021年秋汛洪水期间，黄河山东段险工、控导工程共有138处工程883道坝出险1090次，均为一般险情。由于抢早、抢小、抢住，没有导致较大以上险情发生。在中常洪水发生时，发挥主要作用的仍然是黄河河务部门，而水利部已无抢险职能，尚无明确的职责划分规定险情抢护责任部门。

五、加强全省基层防汛人才队伍建设的建议意见

黄河自1982年发生15300立方米每秒洪水以来，已连续39年未发生超过10000立方米每秒量级的洪水，按照“久旱之后，必有大涝”的自然规律，黄河发生大洪水的可能性越来越大。全省各基层防汛人才，承担着黄河山东段防洪保安澜的“最后一公里”任务，是贯彻落实“黄河战略”的重要参加者，是建设幸福河的积极推动者，是维护黄河河道行洪安全的关键环节。切实加强基层一线防汛人才队伍建设，对于确保黄河山东段防汛安澜，意义重大。

（一）提高各级对加强全省防汛人才队伍建设的认识

黄河防汛，防在一线。为了确保黄河防洪安全，加强全省各级防汛人才队伍建设至关重要。各级应进一步提高认识，切实把加强防汛人才队伍建设这项工作，纳入到维护黄河防洪安全这个头等大事来抓，切实提高对加强防汛人才队伍建设重要性的认识。2021年10月20—22日，习近平总书记来到山东省东营市，考察黄河入海口，并在济南市主持召开深入推动黄河流域生态保护和高质量发展座谈会，这充分体现了以习近平同志为核心的党中央将黄河流域生态保护和高质量发展作为事关中华民族伟大复兴的千秋大计。水利部、黄委、山东省委、省政府全面贯彻落实习近平总书记关于防汛救灾的重要指示精神，始终把保障人民群众生命财产安全放在第一位，立足防大汛、抗大洪、抢大险、救大灾，身先士卒、靠前作战。正是各级高度重视、协力奋战，凭着扎实过硬的队伍、精准有效的调度和众志

成城的防线，全力以赴打赢了2021年防御秋汛洪水这场硬仗。

（二）加强各级行政首长防汛知识培训

各级行政首长承担着辖区内防汛组织调度、宣传发动、决策部署等至关重要的职责。要充分汲取郑州“7·20”大水的教训，切实督促各级行政首长知责、明责、履职、担责，避免统一指挥失灵的弊端。特别是2022年，全省进行党政换届，为确保各级行政首长熟悉防汛工作、熟悉黄河河情，就必须加强各级新任领导的防汛业务培训，组织其学习《防洪法》的有关规定，熟悉黄河河情，熟悉防汛预案，熟悉调度程序，认识到黄河防汛的极端重要性及其特殊性，进一步落实好以行政首长负责制为核心的各项黄河防汛责任制，切实履行好黄河防汛的行政首长负责制。

（三）提高黄河专业队伍防汛业务能力

黄河水少沙多，又是世界著名的地上悬河，河道形态独特，下游河道宽，游荡多变，存有小水出大险的概率。所以，加强黄河河道及工程的日常巡查防守，对于保障黄河下游的防洪安全至关重要。沿黄26个县级河务局的基层防汛队伍，在黄河防汛中发挥着一线巡查、查险、防守、抢险等重要职能，发挥着至关重要的作用。针对有实战经验的一线技术带头人偏少、胜任防大汛抗大洪抢大险任务的实用技术骨干略显不足的问题，按照“实际、实用、实效”和“干什么学什么，缺什么补什么”的原则，通过业务培训、防汛演练、岗位练兵、技术比赛、技能比武等方式，重点在巡险查险、抗洪抢险、防洪工程管理、涵闸管理等领域培养一批一线技术带头人。充分发挥其带头引领作用，努力打造一支关键时刻能够“拉得出、顶得上、打得赢”的实干型一线技术带头人队伍。

（四）配备建设好黄河机动抢险队队伍

在战胜这场新中国成立以来的最严重秋汛洪水中，7支黄河机动抢险队迅速出动，共抢险595次，参加人员6936人次，机械设备台班11171个，完成石方14.7万立方米，土方3.1万立方米，完成投资6521万元，充分发挥了秋汛洪水抢险的技术骨干作用。基于黄河的独特河情，如果仅仅依靠综合性消防救援人才队伍，黄河的中小河道险情将无法抢早、抢小，有小险成大灾的风险隐患，所以，建设好黄河专业机动抢险队非常重要。针对机动抢险队人员“双肩挑”，没有专职抢险人才的问题，建议本着实事求是的态度，选择在黄河山东段上游、中游、下游分别建设一支示范性黄河专业机动抢险队，选拔一批年富力强、具有一定专业知识、技术技能精湛、富有奉献精神、热爱黄河事业的优秀人才充实调配到黄河专业机动抢险队；建立末位淘汰制，确保人员精干、作用突出。同时配备好各类抢险器械，加大学习与实操培训力度，对抢险队员分批次、分阶段，增加抢险队员的学习培训时间，强化抢险技术与操作技能的锻炼，切实提高队员实战需要的抢险能力，进一步推动黄河机动抢险队专业化、规范化建设。

（五）落实好群众防汛人才队伍

积极落实防汛行政首长负责制，压实各级政府组建群众防汛人才队伍的责任，群防人员要侧重于选取一线防汛队伍中优秀年轻人，例如基干民兵、乡镇社区干部、企业抢险队等，切实推动群防队伍从“有名无实”变为“有名有实”，确保“胜任工作”。督促沿黄各级政府、防指做好群防队伍尤其是民兵抢险队、企业抢险队的组织与培训工作；举办形式多样的防汛演习，大洪水或者调水调沙或者主汛期期间，多组织群众参与防汛实战演练或者驻堤驻守，磨炼提高群防队伍整体技术水平。积极探讨“1+N”（即黄河专业队伍+消防救援队伍、社会力量、沿黄乡镇党政机关干部、群防队伍、企业抢险队、民兵、其他队伍和解放军、武警部队）多元力量参加黄河防汛抢险新机制试点，为新形势下防汛队伍建设蹚出新路子。

（六）组织防汛抢险专家，加强新技术研究

着眼于黄河长治久安这个大局，选拔培养一批河道工程抢险的领军型、专家型、实践型人才，组织防汛抢险人才紧跟时代发展步伐，在传承发扬黄河传统抢险技术的同时，研究新型抢险方法、新的抢险技术，新的抢险工艺、新型抢险器械，在洪水实战抢险中积累经验，逐步研发和推广河道抢险新方法、新技术、新材料、新器械，最大程度提高黄河工程抢险的效率和质量。如2021年10月7日，黄河利津段东坝控导4号坝出现坍塌险情，

利用传统的抛投铅丝笼抢险，效果不佳；采用抛投大体积、超重量扭工体，抢险效果突出。所谓扭工体，就是用钢筋、混凝土制作,在模板中凝固而成，它形如工字、王字或丁字状，故称扭工体。在目前科技发展日新月异的新形势下，在传承发扬好黄河埽工、柳石枕、柳石搂厢、秸料进占、家伙桩等黄河传统抢险技术的情况下，进一步科技创新，研制研发新型抢险工艺，提高防汛抢险效率，这是个时代赋予的新课题，需要持续深入研究。

黄河宁，天下平。全面贯彻落实习近平总书记关于“黄河战略”重要讲话精神，在水利部、黄委及山东省委、省政府的正确领导下，加快构建黄河山东段抵御洪水灾害的坚固的工防、坚强的人防两条防线，努力提升水安全保障能力，咬定目标、脚踏实地，埋头苦干、久久为功，建设幸福河湖，在深入推动黄河流域生态保护和高质量发展、让黄河永远造福中华民族的新征程上做出更大贡献！

基于平衡计分卡的水利科研事业单位绩效考核研究
——以珠科院为例

主要完成人：黄芬芬　孙爱芳　欧阳勇　李艳华　罗杰　游歆炜

所在单位：珠江水利科学研究院

一、研究背景及历程

水利科研事业单位属于事业单位的一种。一般可以认为，水利科研事业单位即是从事水利科学研究与技术开发的事业单位，具有高层次专业技术人才比率高的特点。水利科研单位在江河治理、防灾减灾、重点工程建设、水资源保护和开发利用、给排水与农业节水技术，以及小水电开发和农村电气化建设等方面，解决了许多核心技术问题，为重大的国家决策提供了夯实的科技支持。

1984年，在《中共中央关于科学技术体制改革的决定》发布之前，当时的水利电力部即以水科院和南科院为试点，开展了水利科研单位体制机制改革的探索。水利部党组在《国务院关于"九五"期间深化科技体制改革的决定》发布后，提出了在水利行业实施"科教兴水"战略，明确指出在"九五"期间，要建立起适应社会主义市场经济体制和科学技术发展规律的新体制。随着科技体制改革的进行，中国水利科研院所坚持"稳住一头，放开一片"相结合、国家支持和市场导向结合的原则，逐步从计划经济向市场经济过渡，从粗放型经济转变为集约型经济，形成了公益性和经营性的双重属性。

2011年，《中共中央国务院关于分类推进事业单位改革的指导意见》（中发〔2011〕5号）和《关于事业单位分类的意见》（国办发〔2011〕37号）

发布，中央机关下属事业单位分为：承担行政职能、从事生产经营活动、从事公益服务事业单位三类。2013年，水利部转发了中央机关下属事业单位分类工作的相关文件，要求部属各事业单位深刻领会分类改革的精神，科学划分单位类别，并对不同类别的事业单位提出了不同的发展要求。水利部对部属事业单位分类改革的推进对水利科研事业单位的生存造成了压力，无论是偏重科研还是偏重经济，都对单位的发展思路提出了新要求。

在科技体制改革和事业单位分类改革的大背景下，珠江水利科学研究院（以下简称“珠科院”）于2013年开始绩效考核工具探索研究。当时水利科研事业单位绩效考核处于比较初级的阶段，仍然实行“德、能、勤、绩、廉”等的考核方式，考核指标和单位的发展战略相脱节，定性评价多，定量评价少，绩效考核的效果较差，无法取到引导和激励的作用。水利科研单位公益性的属性，决定了不适合仅用财务指标来评价科研人员的绩效，营利性的属性，意味着仅用“德、能、勤、绩、廉”的标准来考核科研人员也不适合，事业单位分类改革也要求利用考核的导向作用调整单位的发展思路。平衡计分卡作为一种有效的绩效管理工具，从战略的高度出发，用“财务、客户、内部业务流程、学习与成长”四个维度来衡量绩效，能构建一套与单位战略目标相结合、导向明确、标准科学、体制完善的岗位绩效考核体系，使其适应社会主义市场经济和水利科研事业自身发展的需要，达到公益和营利的平衡，也即科研和经济的平衡。因此，2014年，珠科院选取平衡计分卡作为工具来研究绩效考核。2019年，珠科院新一届领导班子提出了新阶段发展战略，启动绩效考核与分配制度修订工作，基于前期的研究成果，珠科院构建了基于平衡计分卡的内设研究所的绩效考核体系。经过近4年的实践，基于平衡计分卡的绩效考核体系已趋于成熟。

二、平衡计分卡理论简介

平衡计分卡的思想起源于美国模拟装置公司（简称“ADI”）1987年的战略调整，而平衡计分卡的概念由卡普兰（Robert S. Kaplan）和诺顿（David Norton）共同提出。1992 年初，卡普兰和诺顿在《哈佛商业评论》上发表了《平衡计分卡：驱动业绩的评价指标体系》，这标志着平衡计分卡概念的形成。这篇文章从财务、顾客、内部业务流程、学习与成长四个重要方面考察企业，在企业中引起了强烈反响。1993年，自平衡计分卡的功能运用到企业执行领域后，平衡计分卡在世界范围内得到接受和认同。1996年，中国引进平衡计分卡，但在企业、政府部门、高校应用的比较多，在科研单位应用的比较少。

平衡计分卡是从财务、客户、内部运营、学习与成长四个角度，将组织的战略落实为可操作的衡量指标和目标值的一种新型绩效管理体系。它的核心思想就是要打破传统的财务评价，通过战略地图将企业的战略、使命和愿景转化为财务、客户、内部流程、学习与成长四个维度的具体指标，实现财务与非财务指标之间的平衡，长期目标与短期目标的平衡，平衡内部和外部指标、前置指标和滞后指标，以改进企业的绩效。平衡计分卡的基本框架如图1所示。

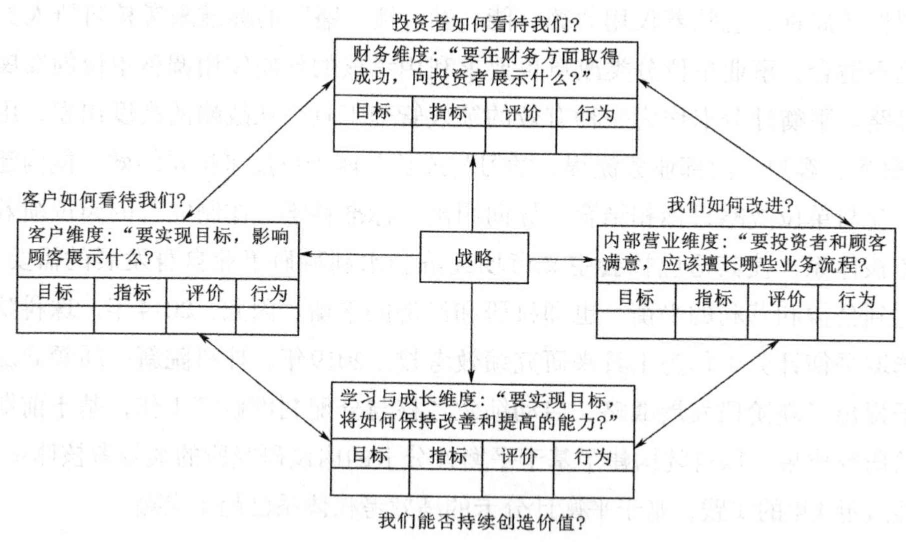

图1　平衡计分卡的基本框架图

平衡计分卡的四个维度不是独立的，它们之间有一个很强的因果关系：员工获得了培训，提高了技能，才有可能对企业内部的流程进行改进，从而让客户对产品和服务更加满意，最终取得财务业绩。即"财务是企业最终目标、客户是企业成功的关键因素、内部流程为平衡计分卡提供平台、学习与成长是企业发展的源动力"。

三、珠科院概况及绩效考核概述

（一）珠科院概况

1.历史沿革

珠科院是珠江水利委员会直属副局级事业单位，具备独立法人资格，前身为珠江水利科学研究所，为1979年经国务院批准随水利部珠江水利委员会一起成立的中央级科研机构，主要职责是为珠江水利委员会依法行使流域水行政职能和珠江水利事业发展提供技术支撑和科研保障。2005年4月，经水利部批准同意，更名为珠江水利科学研究院。2009年12月，经水利部批准同意，升格为副局级机构。2020年7月，明确为公益二类事业单位。

2.机构及人员情况

珠科院现设有河流海岸、水资源、水生态环境、洪涝灾害防御、水利工程、智慧水利、遥感与地理信息7个研究所（下辖35个专业研究室），办公室、人事处、科技计划处、财务处、党群办公室（纪检监察室）5个职能处室，院属科研企业2家——广东华南水电高新技术开发有限公司和广州珠科院工程勘察设计有限公司。拥有部级重点实验室2个（水利部珠江河口治理与保护重点实验室、水利部粤港澳大湾区水安全保障重点实验室）、部级工程中心1个（水利部珠江河口海岸工程技术研究中心）、省级工程中心2个（广东省水利信息化工程技术研究中心、广东省河湖生命健康工程技术研究中心）、国家级博士后科研工作站1个，代管珠江流域水土保持监测中心站。珠科院从业人员1000多人，其中事业科研技术骨干约400多人，正高级工程师50多人，高级工程师130多人，博士60多人，硕士近300人。

3.科研和经济情况

“十三五”期间，珠科院获得省部级科学技术奖22项，发明专利授权50件，实用新型专利授权125件，软件著作权177项；编制标准规程9部、参编6部；出版专著39部；发表科技论文300余篇，其中SCI、EI和ISTP文章68篇；32项技术入选水利部先进实用技术推广目录，1项技术及应用入选水利部智慧水利优秀应用案例和典型解决方案推荐目录。随着科技实力的增强，院经济实力亦稳步增长，近几年合同额年均增长率超10%，2022年全院合同总额新增8亿元。

4.经费来源

珠科院经费来源主要是中央财政拨款和为流域地方政府部门项目提供水利科研技术服务依法获取。但因珠科院为差额拨款单位，且实际人员数远远超过了编制数，珠科院必须抓住横向市场，以补充经费的不足。近几年，珠科院经费自给率基本达到了90%。

（二）珠科院绩效考核概述

在科技体制改革和事业单位改革的过程中，珠科院于2005年开始实行较为规范的绩效考核制度，大致可以划分为三个阶段。

1.以经济考核为主期（2005—2009年）

20世纪90年代末，珠科院（当时为研究所）在科研机构改革中失去了“非营利性科研机构”的身份，在水利行业内以及非水利行业争取到的科研项目减少，经费的短缺造成人心不稳、管理不到位，在这种内忧外患的紧要关头，珠科院党委分析了行业内外的形式，于2005年提出“以市场为导向，以人才为基础，以经济发展为中心”的发展战略。

该时期珠科院绩效考核分岗位进行，每类岗位都有自己的8条岗位职责，涵盖了经济、科研、管理等指标，每条指标都有自己的分值，比一般单位的绩效考核指标更加全面完善，但存在着与单位战略结合不紧密、偏重经济类指标的问题。以科室主任8条岗位职责为例，8条岗位职责里包含3条经济指标、2条管理指标、1条科研指标、1条人才指标、1条质量指标，其中经济指标在100分总分中占据了50分，形成了只要市场开拓的好，年终考核成绩就高、奖金分配就多的局面，使得有些科室主任对科室的内部管理、人才的培养、科技的创新重视不够。珠科院作为差额拨款事业单位，兼具公益性和经营性，经济效益对单位的发展至关重要，但是科研仍然是珠科院的立院之本，偏重经济的绩效考核指标对单位水利科研事业的发展具有一定的阻碍作用。

2.兼顾科研考核期（2010—2018年）

“以经济考核为主”的绩效考核制度实施五年后，珠科院已经从解决温饱问题走到了谋求科研发展的道路，但是科研层次不够高、专业结构不尽合理、学科带头人缺乏、管理机制还不能完全适应发展需要等问题制约了经济增长的质量和效益。面对市场发展的新需要，珠科院与时俱进，2010年，院党委又提出珠科院经济发展方式的两个转变，即“从市场竞争激烈的一般技术性论证的业务为主向市场急需的技术含量高的业务为主转变；从产品以报告成果为主向产品以集成软件和硬件为主转变”。在原有的考核制度框架下，珠科院于2012年、2014年对绩效考核条款进行了修改，每次修改都增加了科研考核条款的得分点，科室主任的经济指也从50分降到了44分。然而修改引入了考核分配系数概念，每项指标对应的分配系数权重不同，科室主任的经济指标分配系数占比约57%，事实上，经济指标占比不降反升。因此，该时期，虽然从观念上重视了科研考核，但是在考核上没有扭转重经济轻科研的局面，考核和战略脱节、个人绩效与组织绩效脱节问题仍没有解决。

3.战略考核期（2019年至今）

2019年，珠科院发展进入新时期。新一届党委提出了“以需求为导向，以人才为基础，以创新为动力，以经济为保障”的高质量发展战略。同时，历时一年，凝聚珠科院老、中、青三代智慧的《珠科院绩效考核与绩效分配实施细则》（以下简称“实施细则”）于2019年7月正式试行。“实施细则”引入了平衡计分卡工具，在试行时，从经济建设、科技创新、综合评价三个维度选择符合院发展战略的关键绩效指标构建了珠科院内设业务研究所的绩效考核体系。在绩效分配的过程中，先按研究所绩效考核结果分配各所绩效总额，职工个人绩效在所在研究所绩效总额范围内分配。“实施细则”从战略出发，将个人绩效与组织绩效结合起来，发挥了考核的导向作用，取得显著成效。2019年，珠科院经济和科研建设均创新高，职工工作热情高涨，科研生产氛围焕然一新。2020年，根据试行的情况，珠科院对“实施细则”进行了修改完善，正式实行。2021年，珠科院研究所绩效考核体系增加了人才考核维度，考核与战略结合得更加紧密。2022年，进一步完善各维度关键绩效考核指标。经过4年的实践和完善，基于平衡计分卡的珠科院研究所绩效考核指标体系已趋于成熟，将在未来较长的一段时间内，引导珠科院的高质量发展。

四、基于平衡计分卡的珠科院研究所绩效考核体系构建

（一）珠科院研究所平衡计分卡考核体系的要素分析

基于对平衡计分卡及珠科院基本情况的分析，根据珠科院新时期高质量发展战略，选取科研、经济、人才、管理四个维度构建内设研究所平衡计分卡的框架，具体内容如图2所示。

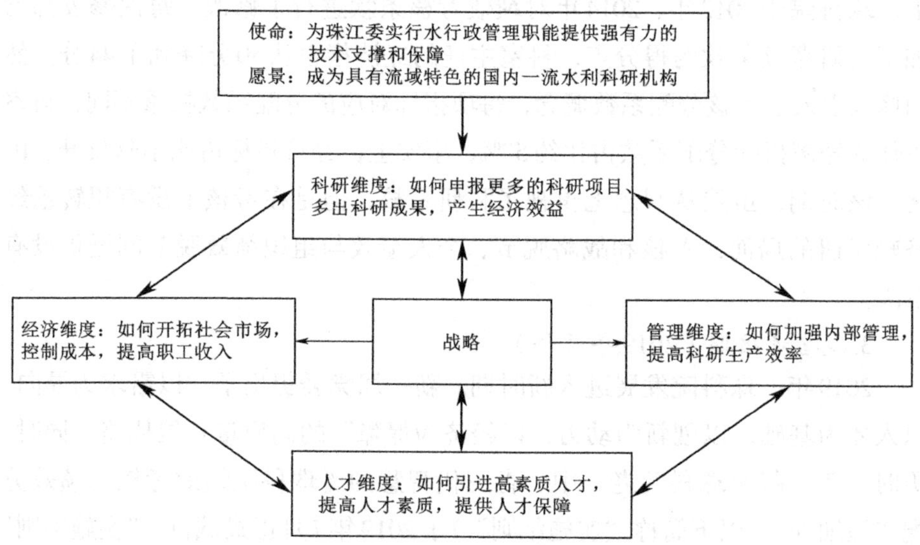

图2　珠科院内设研究所平衡计分卡的框架

如图2，使命、愿景指导整个平衡计分卡，战略分解成四个维度，作为科研机构根本的科研维度放在平衡计分卡的首位。战略分解和驱动过程通过单项箭头来表示。珠科院内设研究所平衡计分卡要素分析如下。

1.使命、愿景

组织把自己存在的目标定位成使命，它描述的是组织想为社会做的贡献，界定的是组织想为社会创造的价值。珠科院是水利部珠江水利委员会下属事业单位，是珠江流域最重要的综合性的科研单位，根据珠江委对珠科院的主要职责任务的阐述，珠科院的使命可以确定为："追踪国内外水利前沿技术，研究珠江流域内热点、难点水问题，为珠江水利委员会实行水行政管理职能提供强有力的技术支撑和保障"。

愿景把组织的使命转化成现实，描述组织理想中并期望达到的状态。

珠科院的愿景是"成为具有流域特色的国内一流的水利科研机构"。

2. 战略

珠科院新时期高质量发展战略为"以需求为导向，以人才为基础，以创新为动力，以经济为保障"。以需求为导向，主要是围绕珠科院发展的服务对象，对上服务珠江委，对外服务经济社会，对内服务职工。三大需求既是发展的问题导向，也是珠科院的使命所在即珠科院为了什么而发展。以人才为基础，主要指珠科院领导、经营管理、专家和科技创新三类人才能够各得其所，人尽其才，才尽其用。人才是珠科院高质量发展的基础，也是评价单位发展最核心的指标。珠科院的创新以科技创新和制度创新为主，需要双轮驱动，协同发力。珠科院的基本院情决定了经济建设仍然是珠科院的重中之重，经济需求依然是珠科院职工的第一需求，只有一定的经济实力才可能为珠科院科技创新和稳定创造条件，因此，需以经济为保障。

3. 维度

一是科研维度。科研维度对应经典平衡计分卡的"客户维度"。珠科院作为珠江流域片最重要的水利科研事业单位，珠江水利委员会是我们最重要的"客户"，开展科学研究，为客户做好技术支撑和保障是珠科院研究所最重要的任务。在科研维度的目标是"增强科研实力，产出优秀科研成果"。

二是经济维度。经济维度对应经典平衡计分卡的"财务维度"。珠科院作为事业单位，享受着国家经费的支持，但是作为差额拨款单位，国家拨款只能维持单位部分科研活动，研究所必须去承接横向项目搞经济创收，来补足科研经费、维护科研设施，提高单位职工的收入。

三是管理维度。管理维度对应经典平衡计分卡的"内部流程维度"，解决的是内部改进的问题。珠科院作为水利科研单位，以科研实力服务于珠江水利委员会和水利市场，内部管理是否顺畅，能否对接需求是管理维度需要关注的重点。

四是人才维度。人才维度对应经典平衡计分"学习与成长维度"，解决的是可持续发展问题。人才的培养与开发是珠科院可持续发展的源动力，引进高素质的人才、加强对职工的培训培养、提高学历和职称结构是人才维度的关键。

4.战略地图

四个维度中，科研维度是核心，经济维度是重点，管理维度是关键，人才维度是保障。四个维度相互补充、相互促进、相互支持、共同发展，最终实现组织的目标。科研维度是珠科院下设研究所平衡计分卡最重要的维度，我们把它放在平衡计分卡的顶端，是其他三个维度必须支撑的对象，具体内容参见图3。在科研上取得重大的成绩，能促进科技市场推广，在经济上取得更好的效益，同时也能扩大单位的影响力，有利于高素质人才的引进，人才素质的提高。经济规模的扩大，职工收入的提高，能增强单位的经济实力、调动职工的积极性，更有能力去申报科研项目、出科研成果。管理维度通过内部的有序和谐高效来控制成本、获得市场项目，增加创收，提高职工收入水平。人才维度是单位发展的源动力，员工培养、队伍建设能提高职工的能力水平，进而提高工作效率和质量，更好地进行科技推广工作，获得经济收入，更有动力和能力去争取科研项目，多出科研成果。图3中的箭头表示四维度之间的战略驱动过程，体现维度指标之间的内部因果关系。

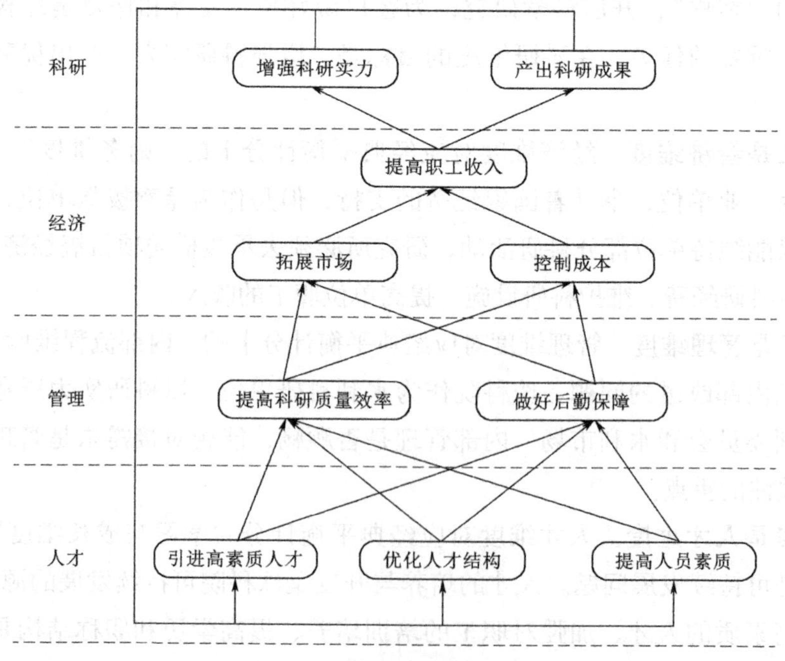

图3　珠科院下设研究所平衡计分卡战略地图

（二）珠科院研究所绩效考核指标体系及评分方法的设计

设计平衡计分卡的指标体系要围绕战略来展开，在完成战略目标的前提下，达到整体最优。在将近一年的时间里，珠科院绩效考核与分配制度修改工作组组织了近60人次的个别调研、5次集体座谈、3次公开征求意见，听取了各层级干部职工对指标选择的意见建议。为了确定指标的效度和信度，我们还采用专家讨论的形式根据国际上通用的SMART指标选择原则对指标进行筛选，确定可采用的指标。

1.科研维度绩效考核指标及评分方法的设计

根据国家科技体制改革总体思路和目标以及关于加强基础研究和应用基础研究的发展要求，结合实际情况，珠科院以“提高珠科院发展质量”为主要导向，确定科研维度考核指标体系。科研维度考核的目的为鼓励各研究所开展科技创新工作，提高院品牌建设能力、实用技术研发以及基础研究水平，逐步增强科研实力，产出优秀的科研成果。因此，选择品牌建设、技术研发、基础研究这三个一级关键绩效考核指标。一级关键绩效考核指标下设若干二级关键绩效考核指标。每年年初根据实际情况，适度调整二级绩效考核指标。各项考核指标采取分档打分或者按项赋分的方式，见表1。

表1　科研维度关键绩效考核指标及评分标准

维度	关键绩效考核指标		评分方式
科研维度	一级	二级	分档赋分或者按项赋分
	品牌建设	科技奖励、重大科技项目等	
	实用技术研发	科技创新项目、重点项目等	
	基础研究	基础科研成果等	

2.经济维度绩效考核指标及评分方法的设计

水利科研单位公益性和经营性的双重属性，决定了珠科院下设研究所在科研之外，还必须重视经济，以弥补科研经费的不足，提高科研人员的收入。衡量经济效益的指标包括：市场合同额、到款情况、可结算经费、成本、职工收入等。上述大部分指标都可以通过人均累计利润来反应。经研究，最终确定经济维度关键绩效考核指标为人均累计利润，包含当年利润和部分历史结余。人均累计利润的评分方式通过具体的数据计算得出，每年会适度调整计算公式。见表2。

表2　经济维度关键绩效考核指标及评分标准

维度	关键绩效考核指标	评分方式
经济维度	人均累计利润（含当年利润、部分历史结余）	通过具体数据计算得出

3. 管理维度关键绩效考核指标及评分方法的设计

内部管理是珠科院科研和经济发展的重要保障，提高珠科院治理体系与治理能力，实现“有序、和谐、高效”的管理方针是管理维度最高的战略目标。内部管理涉及单位的方方面面，包括后勤服务管理、人事管理、党群管理、财务管理、经营管理、科技管理、质量管理、研究基地管理等，但是考核不能面面俱到，要抓住关键环节。经讨论，认为综合评价能代表内部管理的水平。因此，管理维度选取综合评价作为关键绩效考核指标，评分方式为分层级的百分制民主测评，各层级打分的占比可适度调整，见表3。

表3　内部管理维度关键绩效考核指标及评分方法

维度	关键绩效考核指标	评分方式
管理维度	综合评价	分层级的百分制民主测评

4.人才维度关键绩效考核指标及评分方法的确定

高质量发展，关键在人才。珠科院的发展是“科技、经济、人才”三位一体的发展，2021年增加了人才考核维度使得研究所平衡计分卡考核框架更加完善。人才维度的考核目标是引导高层次人才的引进、人才素质的提高，为珠科院高质量发展提供智力支撑。根据单位的实际情况，选择人才培养，人才引进、流失，选人用人，人才结构作为人才维度一级关键绩效考核指标。一级关键绩效考核指标下设若干二级关键绩效考核指标。每年年初根据实际情况，适度调整二级绩效考核指标。各项考核指标采取分等级按人次赋分或者按评价等级赋分的方式，见表4。

表4 人才维度关键绩效考核指标及评分方法

维度	关键绩效考核指标		评分方式
人才维度	一级	二级	分等级按人次赋分或者按评价等级赋分
	人才培养	人才称号、荣誉等	
	人才引进、流失	引进博士、正高级职称人才，浪费招聘指标等	
	选人用人	民主测评等次	
	人才结构	学历结构、职称结构等	

（三）珠科院研究所绩效考核指标权重设置

考核指标体系中的各指标的重要性或者各指标单项分数在总分值中的比重称之为指标的权重。各指标权重的分配直接引领职工的行为，因此，对权重的设计应当慎重。权重设置的方法主要包含主观法和客观法。主观法主要有层次分析法和二项系数法等，指标权重分配的依据主要是考核主体重视各考核指标的程度，具有直观好操作的优点，但容易出现衡量指标的重要性缺乏一致性和逻辑性的问题。客观法以聚类法、熵值法和判别分析法为代表，权重的分配是依据指标自身发挥的作用和影响。

1.学术研究阶段绩效考核指标权重设置

在2014年学术研究平衡计分卡阶段，我们采用层次分析法确定绩效指标的权重。层次分析法首先确定1~9级的重要程度量化等级表，并构建目标对象的层次结构图，然后在各层次内对因素进行两两比较，再经过一系列的数学计算，初步得出各指标的权重，一致性检验合格后，最终确定指标的相对重要性权重。珠科院设计并发放了《研究所绩效指标权重评价调查表》，采用算术平均值法对问卷回收的数据进行处理，先计算维度指标权重，再计算维度内指标权重，最终得出一张绩效考核指标权重表，见表5。

表5　珠科院下设研究所绩效考核指标权重

维度指标		维度内指标权重		
维度名称	权重	指标名称	维度内权重	总权重
A_1维度		B_1		
		B_2		
		B_3		
		B_4		
A_2维度		B_5		
		B_6		
		B_7		
		B_8		
A_3维度		B_9		
		B_{10}		
		B_{11}		
		B_{12}		
A_4维度		B_{13}		
		B_{14}		
		B_{14}		
		B_{16}		

2. 实践阶段绩效考核指标权重设置

2019年，工作组在设计研究所绩效考核指标的权重时，发现层次分析法虽然能够通过计算的方法设计出各指标的权重，但是各调查对象对各考核指标重要性的判断差异性比较大，一致性检验不合格。也就是说调查对象的选择至关重要，了解时代背景，清楚珠科院的发展历程、认同院的发展战略的调查对象给出的数据才具有参考意义。据此，我们摒弃了层次分析法，采用关键少数讨论拟定权重，真实数据测算确定权重的方法。各维度的权重动态调整，总体趋势是经济维度权重下降，科研维度、人才维度权重上升。维度内指标未设置权重，直接将赋分结果相加得出维度考核原始分。科研维度、经济维度、人才队伍建设维度均设置了考核基准分，各研究所各维度考核得分按考核基准分折算。现行研究所绩效考核指标权重见表6。

表6　珠科院下设研究所绩效考核指标权重

维度指标		维度内指标权重	
维度名称	权重	指标名称	维度内权重
科研维度	0.2	品牌建设	无权重，设置考核基准
		实用技术研发	
		基础研究	
经济维度	0.5	人均累计利润	无权重，设置考核基准
管理维度	0.15	综合评价	无权重
人才维度	0.15	人才培养	无权重，设置考核基准
		人才引进、流失	
		选人用人	
		人才结构	

（四）珠科院研究所绩效考核体系取得的成效及存在的问题

经过四年的实践，基于平衡计分卡的珠科院内设研究所绩效考核体系发挥了考核指挥棒的作用，取得显著成效，也存在一定的问题。

1.珠科院研究所绩效考核体系取得的成效

在新的绩效考核体系引导下，珠科院的发展由原来的经济建设一家独大，转变为科技、经济、人才三位一体的高质量发展，多事项取得突破。科技方面，2019年以来获得的省部级以上奖项占单位成立40多年来的28%，首次牵头国家重大科技专项1项，立项国家重点研发计划课题2项，新获批水利部重点实验室1个，发布及立项各类标准近百项，入选水利先进实用技术推广目录51项，授权发明专利136件，授权软件著作权200项。经济方面，中高端业务占比显著提升，大湾区业务明显提升，科技服务多元化明显提升，合同额从2018年的5亿元增长到2022年的8亿元。人才方面，培养了珠江委首位水利部科技英才，培养了珠科院首位水利青年拔尖人才，在流域内有影响力的专家开始显现。经过4年的实践，高质量发展战略和奋斗、创新、和谐的文化深入人心，单位凝聚力显著增强；“有水利情怀浓、有综合实力强、有专业特色优、有服务质量高”的“四有”大院形象逐步树立，区域和行业品牌影响力显著提高，珠科院对珠江流域、大湾区的水利科技支撑显著增强。

2.珠科院研究所绩效考核体系存在的问题及改进措施

在取得成效的同时，绩效考核体系还存在以下问题：一是维度内指标不均衡，二是维度内指标改动较频繁，三是维度内指标的评分方式、指标权重的确定稍欠科学性。针对以上问题，珠科院将采取以下改进措施：一是进一步优化各维度关键绩效考核指标，特别是经济维度、管理维度，各维度一级关键绩效考核指标稳定在2~4个。二是考虑各维度一级关键绩效考核指标的适用周期，经过4年的摸索，基于平衡计分卡的研究所绩效考核指标体系基本成熟，今后一级关键绩效考核指标的适用周期3~5年，二级关键绩效指标根据实际情况按年调整。三是进一步研究指标权重的设计，使得维度权重，维度内指标权重更加科学合理。

五、结语

本课题在研究水利科研机构绩效管理特点和平衡计分卡理论的基础上，将平衡计分卡应用于水利科研单位绩效考核。以珠科院为例，从战略出发，通过战略地图的绘制、关键绩效指标的选取、权重的分配将个人的绩效与组织的绩效结合在一起，达到高质量考核引领高质量发展的作用。希望针对珠科院建立的这套绩效考核方案，对促进其他水利科研事业单位绩效考核体系的改进具有一定的参考和借鉴价值。

浅析当前基层青年干部队伍建设的问题和途径

主要完成人：李瑞芳　孟雅雅　王欢

所在单位：河南黄河河务局开封黄河河务局

习近平总书记在党的二十大报告中指出，广大青年要坚定不移听党话、跟党走，怀抱梦想又脚踏实地，敢想敢为又善作善成，立志做有理想、敢担当、能吃苦、肯奋斗的新时代好青年，让青春在全面建设社会主义现代化国家的火热实践中绽放绚丽之花。水利基层青年干部是水利事业健康持续发展的基石。当前，黄河流域生态保护和高质量发展重大国家战略进入深入推动阶段，河南黄河保护治理工作迎来空前发展机遇，青年干部是推动治黄发展的中流砥柱。为加强青年队伍建设，目前，开封河务局探索了多条助长模式，致力于为青年干部搭建展现自己的平台，以"伯乐相马"来发现优秀的青年干部，为青年干部量身定制教育培训计划，加强青年干部自身能力的建设等。但目前，开封河务局在青年干部队伍建设上还存在很多的短板。文章基于开封河务局基层青年干部队伍建设的现状，剖析基层青年干部的问题及原因并提出若干措施，为黄河治理开发与管理事业科学发展提供坚强的组织保障和人才支撑。

一、开封河务局基层青年干部现状

截至2022年9月底，开封河务局实有干部272人，其中：正处级2人，副处级9人，正科级74人，副科级67人，其他干部152人；参公人员101人，事业171人；35岁以下青年干部106人，占比38%。截至目前，全局35岁以下正科级干部仅1人，35岁以下副科级干部14人，40岁以下正副科级干部37人。

全局142名科级干部平均年龄46.3岁，其中，正科级干部平均年龄50岁，副科级干部平均年龄46岁。目前，科级领导干部还存在年龄结构偏大、学历、专业结构搭配不尽合理等问题。需要从推进开封治黄事业改革发展的战略高度，不断调整加强基层单位领导班子，优化充实干部队伍，加大优秀年轻干部培养力度。

106名35岁以下青年干部中，研究生23人，本科80人，专科3人。拥有大学本科及以上学历占青年干部总数的97%，职工队伍学历层次较之前有很大提高。

106名青年干部中，20人为水利类相关专业，20人为土建类相关专业，30人为工商管理类专业，36人为其他专业。青年职工专业结构呈现多元化，既可以满足水利业务工作需要，也可以服务水利行业发展和优质管理需求。

106名青年干部中有40名干部是通过国家公务员考试招录进入治黄队伍的，64名干部是通过黄委会事业统一招录进入治黄队伍的。学习能力较强，专业素质过硬，总体来说青年干部队伍综合素质较强。

二、基层黄河系统青年队伍建设所面临的困境及原因分析

（一）基层黄河系统青年队伍建设所面临的困境

青年是实现中国梦和社会主义现代化的支柱，治黄事业的发展要靠当代青年，如何正确地选人、用人、育人、留人是当前基层黄河系统所面临的主要困境。

1. 留人难

当前，青年职工进入黄河系统的途径主要有国家公务员考试招录、黄委事业单位公开招聘招考高校毕业生。通过笔试面试的筛选，这些入职的大学生学历相对较高，实现自我价值的愿望也比较强烈，但基层单位的工资待遇、工作环境、职务晋升“天花板”等条件限制与内心期许差距较大，导致部分青年干部以基层单位为跳板在锻炼成熟后，通过遴选或借调等方式离开。近十年里，开封河务局共有30人选择离开，其中辞职3人，遴选到系统外16人，借调省局、黄委11人，除借调到系统内的人员外，流失比例占招录总数的25%，青年干部流失情况比较严重。

2. 用人难

受机构编制、岗位设置等客观因素限制，基层单位普遍存在人员少、工作量大的情况，各部门不同程度存在人手不足的现象。而青年干部大学毕业后就进入工作岗位，个别同志一定程度上也存在眼高手低的现象，有知识但缺乏实际锻炼，不能快速正确地处理工作中遇到的各种问题。经过一线岗位的磨炼，能力强的青年对治黄业务了解更深，能够独立处理问题，在得到单位领导重视的同时又会被上级单位借调出去。以此反复，基层单位在用人难的漩涡中越陷越深。

3. 培养难

黄河基层单位培养人才难主要体现在两方面。一是培训培养模式单一。培训是青年干部提升思想和技能的主要途径，虽然我们每年都有制定培训计划，但是受培训经费不足、培训方式单一等因素限制，培训的效果不尽如人意。近几年受疫情的影响，青年干部外出学习的频次减少，当前主要的培训方式为职工自学、部门组织或网络学习，学习内容也多偏重于政治理论，贴近实际工作的内容较少，培训内容侧重点不突出，部分培训也一定程度上流于形式，效果大打折扣。二是青年干部缺乏晋升机会。目前，黄河基层单位存在干部老龄化的现象，很多青年干部却受身份、年龄、工作经验、编制等多重限制而无法得到晋升，这就造成了青年干部对晋升缺乏信心，内心压力过大，长此以往就会逐步丧失工作的积极性。

4. 激励难

市、县级河务局均为参公管理事业的单位，有参公编制和事业编制两种编制性质。因工资、津贴政策等因素，参公人员待遇普遍要高于同等条件的事业人员，尤其是2019年公务员职务与职级并行规定实施后，基层单位参公人员的晋升渠道拓宽，对基层单位的参公人员起到明显的激励作用，而同单位的事业人员，相关政策激励作用并不明显。个别单位在专业技术岗位晋升、领导岗位任用等方面还存在一定程度论资排辈的思想。基层单位受编制、岗位等限制，青年干部上升空间较小，随着近年来招录的大学生逐年增多，部分单位已经出现岗位晋升积压情况，长期下去，易产生懈怠的思想，失去干事创业的动力。

（二）基层黄河系统青年队伍建设面临困境的原因分析

1.岗位设置不合理，一人身兼数岗

基层河务部门是治黄的前沿阵地，常年担负着黄河防汛抢险、工程建设、工程管理与养护、水行政执法、科技创新等任务，基层河务单位人员短缺的问题在当下尤为突出，例如开封河务局下属单位第二河务局，该单位在水管体制改革时就未设置党群工作科，党建、纪检、工会等工作都划分在人劳科内，一个人身兼数职，对应上级多个职能部门，形成“上面千条线，下面一根针”局面，一人身兼数职，加班对于很多青年干部来说是常态。工作量大，大量时间用于应付日常工作，没有时间提升个人综合能力。

2.青年干部思想多元，对基层工作认识不够

基层单位青年干部普遍学历高、思维活跃，接受新事物能力和学习能力较强。但同时也存在吃苦耐劳精神不足、抗压能力弱，遇到困难易退缩等不足。青年干部思想活跃，对工作的期望值较高，而基层单位上升空间小、薪资较低，工作环境较为艰苦，尤其是防汛一线的岗位，更是需要经常在一线班组值守或者参与抢险、施工等工作，工作条件艰苦且工作量大，对青年干部扎根基层的耐心、定力都是严峻的考验。

3.培养模式单一，缺乏系统性培养规划

基层河务部门经济基础薄弱，难以投入大量人力、财力、物力用于青年干部教育培养上，导致青年干部的培养模式单一，关注青年干部的共性特点多，考察青年干部个性特点少。青年干部培养设定的目标和培训内容千篇一律，没有考虑青年干部的岗位、工作内容、业务专长、个性特点、个人潜能及个人职业发展规划等因素，往往不分党务、文秘、财务、工程管理等岗位，采用一样的培养模式，培养收效不明显，造成训用脱节。没有成熟的轮岗制度，岗位交流不足不利于职工的全面发展，长时间地在一个岗位工作，工作新鲜感、工作热情会逐渐减少，厌倦心理会逐渐增多。多数人自工作开始就没有换过岗位，这样既没有充分考虑职工的工作意愿，也不利于激励职工的创新精神。

4.职务晋升“天花板”明显，干事创业积极性不高

基层青年干部，往往工作几年之后，存在干事创业积极性不高的情况，

原因主要有体制不健全，更有培养、选拔和管理机制上的局限和不足。首先，是受岗位和身份的限制，自水管体制改革后，管理岗位多为参公编制并达到饱和状态，很多青年干部受限于身份、年龄、编制、晋升岗位少等问题无法得到晋升，认为反正都没有提拔的机会，干好干坏一个样，导致他们干事创业的积极性不高，工作中应付了事；其次，干部考核机制激励作用不明显，根据马斯洛需求层次理论，青年干部对工资待遇也就是生存需求较为敏感，考核与工资待遇不挂钩，干多干少一个样，干与不干一个样，对年轻干部起不到激励作用；最后，人力资源管理机制不健全，根据“挫折-退化”观点，当高层次的需求不能得到满足，对低层次需求就会加强，人才到了基层，职务晋升受到限制又不能给予合适的福利待遇，一定程度上造成了人才的流失。

三、加强基层水管单位青年队伍建设的措施建议

当前，黄河流域生态保护和高质量发展重大国家战略进入深入推动阶段，开封黄河保护治理工作迎来空前发展机遇，我们比历史上任何时期都更加渴求人才。我们必须更加重视青年人才引进、培养、使用，强化青年人才引领发展战略地位，努力建设一支留得住、素质高、能力强、专业化的青年治黄人才队伍。

（一）筑巢引凤，打造青年人才集聚地

“上面千条线，下面一根针”，处于政策执行末端的基层水管单位担负着守护黄河安澜的重任，这也意味着基层职工的工作环境始终处于治黄第一线。加强基层治黄青年队伍建设的第一要义就是筑巢引凤，栽好引才“梧桐树”，把基层单位打造成人才聚集的新高地，确保人才“引得来，留得住”。

1.改善基层工作环境，营造和谐人际氛围

良好工作环境与和谐人际氛围是做好工作的前提和基础。为此，要从“硬环境”和“软氛围”两个角度来改善基层工作环境和人际氛围。基层单位办公、生活条件普遍艰苦，近年随着招录的大学生人数持续增加，很多

基层单位无法满足宿舍需求。应进一步加大对基层硬件设施的改善力度，加大对基层单位硬件建设的投入，改善基层单位整体环境，同时通过形式多样、内容丰富的文体活动凝聚青年干部合力，激发青年干部工作激情；建立领导干部定期与青年干部谈心谈话制度，了解青年干部思想动向，做青年干部的知心人、引路人，提升青年干部的获得感、归属感，不断改善基层单位工作“软氛围”。

2. 拓宽基层引才渠道，搭建青年成长舞台

基层单位应科学编制招录招聘计划，拓宽人才引进渠道，建立高层次、复合型人才引进“绿色通道”，不断完善人才队伍结构，充实人才力量。采取“定向招生、订单培养、定向就业”的方式培养满足基层特殊需求的人才，探索实施“订单式”人才培养新模式。在引才的同时积极为青年干部搭建成长平台，确保人才“引得来，留得住”。探索推进青年干部立体交叉交流，通过交流方式，打通信息政策不畅通局面，帮助青年干部更精准理解专业知识，提高实操技术，开拓思维和视野。实施优秀青年干部“蹲苗育苗”培养，让优秀青年干部在艰苦环境中经风雨、壮筋骨、受洗礼。邀请优秀青年干部参与重要政策、课题、重大项目的研究、论证和咨询工作，鼓励青年干部结合专业特长和研究领域建言献策，发挥智囊作用，积极为开封黄河保护治理事业贡献力量。

3. 优化激励措施，避免青年干部流失

充分发挥收入分配制度激励导向作用，对高层次人才探索实行协议工资制、年薪制等分配形式，不断完善《绩效工资考核制度》，打破“优秀轮流当”等论资排辈、平衡照顾做法，实行优进绌退、动态管理，充分发挥薪酬、考核对青年干部激励鞭策作用，真正实现多劳多得，提高青年干部待遇，使他们扎根基层，安心工作。从荣誉、晋升、评优评先和工资待遇等方面向基层一线倾斜，进一步优化青年干部成长路径，完善激励机制，鼓励青年干部放开手脚、主动作为。建立健全与工作业绩紧密联系，充分体现青年人才价值，鼓励青年人才创新创造，物质奖励与精神奖励相结合的双激励机制。综合用好职务、职级、职称评聘，调动各层级和年龄段干部的积极性，协调推进青年干部队伍建设。坚持对青年干部做到政治上激励、工作上支持、待遇上保障、生活上关心，为敢于担当、勇于作为者解

除后顾之忧。为青年干部做好职业规划，积极为青年干部做好职称评审申报政策指导和服务工作，使青年干部在工作中更有方向感、归属感、幸福感，确保人才“引得来，留得住”，增强治黄队伍的向心力和凝聚力。

（二）强化引领，凝聚基层治黄青年队伍正能量

青年干部思想活跃、思维敏捷、思路开阔，但存在信念不够坚定、韧劲不足、抗压能力差等缺点。对于社会阅历较缺乏、思想多元的基层治黄青年队伍来说，只有强化了政治方向和先进典型的正确引领，才能起到举旗定向、不走偏路、凝聚合力的作用。

1.强化党建引领，凝聚青年队伍合力

一名党员就是一面旗帜，一个党支部就是一个坚强的战斗堡垒。应大力加强基层单位党建工作，不断丰富党建工作载体，扎实推进基层青年干部思想作风建设和廉政建设，强化青年干部党性意识，推进党性教育常态化开展，坚持不辍，细水长流，把党性教育融入青年干部培养全过程，深入推进“党建+业务”系列活动，在党建与业务结合、渗透、贯穿上下功夫，把党组织的教育、管理、监督、服务等职责深植于青年干部心中，渗透到业务工作的方方面面，使治黄中心工作做到哪里、党建工作就深入到哪里，实现党建工作与业务工作的深度融合；根据基层治黄实际情况进一步建立健全有基层治黄特色的党建工作制度，把“支部建在坝头上”；鼓励优秀青年党员干部积极投身于支部党建工作，为青年党员搭台子、给位子、出点子、压担子，让青年党员在一次次党日活动中锤炼党性，在服务群众中树牢为民宗旨；积极发展、吸收向党组织靠拢，勇于担当作为的青年干部加入党组织，不断优化党员结构，为党组织注入新鲜血液，为党的建设增添新的活力；对理想信念动摇、思想涣散、干事浮于表面、贪图享乐的青年干部通过问卷调查、诫勉谈话等方式，了解思想动向，加强政治教育，帮助“迷失”青年坚定理想信念，让青年干部逐步成长成为一个信念坚定、为民服务、勤政务实、敢于担当的有为青年。

2.强化典型引领，激发青年干事热情

人民治黄以来，在一代代黄河人的接续努力下，黄河改变了“三年两决口，百年一改道”的苦难，实现了岁岁安澜的同时，也涌现出了一大批

治黄先进事迹。为此，我们应探索推进典型人物、劳动模范、感人事迹的挖掘和弘扬的方式方法，给基层治黄青年干部树立一个良好的价值导向。通过开展“劳模事迹我来讲”活动，使青年干部深入了解劳模、典型人物的感人事迹，进而激发青年干部干事激情。通过开展“首席技师大讲堂”、技能大比拼等活动，鼓励青年干部向技能人才学技术、练技能，充分发挥劳模和技能人才的典范作用，展示劳模和技能人才的时代风采，增强劳模和技能人才的感召力，为青年干部学习交流、攻坚克难构筑平台，夯实“当好主人翁、办好黄河事、建功新时代”群众基础，实现基层单位更好的规范管理、加快发展。

（三）培用结合，为青年干部成才注入不竭动力

加强基层治黄青年干部队伍建设，关键在于充分发挥基层用人单位在青年人才培养、使用中的主体责任，坚持人尽其才、才尽其用的原则，通过多渠道、多层次的教育培养和实践锻炼，让青年人才在急难险重任务中磨砺意志、提升能力、施展才华，把经过实践检验的优秀青年干部选用到合适的岗位上来。

1.健全培养体系，提升青年干部素质

基层单位应制定长期系统化的青年干部培养体系，完善教育培训制度，建立“训前调研、训中检测、训后问效”的培训评估体系，创新教育培训方式，突出教育培训的针对性、实用性和前瞻性，持续提高青年干部教育培训质量；根据青年干部的专业特长、素质能力、兴趣爱好等方面的综合表现和培养目标不同，成立不同类别青年学习小组，按照“实际、实用、实效”和“干什么学什么，缺什么补什么”的原则，分层次、分类别、有针对性地对青年干部进行培养；充分发挥首席技师工作室在技能技艺创新等领域的“头雁”效应，将技术攻关和青年人才培养有机结合起来，打造青年技术骨干培养高地，鼓励青年干部深入治黄一线，破解实践难题、传承技能技艺，开展技术攻关；积极开展“传帮带”“师带徒”活动，大力实施技能人才接力计划，鼓励青年干部积极参加“师徒金搭档”评选活动和上级组织的各类技能竞赛、岗位练兵活动，在青年干部中营造一种“赶、超、比、拼”的氛围，进一步压实

青年干部学习的使命感、紧迫感，激励青年干部不断学习，提升岗位技能。

2.推行有序轮岗，激发青年队伍活力

岗位轮换是培养独当一面的复合型人才的重要途径，通过轮岗交流，能够让青年了解不同岗位的工作原理和内容，岗位轮换的新鲜感也会激起青年干部的工作热情。基层单位要把轮岗交流作为一项重要工作来抓，建立青年干部轮岗交流机制，通过“轮岗练兵”，助推青年干部从“单面手”向“多面手”转变，推动年轻干部“走出舒适区，探索未知区”，消除职业倦怠，激发干部潜能，培养复合型人才。基层单位应开展专项调研，广泛听取意见，全面了解青年干部履职情况和发展意愿，建立轮岗交流数据库，将热门岗位单列，并通过竞岗方式选出最佳人选。注重从长远发展需求、干部成长周期、班子结构需要、特殊人才储备等多方面统筹考虑，科学制定青年干部轮岗交流长期规划和近期规划，精准选配干部，杜绝出现岗位空缺后临时抱佛脚，“遍地找”“勉强配”的现象。把青年干部交流与人才储备培养结合起来，条件成熟时“走出去，请进来”，将优秀青年干部委以重任，放在更重要的岗位上经风雨、见世面、壮筋骨、长才干。实施基层单位中层干部轮岗交流行动，着力破解中层干部“能进不能出”“一次分配定终身”等问题，推动形成能者上、平者让、劣者汰的正确用人导向，激发青年干部干事创业热情，给青年干部队伍注入新的生机和活力。

3.优化岗位聘用管理，激发青年干部新动能

基层单位应遵循科学设岗、规范管理的基本原则，优化岗位设置，健全完善岗位结构比例动态管理机制，加强对聘用人员的业绩成果考核，优化聘用管理，切实提高岗位资源使用效能；改进人才评价方式，建立以岗位职责要求为基础，以品德、能力、业绩为考核要素，组织评价和专家评价相结合，群众评价和自我评价相结合，定性与定量相结合，平时与定期相结合的考核评价体系；加强对考核评价结果的运用，将其作为评优评先、岗位续聘的重要依据，健全考核与聘用相结合的管理制度，着重考核青年干部在技术创新、经济建设等方面的成效，最大程度释放青年人才创新创造活力，激发青年干部新动能。

四、结语

当前，保护黄河是事关中华民族伟大复兴和永续发展的千秋大计，黄河流域生态保护和高质量发展是重大国家战略。在新形势下，青年干部队伍建设工作要始终以习近平总书记重要讲话精神为指引，坚定不移践行水利改革发展总基调，牢牢把握住黄河高质量发展这一历史机遇，乘势而为、顺势而上，奋力打造一支高素质、专业化、复合型的青年干部人才队伍，为黄河流域生态保护和高质量发展提供坚强人才支撑和智力保障。

如何有效促进基层水利人才能力建设

主要完成人：索荣清　许琳　张亚东　李悦　杨弢

所在单位：水利部海委漳卫南运河邢台衡水河务局

随着新阶段水利高质量发展的迫切要求，基层水利人才能力建设的短板越发突出，基层水利人才招不来、留不住、提升难的问题日益凸显。

为完成调研课题，水利部海委漳卫南运河邢台衡水河务局（以下简称“邢衡局”）成立了调研小组，通过调查问卷、基层走访、座谈交流等多种形式，深入了解基层水利人才面临的工作、能力和职业发展难题，深刻分析问题产生的原因，共同探讨水利人才能力建设的有效途径和方法，切实帮助基层水利人才提高素质，促进基层水利人才队伍能力建设。

一、调研的背景与意义

“人才是第一资源”，习近平总书记始终把人才工作摆在治国理政的重要位置，深入实施人才强国战略为新时代水利人才工作进一步指明了方向，对加强新时代水利人才能力建设提出了新要求。为推动新时代水利事业高质量发展，水利部科学谋划水利人才工作思路，李国英部长多次强调，要坚决贯彻中央关于新时代人才工作的战略部署，以更高标准、更大力度、更实举措，推进新时代水利人才工作，让水利事业激励水利人才，让水利人才成就水利事业。海委党组王文生主任指出，要持续深化人才强委战略，加强高层次专业技术人才队伍建设，全面激发人才活力。《漳卫南局党委关于“十四五”期间加强人才队伍建设的意见》明确，要聚焦漳卫南运河水利高质量发展对人才的需求，以体制机制改革创新为动力，以提升人才素质为核心，以培养党政人才、高层次专业技术人才等为重点。

为政之要，惟在得人。然而，基层水利人才普遍面临人员受教育程度偏低、知识更新换代跟不上发展需求、人员年龄结构老化，岗位招聘难，基层条件艰苦、队伍稳定难等实际问题，突破人才发展瓶颈成为推进水利事业改革发展中的主要难点。如何落实好中央及部委局对人才工作的重要部署，怎样促进基层水利人才队伍能力建设，是一个值得深思研究的重大课题。

二、邢衡局人才队伍现状与调查问卷分析

（一）邢衡局人才队伍现状

邢衡局是基层河道堤防管理单位，机构内设办公室（党委办公室）、水政水资源科（水政监察支队）、财务科、人事（监察审计）科、工程管理科（防汛抗旱办公室）、工会6个科室，下属综合事业管理中心、临西河务局、清河河务局、故城河务局4个直属事业单位，临西县运河水利工程养护有限公司1个企业单位。根据上级批复的三定方案，目前邢衡局总编制共66人（参公编制40人，事业编制26人）。截至2022年10月底，全局共有在职职工69人（其中，参公人员38人，事业人员22人，企业人员9人）。

邢衡局人才队伍现状见表1～表4。

表1　人员类别

人员分类		人数	占比/%
按人员编制	参公	38	55.1
	事业	22	31.9
	企业	9	13
按性别	男职工	48	69.6
	女职工	21	30.4
按政治面貌	中共党员	44	63.8
	预备党员	1	1.4
	共青团员	7	10.2
	群众	17	24.6
按人员身份	干部管理	61	88.4
	工人管理	8	11.6

表2 年 龄 结 构

年龄结构	人数	占比/%	党员	预备党员
35岁以下	26	37.7	15	1
36～40岁	5	7.2	2	
41～50岁	18	26.1	10	
51～60岁	20	29	17	
合 计	69	100	44	1

表3 学 历 结 构

学 历	人数	占比/%	党员	预备党员
研究生	8	11.6	7	
大学本科	33	47.8	20	1
大学专科	20	29	15	
中专（高中、中技）	8	11.6	2	
合 计	69	100	44	1

表4 专业技术技能（事业和企业）

<table>
<tr><th colspan="3">专业技术技能分析</th><th>人数</th><th>占比/%</th></tr>
<tr><td rowspan="10">专业技术资格</td><td colspan="2">高级职称</td><td>1</td><td>3.2</td></tr>
<tr><td rowspan="4">中级职称（5人）</td><td>工程师</td><td>5</td><td rowspan="4">16.1</td></tr>
<tr><td>会计师</td><td>0</td></tr>
<tr><td>经济师、审计师</td><td>0</td></tr>
<tr><td>政工师</td><td>0</td></tr>
<tr><td rowspan="5">初级职称（17人）</td><td>助理工程师</td><td>10</td><td rowspan="5">54.8</td></tr>
<tr><td>助理馆员</td><td>0</td></tr>
<tr><td>助理会计师</td><td>5</td></tr>
<tr><td>助理经济师</td><td>2</td></tr>
<tr><td>助理政工师</td><td>0</td></tr>
</table>

续表

专业技术技能分析		人数	占比/%
工勤技能等级	技师	2	6.5
	高级工	1	3.2
	中级工	1	3.2

（二）基层水利人才能力建设问卷调查分析

“帮助成才、发挥人才、留住人才”是各基层水管单位健康持续发展的需求，为更好地掌握基层水利人才队伍能力建设的情况，本次问卷调查以邢衡局机关和下属三个基层水管单位为取样范围，以不同的工作类型、年龄段的28名业务骨干为调查对象进行分析。

1.调查对象对现阶段工作的满足感

通过调查对象对“较高或较为合理的薪酬待遇”“流域群众的认可与口碑”“水利工作者的职业声誉”“良好的职业晋升前景”和“安定的体制内生活”等几个选项进行选择发现，有78.6%的调查对象认为现阶段工作的满足感主要来自于水利工作者的职业声誉，安定的体制内生活和流域群众的认可与口碑也是较为重要的满足感来源（分别为46.4%和42.9%）。选择较高或较为合理的薪酬待遇、良好的职业晋升前景两项的均为28.6%，选择者均为30周岁以下的青年和30～50周岁的中青年。

由此可见，当前各基层单位业务骨干对现阶段工作的满足感主要来自于非物质的获得。通过对部分调查对象的走访也发现，在“安定的体制内生活”这一框架下，“流域群众的认可与口碑”“水利工作者的职业声誉”这样的“软”指标对于各年龄段的业务骨干获得感的提升是非常显著的，也侧面说明，当前各基层单位对于人才队伍理想信念的培养取得了一定的成绩。

值得注意的是，50周岁以上的调查对象均未选择“较高或较为合理的薪酬待遇”和“良好的职业晋升前景”两项。可见，对于长期从事业务工作或事业编制身份职工来说待遇及选任方面存在一定不足，说明基层晋升、退出机制尚需完善。

2.调查对象对现阶段工作的困惑感

通过调查对象对“薪酬福利与期望不符”“离家太远交通不便”“人

际交往较为复杂”“培训机会较少”“人文关怀不足”和“发展晋升空间太小”等几个选项进行选择发现，问题较为集中在“培训机会较少”（39.2%）一项。

走访调查对象得知，“培训机会较少”的问题主要存在培训形式单一、理论大于实践的问题，为了更好地提升基层水利人才能力，如何让培训形式多样化、内容针对性强、操作实践与理论学习协调发展是值得思考的。

3.调查对象对现阶段工作的期望值

提升获得感、幸福感是留住人才所必要的，通过调查对象对“更高的薪酬水平”“更好的工作环境”“良好的发展前途和晋升前景”“组织的关怀和便捷的生活服务”“富有挑战性的工作”等几个选项进行选择发现，“更高的薪酬水平”和“良好的发展前途和晋升前景”是提升干部职工积极性、留住人才的关键（选择占比分别为71.4%和50%），这两方面的工作也能够吸引更多优秀人才加入基层水利队伍。

人才交流是全面培养水利人才、提高发展前途与晋升前景的重要手段，有91%的调查对象认为单位纵向、横向的人才交流、岗位轮换是很有必要的，但有时会存在因工作开展需要，忽视人才能力培养客观规律的抽调、借调。建议为了全面提升水利人才能力建设，在合适的岗位、合适的对象中进行更加科学的交流、轮岗，特别是在从事本岗位成绩显著、经验丰富的业务骨干中进行；对于新任职人员待其积累一定经验后再逐步培养其他岗位的能力，依靠人才的能力优势来决定人才的培养方向。

三、存在的主要问题

（一）基层水利人才队伍建设的断档

根据邢衡局人才能力建设现状分析可知，人才队伍年龄断层和“青黄不接”是首要问题，在一定程度上缺乏高学历、专业技术人才。由表2分析：50岁以上人员和35岁以下人员偏多，中间年龄段人员偏少，没有形成科学合理的人才队伍梯队。基层单位驻地一般在县和乡镇，对水利人才的吸引力不强，导致基层水利人才招不来、留不住、提升难的问题越来越突出。基层水利人才的不断流失，导致基层单位各项工作的衔接不顺，业务不熟，能力不强，不利于基层水利工作的高质量开展。

（二）基层水利人才能力提升的瓶颈

基层水利人才的应有数量需要保障。据该局人事部门调入调出人员数据统计，2006年以来，邢衡局参公、事业编制共招录35人，调出人员9人，借出人员8人，内部借调交流12人。可见，调出、借出人员比例接近招录人员的一半。由于新阶段水利高质量发展对基层工作的标准化、规范化、精细化要求越来越高，各部门（单位）的人手不增反减，日常性工作事务日益繁重，进行有效的学习来提升综合能力和专业水平较难。

基层水利人才的专业技能有待提升。目前，水利教育培训网、学习强国平台、各种业务培训提供的学习内容很多，但偏重理论，而基层水利工作又偏重实践较多。这些培训学习没有形成系统、没有直接转化为专业技能实操，导致学用脱节，效果不是很突出。因此，提高基层水利人才的专业技能水平，必须进一步加强培训内容的针对性、实操性，以适应新时代基层水利工作的需求。

基层水利人才的创新能力必须增强。党的二十大报告指出，科技是第一生产力，创新是第一动力，人才是第一资源。创新在我国现代化建设全局中占有核心地位，增强基层水利人才的创新能力事关水利事业长远发展、高质量发展，事关水利治理体系和治理能力现代化水平的提高。目前，基层水利人才的创新成果还是偏少，参与优秀论文的写作、投稿、获奖的更少。一是在基层缺乏参与大中型水利工程建设、水政水文水资源（简称“三水”）、科技、中外合作等项目的机会，没有总结经验提升能力的锻炼平台；二是缺乏专业性的指导和针对性的学习培训，没有形成对工作的前瞻性、系统性思考和战略性谋划，也就导致创新能力不强。由表3和表4分析：高学历和专业技术人才占比都偏少，而在新阶段智慧水利建设中数字孪生流域工程和水利信息化建设都对基层水利人才能力水平要求越来越高。

（三）基层水利人才的培养和发展

基层水利人才培养的体制机制有待健全。以邢衡局为例，目前，还存在人才队伍不壮大、结构不合理、人才素质有待提升的问题。人才队伍不壮大主要体现在高学历人才、专业技术人才偏少；结构不合理主要体现在职工的学历专业主要集中在水利类专业上，像综合政务、中文等文科类专业和计算机、软件工程等理科类专业偏少；人才素质有待提升，主要体现在创新能力、解决实际问题的能力有待提高。这些问题的解决既需要顶层设计和政策支持，也需要用人单位科学合理的人才梯队建设。

基层水利人才的工资福利和发展空间有待提升。工资、福利待遇低，晋升渠道不通畅，是影响基层人才流失的重要因素。基层单位事业人员在职称晋升方面空间不大，指标较少，而这些又反过来影响个人待遇，不利于调动基层水利人才的积极性、主动性和创造性，进而对基层水利人才能力建设造成影响。

四、问题的原因剖析

（一）思想的转变——对待学习和工作层面的态度

青年正处在世界观、人生观、价值观形成和确立的时期，抓好这一时期的养成十分重要，正如习近平总书记所说，这就像穿衣服扣扣子一样，如果第一粒扣子扣错了，剩余的扣子都会扣错。

因此，不论对待学习、工作和生活，思想的转变是关键。有一些青年干部到基层来时，的的确确是抱着一腔热血和满怀激情，但很快察觉到理想和现实之间的差距巨大。工作上事务烦琐，技术层面要求并不是很高，总是有“英雄无用武之地”或者“大材小用”的感觉；在学习中有人也会认为理论与实践结合性不强，不能将所学知识充分地用到工作中去；生活里也更体会到偏远地区与城市生活的差距，基础设施差，物质条件相对匮乏，单身问题不好解决，有对象的则两地分居。综合种种因素，很多青年干部的思想上会出现波动，甚至偏差，如果此时没有得到正确的引导，再被一些负能量所影响，那么，他们对待工作的态度上就会出问题。这些问题主要表现在以下几个方面：一是在学习上逐渐丧失了主动性，感觉付出的努力没有在短时间内得到认可，逐渐对工作开始草草应付、敷衍了事，继而在生活中也变得比较消极，缺乏了上进心；二是对本职的工作变得厌倦，将一切精力都放在学习上，加班加点只是提高自己学识层面，专注于通过再次考试（读研或遴选等）重新选择自己的职业或工作岗位；三是在工作中或学习上只做表面文章，爱出风头，为了尽快引起上级注意，达到从基层调到更高层级平台的目的。以上这三种现象是比较普遍的，但最终的结果都会影响基层水利人才能力的缺失。

这些问题的发生，归其原因是在理想信念上不够坚定。“拜金主义”“官僚主义”“享乐主义”等思想不同程度地侵蚀着基层工作者的思想，致使他们降低了自身的工作要求，产生了自我怀疑并逐渐失去了成就感、幸福感，最终导致忠诚度不断降低。习总书记在2022年春季学期中央党校（国家行政学院）中青年干部培训班上强调，年轻干部接好班，最重要的是接好坚持马克思主义信仰、为共产主义远大理想和中国特色社会主义共同理想而奋斗的班。党员干部只有胸怀天下、志存高远，不忘初心使命，把人生理想融入党和人民事业之中，把为人民幸福而奋斗作为自己最大的幸福，才能拥有高尚的、充实的人生。坚定理想信念，必先知之而后信之，信之而后行之。坚定理想信念不是一阵子而是一辈子的事，要常修常炼、常悟常进，无论顺境逆境都坚贞不渝，经得起大浪淘沙的考验。所以说，思想问题是影响职工爱岗敬业的关键，是人才能力培养的起点。

（二）岗位的轮换——职业和能力层面的锻炼

对于青年干部而言，不同层面的轮岗交流，有助于拓宽干部成长通道，优化队伍结构，激发创业动力。总的来说，增强职工知识更新的紧迫感，能够充分调动青年职工的工作热情，提高积极性，从而使能力建设多元化。任何事情都有其两面性，工作岗位频繁轮换也有其不可忽视的缺点，青年干部在工作岗位轮换时在职业和能力层面的锻炼一般会出现以下几种现象，一是刚入职职工，初到一个岗位往往还未完全了解工作的职责和内容，就很快被调到一个新的岗位，由于间隔时间太短，本职业务还未了解全面，再投入新的领域去摸索，无法对单位各部门的工作形成立体的认知，造成工作执行力的准确性和效率都会有所下降；二是已经在本职岗位上熟悉了自身业务的职工，但轮换到新的岗位，也需要一定时间重新熟悉新的业务，但轮换的时间太短不足以使其在新的岗位上做出新的业绩；三是有些职工由于其所学专业或擅长的领域不对口，在新岗位上不适应，不能很快地融入角色和完成工作任务。以上这三种现象也是比较普遍的，最终都会影响基层水利人才能力的有效提高。

这些问题的发生，归其原因是在理论联系实际上不够深入。刀要在石上磨、人要在事上练，不经风雨、不见世面是难以成大器的。既要“身入”基层，更要“心到”基层。习近平总书记曾说：“七年上山下乡的艰苦生活对我锻炼很大。最大的收获有两点：一是让我懂得了什么叫实际，什么叫实事求是，什么叫群众。这是我获益终生的东西。二是培养了我的自信心。”他更强调，“坚持一切从实际出发，是我们想问题、作决策、办事情的出发点和落脚点。”所以说，岗位轮换是影响职工综合能力的关键，是人才能力锻炼的过程。

（三）人才的去留——个人和单位发展的需求

习近平总书记指出：“人才是第一资源。”当今社会，是否拥有高素质人才是决定企事业单位核心竞争力的一个重要因素。通过调研发现，近些年，通过国考和招聘，确实引进了不少青年才俊，但我们也要看到，人才引进来后也存在“留人难”的问题，我们应该思考为什么会出现这种情况？

在部分事业单位的传统管理理念中，引进人才只是完成上级任务的工具，从而忽略了青年职工的自我发展需求。常见人才流失原因一般有以下几种现象：一是引进人才没有归属感，与单位的心理契约缺失；二是岗位薪酬待遇较低或基层单位环境太过偏远艰苦，与其心里期望值差距较大；三是职业生涯规划无效，工作权责不分，个人晋升困难。当然，由于用人需求，有些刚步入基层的青年职工会被单位的上级部门借用，如果其表现优秀也有可能会调走。综合以上种种现象，最终的结果都会影响基层水利人才队伍能力建设的失衡。

这些问题的发生，归其原因是在以人为本的管理理念上有所缺失。随着时代发展和社会经济进步，人们的思维方式和价值观念也在发生翻天覆地的变化，人们工作的目的已经不局限于满足生存需要，还要求能够发挥自我的主观能动性、保持尊严及实现自我价值，因此，单位人力管理必须树立以人为本的管理理念，重视人才的作用。而以人为本的管理理念即把引进人才和单位视为并列的独立主体，尊重引进人才的自身价值观念和发展目标，争取实现引进人才个体目标和单位整体目标的一致，实现个人与单位发展的共赢。所以说，人才去留是影响单位整体实力的关键，是人才能力提升的结果。

五、对有效途径和方法的思考

综上所述，分析优势、不足之处，现将提升基层人才队伍能力建设的有效途径和方法建议如下。

（一）筑牢信仰之基，强化爱岗敬业思想

以党建为引领，提高基层水利人才思想认识水平。邢衡局党委"从严"与"落实"齐力抓政治功能，通过健全党建工作体系，把从严治党落到实处，充分发挥党委理论学习组领学促学作用，将"不忘初心、牢记使命"主题教育、党史学习教育、"三对标、一规划"专项行动、政治机关意识教育作为党建工作的重要内容抓细抓牢；"承诺"与"践诺"合力抓作用发挥，开展党员承诺践诺活动，提高单位和个人工作的计划性和执行力，进一步突出党支部和青年理论学习小组深学细学功能，使习近平总书记治水重要讲话指示批示精神入心入脑；"内建"与"共建"聚力抓单位发展，以清河局"水利先锋党支部"为标杆，通过进一步深化"结对共建，携手共进"成效，不断推动基层支部标准化规范化建设见行见效；"批评"与"关怀"协力带好队伍，严肃政治生活，凝聚大家共识，时常交流谈心，促进职工团结；通过创新组织主题党日活动，开展党课上堤防、党课进工地等"流动党课"，不断增强党内组织生活的吸引力，形成"书记带头讲党课，党员轮流讲党课"的学习互动模式，让党建工作与业务工作真正"零距离"。为青年职工坚定理想信念，筑牢信仰之基，不断提升基层水利人才的政治素质。

情有所归，方能心有所寄、身有所往。基层水利人才只有树立了正确的职业观，具备了爱岗敬业思想，才能收获来自群众的好评和单位领导的积极肯定，进而享受工作带来的成就感，树立良好的群众形象。基层水利

人才要不断提升自身职业道德修养，增强对工作的使命感、责任感、荣誉感，不断激发自我献身精神，从心底里真正爱上基层岗位。基层单位也要积极发掘身边优秀的模范代表，树立身边“看得见、摸得着、信得过”的先进人物，传承和弘扬“忠诚、干净、担当，科学、求实、创新”的新时代水利精神，增强基层水利人才扎根基层、廉洁奉公的服务意识，端正对待工作和学习的态度，不断激励青年干部在急难险重任务前砥砺奋进，响应党的号召和新时代水利事业改革的呼唤。

（二）科学规范岗位交流，加强专业技术技能培训

用非其才，必难致治。要秉持“有利于工作开展，有利于人才培养”的原则，明确交流方式、资格条件、选派程序等各环节要求，经过积极动员、自主报名、沟通酝酿、局领导审定等程序，在综合考虑局属各单位工作需求、干部个人专长、岗位特点及个人意愿等各方面因素基础上，择优选取交流干部，科学合理进行调配，既贯彻组织意图，把党的领导落到实处，又充分尊重个人选择，实现组织意图、个人意愿、人岗相适有机统一。合理的岗位交流有利于使各类人才找到最适合施展才能的位置，避免人才积压和埋没人才，有利于人才的更迭换代、星火传承。

实践出真知，经历长才干。一次经历就是一个老师，一个岗位就是一所学校，多一次经历就长一次才干，多一个岗位就多一份成熟。通过岗位交流可以提高干部的综合素质，经过多岗位锻炼的干部，综合能力较强，可以承担更多方面的工作，适合基层工作模式。一个人在同一岗位上不宜时间过短或过长，经调研和交流探讨，建议一般以2～3年为宜。适时调整基层水利人才的岗位和职位，对于提高他们自身素质大有益处，也加强了单位队伍建设中后备干部的培养。通过深化全局干部纵向和横向交流工作的有效举措，是加快青年干部培养、激发干部队伍活力、推动事业发展的有力抓手。

经调查问卷分析，约有89.2%的调查对象认为更加科学合理的培训是提升基层水利人才能力的重要抓手。通过分析调查对象提出的培训诉求可知，要推进水利行业高质量发展，为基层培养一大批实用人才，就必须立足各单位工作实际，“因地制宜”大力抓好人才培训。要按照“实际、实用、实

效”的原则，充分整合培训资源，扩大培训规模，提高培训质量，丰富培训形式。培训过程中一是要突出培训内容的实用性。根据当前水利工作的发展方向和各基层单位的真实需求（例如水利信息技术等稀缺人才）来安排培训内容，突出抓好基础理论知识、科技知识、实践技术培训等内容，切实抓好骨干人才、实用人才队伍建设。二是要突出培训方式的多样性。首先，采取上挂下派、离岗锻炼，走出去，请进来的方式。同时，进一步优化干部队伍，加强对年轻干部的培养，可根据实际情况为每一名青年干部建立《人才培养成长手册》，帮助单位更好地发现青年干部成长的特性，方便“因材施教、对症下药”；紧紧围绕推进河湖长制和基层水利执法、流域数字孪生和信息技术建设、大运河文化带建设和全线通航、水利行业创新型人才建设等工作的阶段性需求，“请名师授课，上一线实操”，加强相关政策、知识培训，抓好急需专业技术人才培训，使人才队伍在工作技能、工作作风、工作方法等方面与当前各项紧迫任务相适应。三是开展岗位认同类培训。通过组织受训对象参观水利行业先进单位、著名水利枢纽工程（南水北调工程、三峡大坝、葛洲坝水利枢纽工程等），由水利专家、行业标兵现身讲解分享成长心得，在我国水利事业取得的重大成就中充分提升作为水利从业者的自豪感，激发更加热烈的工作热情，对工作岗位的认同、水利事业的认同是一切人才能力建设的基础。

（三）正确选人用人导向，提升队伍能力建设水平

坚持党管干部原则，坚持德才兼备、以德为先、五湖四海、任人唯贤，把新时代好干部标准落到实处。邢衡局深入践行新时代党的组织路线，贯彻落实海委“四个强委”战略，紧紧围绕漳卫南局党委“一个中心，四个保障”基本工作思路，把选才、育才、用才作为一项基础性、战略性的工作来抓。坚持正确选人用人导向，严格干部选拔任用；坚持德配其位才配其位，精准科学选用干部，要加强实践锻炼、专业训练以提高干部素质能力；坚持干部能上能下、能进能出以激励干部担当作为；坚持严的基调不动摇，加强对干部全方位管理和经常性监督，继续深化干部交流工作，充分调动和发挥领导干部的积极性和创造性，充实基层单位人员力量，优化领导干部专业结构和年龄结构，形成人才梯队。

建立合理有效的激励机制，适当提高基层工作人员的福利待遇标准，以补偿和平衡基层条件艰苦而造成的额外损失；认真落实休假制度，保证基层工作人员的身心健康；建立健全遴选人才的机制，使基层人才“有盼头”；加快完善职务与职级并行制度，适当放宽职称晋升条件，使基层人才在个人发展上“有奔头”，能力提升上“有干劲”。

人才兴则水利兴，人才强则事业强。人才“引进来”只是第一步，更重要的是“用起来”和“留下来”，只有将引进人才用好，充分发挥其主观能动性，实现引进人才自身的价值，才能真正为新时代基层水利工作高质量发展提供用之不竭的动力源泉。最后引用习近平总书记在党的二十大报告中对青年的谆谆嘱托：“青年强，则国家强。当代中国青年生逢其时，施展才干的舞台无比广阔，实现梦想的前景无比光明。全党要把青年工作作为战略性工作来抓，用党的科学理论武装青年，用党的初心使命感召青年，做青年朋友的知心人、青年工作的热心人、青年群众的引路人。广大青年要坚定不移听党话、跟党走，怀抱梦想又脚踏实地，敢想敢为又善作善成，立志做有理想、敢担当、能吃苦、肯奋斗的新时代好青年，让青春在全面建设社会主义现代化国家的火热实践中绽放绚丽之花。”

事业单位人力资源管理制度中激励机制有关问题研究

主要完成人：刘贺姣　李文怡　梁俊丽

所在单位：海委引滦工程管理局

党的二十大报告强调：深入实施人才强国战略，坚持尊重劳动、尊重知识、尊重人才、尊重创造，完善人才战略布局，加快建设世界重要人才中心和创新高地，着力形成人才国际竞争的比较优势，把各方面优秀人才集聚到党和人民事业中来。

人才是社会主义事业发展的第一资源，也是事业单位创新发展的源动力，而有效的激励机制则是激活人才能量的最强催化剂，本文就旨在探讨事业单位要构建起一个怎样的有竞争力，有吸引力，有推促力的激励机制。

本文以海委引滦工程管理局大黑汀水库管理处（以下简称“汀管处”）为研究对象，通过问卷调查和统计分析，发现培训、绩效会对员工工作满意度产生显著的正向影响关系，因地制宜给出激励方案——进行继续教育应是满足员工尊重以及自我价值实现的需要的有效途径，是激励员工、提高员工满意度的重要措施。并在此基础上，提出“建立学习制度、健全培训体系、完善考核流程”等一系列的具体措施，以提升员工学习热情和工作效率，打造学习型组织。

一、汀管处人员基本情况

截至2022年9月，汀管处共有员工202人，其中管理人才40人，占19.8%；专业技术人才63人，占31.19%；技能人才128人，占63.37%；男员工156人，女员工46人，男女比例约3.4：1。

（一）年龄结构

汀管处30岁以下有13人，占6.4%；30～40岁有7人，占3.5%；40～50

岁有80人，占39.6%；50岁以上有102人，占50.5%。管理人才中处级干部5人，平均年龄56岁；科级干部35人，平均年龄48岁。

（二）学历结构

汀管处研究生学历7人，占3.5 %；大学本科学历53人，占26.2%；大学专科学历66人，占32.7 %；中专及以下学历76人，占37.6%。

（三）专业技术人员职称结构

汀管处现有专业技术人才63人，具备正高级任职资格的有1人，占1.6%；具备高级专业技术任职资格的有24人，占38.1%；具备中级专业技术任职资格的有21人，占33.3%；具备初级专业技术任职资格的有12人，占19%；见习期人员5人，占8%。

（四）工勤技能人员技术等级结构

汀管处现有工勤技能人才128人，具备高级技师资格的有2人，占1.5%；具备技师资格的有15人，占11.7%；高级工有103人，占80.5%；中级工及以下的有8人，占6.3%（图1）。

（五）职务等级结构

汀管处现有管理人员40人，副处级以上人员5人，占2.5%；正科级人员16人，占7.9%；副科级人员19人，占9.4%；科员级人员162人，占80.2%（图2）。

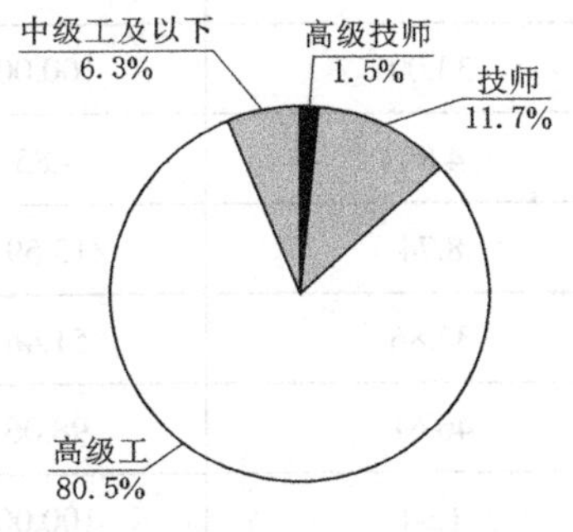

图1　工勤技能人员技术等级结构图

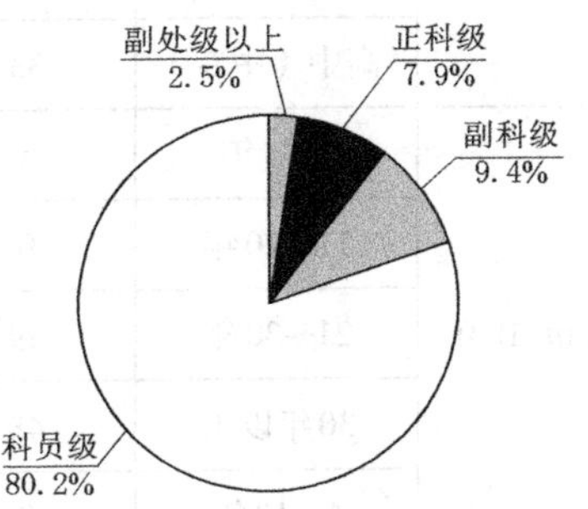

图2　职务等级结构图

二、调查问卷数据分析

本次问卷调查采集于2022年9月，调查对象为汀管处全体职工，本次调查采取“分层抽样”方法：向各科室岗位类别总人数75%的人员发放问卷，以匿名形式填写后收回。本次调查共发放问卷150份，收回131份，除去无效问卷后，共回收有效的调查问卷104份，问卷有效率为79%。

（一）频数分析

调查问卷数据频数分析结果见表1。

表1　频数分析结果

名称	选项	频数	百分比/%	累积百分比/%
性别(n=100)	女	25	25.00	25.00
	男	75	75.00	100.00
年龄(n=98)	22～30岁	6	6.12	6.12
	31～35岁	1	1.02	7.14
	36～40岁	5	5.10	12.24
	41～45岁	17	17.35	29.59
	45岁以上	69	70.41	100.00
学历(n=100)	大专	28	28.00	28.00
	本科	36	36.00	64.00
	硕士	1	1.00	65.00
	高中以下	2	2.00	67.00
	高中（中专）	33	33.00	100.00
工龄(n=103)	1～5年	5	4.85	4.85
	11～20年	9	8.74	13.59
	21～30年	39	37.86	51.46
	30年以上	48	46.61	98.06
	6～10年	2	1.94	100.00

续表

名称	选项	频数	百分比/%	累积百分比/%
职位级别(n=82)	副科级	13	15.85	15.85
	处级及以上	4	4.88	20.73
	正科级	12	14.63	35.37
	科员级	53	64.64	100.00
合计		104	100.0	100.0

（1）从表1可知：样本中75.00%为“男”。

（2）年龄分布来看，样本大部分为“45岁以上”，共有69个，占比为70.41%。

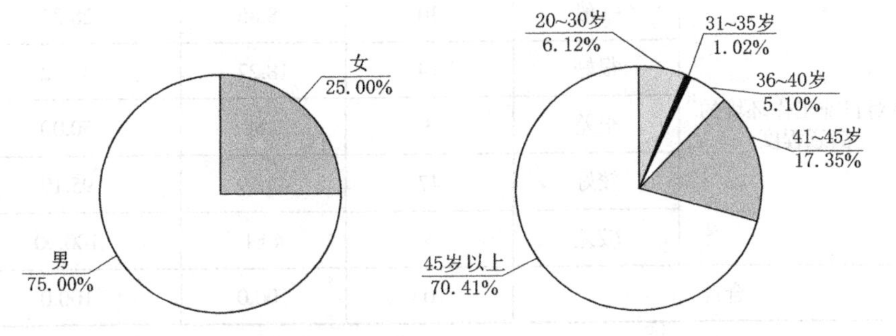

图3　性别结构图　　图4　年龄结构图

（3）“本科”的比例为36.00%。还有33.00%的样本为高中（中专）。

（4）工龄分布来看，样本大部分为“30年以上”，共有48个，占比为46.61%。以及21～30年样本的比例是37.86%。

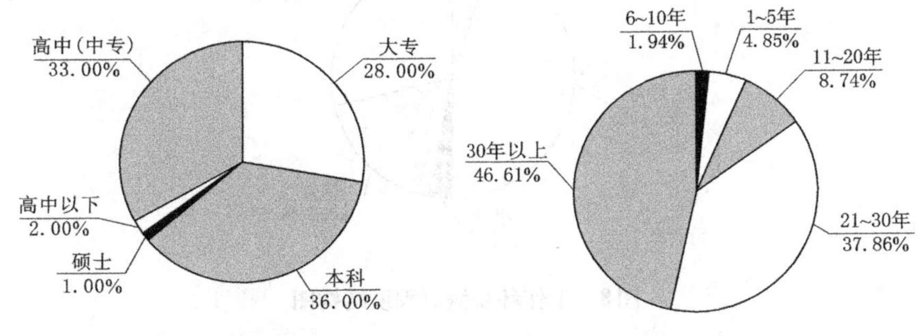

图5　学历结构图　　图6　工龄结构图

（5）对于职位级别来讲，“科员级”占比最高，为64.64%。

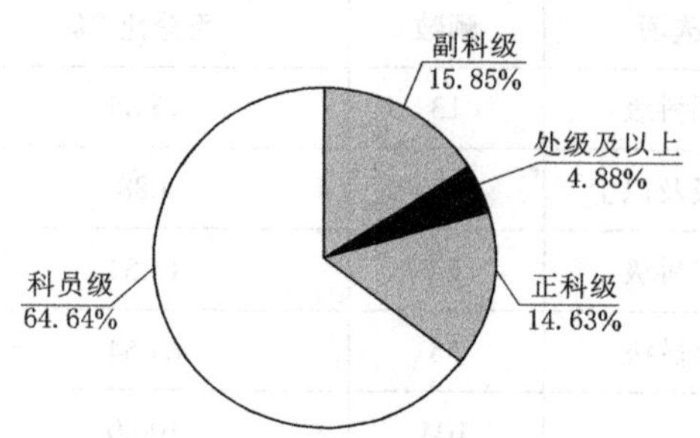

图7 职位级别结构图

表2 频数分析结果

名称	选项	频数	百分比/%	累积百分比/%
你对目前工作环境的满意程度	一般	30	28.85	28.85
	很好	19	18.27	47.12
	很差	3	2.88	50.00
	较好	47	45.19	95.19
	较差	5	4.81	100.00
合计		104	100.0	100.0

从表2可知：从“你对目前工作环境的满意程度”来看，样本中“较好”相对较多，比例为45.19%。

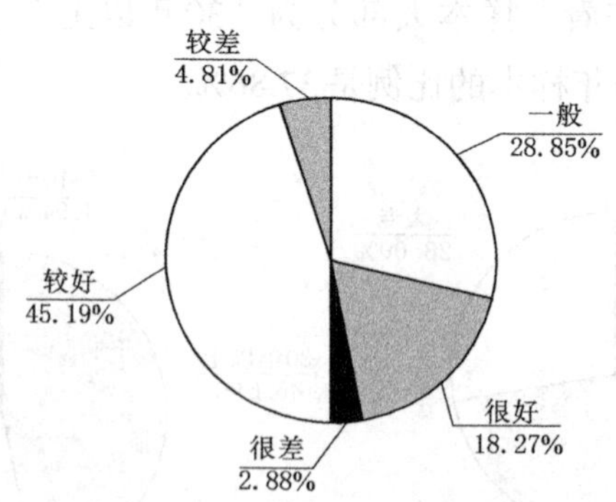

图8 工作环境满意程度结构图

（二）信度分析

信度分析用于研究定量数据的回答可靠准确性；主要分析α系数，如果此值高于0.8，则说明信度高；如果此值介于0.7~0.8之间，则说明信度较好；如果此值介于0.6~0.7，则说明信度可接受；如果此值小于0.6，说明信度不佳。

表3 信 度 分 析

名 称	克朗巴哈系数	项目数量N
总	0.743	15
满意度	0.756	5
培训	0.866	4
人际关系	0.785	3
绩效	0.753	3

总克朗巴哈系数值为0.743，大于0.7，因而说明研究数据信度质量很高。针对"项已删除的α系数"，任意题项被删除后，信度系数并不会有明显的上升，因此说明题项不应该被删除处理。

满意度维度：信度系数值为0.756，大于0.7，因而说明研究数据信度质量可以接受。针对"项已删除的α系数"，任意题项被删除后，信度系数并不会有明显的上升，因此说明题项不应该被删除处理。

同理，培训、人际关系、绩效维度信度系数值分别为0.866、0.785、0.753，均大于0.7，因而说明研究数据信度质量很高。

（三）效度分析

效度研究用于分析研究项是否合理，有意义，效度分析使用因子分析这种数据分析方法进行研究，分别通过KMO值、共同度、方差解释率值、因子载荷系数值等指标进行综合分析，以验证出数据的效度水平情况。

1. KMO 和 Bartlett检验

表4 KMO 和 Bartlett 的检验

KMO值		0.771
Bartlett 球形度检验	近似卡方	387.341
	df	105
	p值	0.000

KMO值用于判断信息提取的适合程度，共同度值用于排除不合理研究项。

第一，分析KMO值：如果此值高于0.8，则说明非常适合信息提取(从一个侧面说明效度好)；如果此值介于0.7~0.8之间，则说明比较适合信息提取(从一个侧面说明效度较好)；如果此值为0.6~0.7，则说明可以进行信息提取(从一个侧面说明效度一般)；如果此值小于0.6，说明信息较难提取(侧面反映出效度低)。第二，效度分析要求需要通过Bartlett检验（对应p值需要小于0.05）。

使用因子分析进行信息浓缩研究，首先分析研究数据是否适合进行因子分析，从上表可以看出：KMO为0.771，大于0.6，满足因子分析的前提要求，意味着数据可用于因子分析研究。以及数据通过Bartlett 球形度检验(p<0.05)，说明研究数据适合进行因子分析。

2.因子分析

方差解释率见表5。

表5 方差解释率表格

因子编号	特征根			旋转前方差解释率			旋转后方差解释率		
	特征根	方差解释率/%	累积/%	特征根	方差解释率/%	累积/%	特征根	方差解释率/%	累积/%
1	4.072	27.147	27.147	4.072	27.147	27.147	2.795	18.635	18.635
2	1.714	11.424	38.571	1.714	11.424	38.571	2.443	16.288	34.923
3	1.579	10.527	49.098	1.579	10.527	49.098	1.657	11.048	45.971
4	1.088	7.255	56.354	1.088	7.255	56.354	1.557	10.383	56.354
5	0.977	6.516	62.870	—	—	—	—	—	—
6	0.863	5.751	68.621	—	—	—	—	—	—
7	0.826	5.509	74.130	—	—	—	—	—	—
8	0.730	4.870	79.000	—	—	—	—	—	—
9	0.683	4.556	83.556	—	—	—	—	—	—
10	0.538	3.587	87.143	—	—	—	—	—	—
11	0.492	3.282	90.425	—	—	—	—	—	—

续表

因子编号	特征根			旋转前方差解释率			旋转后方差解释率		
	特征根	方差解释率/%	累积/%	特征根	方差解释率/%	累积/%	特征根	方差解释率/%	累积/%
12	0.399	2.660	93.085	—	—	—	—	—	—
13	0.389	2.592	95.676	—	—	—	—	—	—
14	0.359	2.392	98.069	—	—	—	—	—	—
15	0.290	1.931	100.000	—	—	—	—	—	—

表5格针对因子提取情况，以及因子提取信息量情况进行分析，从表可知：因子分析一共提取出4个因子，特征根值均大于1，此4个因子旋转后的方差解释率分别是18.635%、16.288%、11.048%、10.383%，旋转后累积方差解释率为56.354%。根据题项和因子的对应关系，将4个因子分别命名为满意度、培训、人际关系、绩效。

表6　旋转后因子载荷系数表格

名　　称	因子载荷系数				共同度(公因子方差)
	因子1	因子2	因子3	因子4	
你对目前工作环境的满意程度	0.521	0.015	–0.130	0.237	0.545
你觉得单位目前的时间安排是否合理	0.698	0.263	–0.076	0.038	0.563
你认为目前所做工作给你带来的自我成就感如何	0.531	0.252	0.138	–0.153	0.588
你对目前单位提供的工资福利水平的满意度	0.802	0.087	0	0.080	0.657
你认为你和同行业的其他员工比较，你对自己薪资福利的满意度	0.714	0.165	0.169	0.036	0.568
你认为单位目前的薪资结构如何	0.191	0.621	0.218	–0.037	0.471
你对本单位目前绩效考核体制的整体评价	0.176	0.815	–0.061	0.149	0.722

续表

名　称	因子载荷系数				共同度(公因子方差)
	因子1	因子2	因子3	因子4	
你觉得目前单位绩效考核工作开展的如何	0.145	0.641	0.057	0.402	0.598
你觉得目前单位的绩效考核体系对员工的激励作用如何	0.107	0.786	−0.173	0.129	0.676
你和单位其他员工的关系如何	−0.099	−0.024	0.651	0.069	0.439
你和自己部门的领导或者单位其他领导的沟通交流的频率	0.268	−0.079	0.666	−0.149	0.544
你在工作中得到同事的认同或者领导的表扬的频率	−0.038	0.113	0.787	0.126	0.650
你觉得以下哪个因素和薪酬存在较为密切的联系	−0.164	0.196	0.042	0.668	0.513
你对单位为员工开展的培训工作的内容的满意度	0.344	0.371	0.113	0.561	0.583
你觉得经过培训工作自己的能力的提升程度	0.523	−0.020	−0.012	0.680	0.736

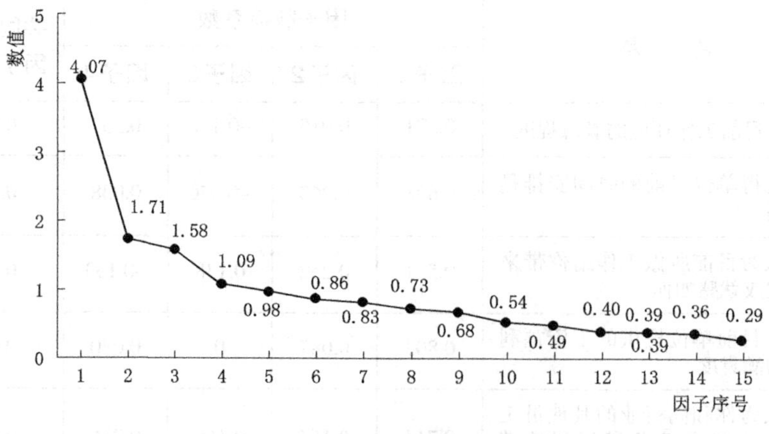

图9　碎石图

从碎石图也可以看出，从第四个因子开始，碎石图趋势趋于平坦。

（四）相关性分析

相关性分析用于研究定量数据之间的关系情况，如是否有关系、关系紧密程度情况等。

第一，具体分析每个Y分别与每个X的关系，Y与X之间否有显著关系；第二，接着分析相关关系为正向或负向，也可通过相关系数大小说明关系紧密程度；第三，对分析进行总结。

表7 Pearson相关

项目	参数	满意度
培训	相关系数	0.344**
	p值	0.000
人际关系	相关系数	0.116
	p值	0.240
绩效	相关系数	0.411**
	p值	0.000

注 **为$p<0.01$。

具体分析可知：

满意度和培训之间的相关系数值为0.344，并且呈现出0.01水平的显著性，因而说明满意度和培训之间有着显著的正相关关系。满意度和人际关系之间的相关系数值为0.116，接近于0，并且p值为$0.240>0.05$，因而说明满意度和人际关系之间并没有相关关系。满意度和绩效之间的相关系数值为0.411，并且呈现出0.01水平的显著性，因而说明满意度和绩效之间有着显著的正相关关系。

（五）回归分析

回归分析用于研究X（定量或定类）对Y（定量）的影响关系，主要研究两者是否有影响关系、影响方向及影响程度情况如何。

表8 线性回归分析结果 (n=104)

项目	非标准化系数		标准化系数	t	p	VIF
	B	标准误差	$Beta$			
常数	1.198	0.647	—	1.853	0.067	—
培训	0.160	0.080	0.198	2.005	0.048*	1.238

续表

项目	非标准化系数		标准化系数	t	p	VIF
	B	标准误差	$Beta$			
人际关系	0.265	0.279	0.085	0.953	0.343	1.006
绩效	0.267	0.082	0.320	3.234	0.002**	1.235
R^2	0.209					
调整R^2	0.186					
F	$F(3,100)=8.822$，$p=0.000$					
D-W值	1.538					

注 因变量：满意度；* 为$p<0.05$；** 为$p<0.01$。

从表8可知，将培训、人际关系、绩效作为自变量，而将满意度作为因变量进行线性回归分析，从表8可以看出，模型公式为：满意度=1.198 + 0.160 × 培训 + 0.265 × 人际关系 + 0.267 × 绩效，模型R方值为0.209，意味着培训、人际关系、绩效可以解释满意度的20.9%变化原因。对模型进行F检验时发现模型通过F检验（$F=8.822$，$p=0.000<0.05$），也即说明培训、人际关系、绩效中至少一项会对满意度产生影响关系。

培训的回归系数值为0.160（$t=2.005$，$p=0.048<0.05$），意味着培训会对满意度产生显著的正向影响关系。

人际关系的回归系数值为0.265（$t=0.953$，$p=0.343>0.05$），意味着人际关系并不会对满意度产生影响关系。

绩效的回归系数值为0.267（$t=3.234$，$p=0.002<0.01$），意味着绩效会对满意度产生显著的正向影响关系。

总结分析可知：培训、绩效会对满意度产生显著的正向影响关系，但是人际关系并不会对满意度产生影响关系。

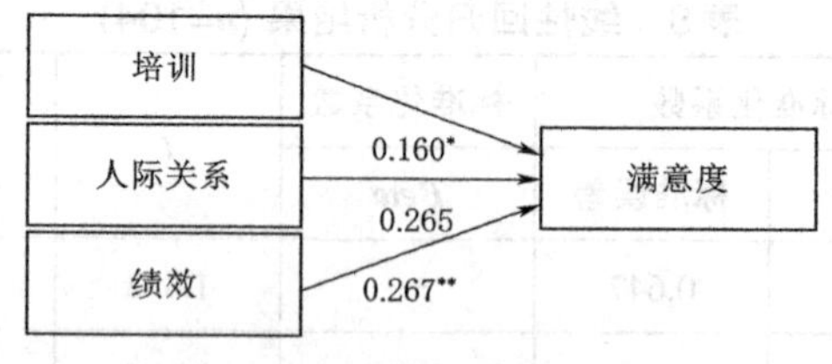

图10 模型结果图

三、职工培训对职工的激励作用

党的十九大提出，创新是引领发展的第一动力，是建设现代化经济体系的战略支撑，并对加快建设创新型国家做出战略部署。习近平总书记强调，发展是第一要务，人才是第一资源，创新是第一动力。人才工作必须站在新起点，再创新优势，紧紧围绕加快发展这个中心任务，以提高自主创新能力为核心，以造就优秀高层次人才队伍为重点，以改革创新为动力，以健全机制为保证，努力把单位建成人才聚集之地、人才创业之地。

通过调查问卷数据分析结果得知，目前汀管处员工对工资福利待遇以及目前工作环境满意度较高。根据马斯洛需求层次理论和佛雷德里克·赫兹伯格双因素激励理论，以及目前汀管处人员现状，应更加关注员工对尊重以及自我价值实现的需要。

尊重的需求主要包括自我尊重、信心、成就、对他人尊重和被他人尊重。尊重的需要又可分为内部尊重和外部尊重。内部尊重是指一个人希望在各种不同情境中有实力、能胜任、充满信心、能独立自主，就是人的自尊。外部尊重是指一个人希望有地位、有威信，受到别人的尊重、信赖和高度评价。马斯洛认为，尊重需要得到满足，能使人对自己充满信心，对社会心怀热情，能够体验到自己活着的价值。

自我实现的需要是指实现个人理想、抱负，发挥个人的能力到最大程度，达到自我实现境界的人，接受自己也接受他人，解决问题能力增强，自觉性提高，善于独立处事，要求不受打扰地独处，完成与自己的能力相称的一切事情的需要。也就是说，人必须干称职的工作，这样才会使他们感到最大的快乐。自我实现的需要是在努力实现自己的潜力，使自己越来越成为自己所期望的人。

综上所述，对进行员工继续教育应是满足员工尊重以及自我价值实现的需要的有效途径，是激励员工、提高员工满意度的重要措施。积极实施大规模干部教育培训计划，组织选派与自主选学相结合。大力开展以知识更新为主要内容，以单位自主、个人自觉为原则的继续教育，培训新理论、新技术、新知识和新方法，积极整合利用各种教育资源，不断提高继续教育的开放性、灵活性、针对性。

建立“专家上讲台”，并鼓励一线经验丰富的人才密切结合业务工作和项目建设，开展专题培训。建立讨论交流、考勤登记、检查分析、考核评估和学习档案等制度，用制度保证学习有时间，学习能落实。让人才从被动学习转向主动学习，以此带动基层职工的学习积极性，把“要我学”变成“我要学”。加强人才资源能力建设，促进技术创新，推动产学研相结合。构建终身教育体系。进一步树立全员学习、终身学习观念，大力推动学习型单位建设。

建立学历继续教育相关制度，鼓励员工在职期间进行继续教育，可与员工签订劳务合同，规定需继续工作时间，按一定比例承担继续教育费用。就人力市场情况来看，一个人接受正规学校教育时间越长，越可能接受更多的在职培训。这是因为高等教育经历可以证明一个人对新知识接受能力和理解能力，对于同样的培训内容，接受能力强的人可以在较短的时间掌握培训内容，达到培训要求，从而减少了单位培训的时间成本，并使工作效率更快地提高。

新时代水利科研院所高层次人才托举实例研究
——以中国水科院牧区水利科学研究所为例

主要完成人：张菲　吕致源　黄云　陈晨　杨佳林

所在单位：中国水科院牧区水利科学研究所

中国水利水电科学研究院

“致天下之治者在人才”，国家发展离不开人才，民族振兴离不开人才。今天，我们进入全面建设社会主义现代化国家、实现中华民族伟大复兴的新征程，需要更加坚定实施人才强国战略。中国水利水电科学研究院牧区水利科学研究所将始终把人才作为创新第一资源，坚持“四个面向”，做好新时代人才工作，为牧区水利科技创新提供高层次高水平人才支撑。

“十四五”时期是开启全面建设社会主义现代化国家新征程、向第二个百年奋斗目标进军的第一个五年，对推进国家水利现代化进程，提升国家水安全保障能力具有重要的意义。习近平总书记强调人才是创新的根基，是创新的核心要素，创新驱动实质上是人才驱动；要让创新人才得到合理回报，既要用事业激发起创新的勇气和毅力，也要重视必要的物质激励。高层次人才托举，是指将人才队伍各个领域中层次比较高的优秀人才，或处于专业前沿并且在国内外相关领域具有较高影响的人才破除论资排辈、求全责备等陈旧观念，抓紧培养造就，并建立健全对高层次人才普惠性支持措施，加大各类人才工程项目对高层次人才培养支持力度。因此，在新形势、新要求下，要不断加强对高层次人才托举工作的建设，让高层次人才不断发挥聪明才智，持续引领牧区水利事业的发展。

一、高层次人才托举工作开展的基本思路

中国水利水电科学研究院牧区水利科学研究所（以下简称“牧区水科

所”）始终坚持以习近平新时代中国特色社会主义思想为指导，深入贯彻创新驱动发展战略和人才强国战略，牢固确立人才是第一资源、第一资本、第一推动力的思想，加强人才托举工作的系统部署和谋划，以国家、水利行业和市场需求为导向，以统筹推进高层次人才托举工作为主线，以体制机制创新为动力，开展更加开放的人才托举工作，在创新实践中发现高层次人才、在创新活动中培育高层次人才、在创新事业中凝聚高层次人才，为牧区水利事业可持续发展提供坚强的人才保证和广泛的智力支持。

当前和今后一个时期，牧区水科所高层次托举人才工作始终以全面落实创新驱动发展战略为主线，确立在科技创新中人才资源优先开发的战略布局，始终秉承“敬才、求才、识才、用才、育才”的原则，不断构建科学规范、开放包容、运行高效的高层次人才托举体系，力求形成更具竞争力、更具引领力、更具创新力的人才优势。为持续优化高层次人才队伍结构，不断提升高层次人才创新能力，多年来牧区水科所高层次人才托举工作的实践始终遵循以下基本思路开展，并不断在高层次人才托举的实践中创新，为高层次人才托举工作开创了全新局面。

一是人才优先、引领发展。作为国内唯一一所专门从事牧区水利研究的科研机构，牧区水科所始终坚持需求导向和目标导向，根据发展需要制定高层次人才托举政策措施，确立高层次人才优先发展的战略地位，做到高层次人才优先托举、高层次人才托举投资优先保证、高层次人才托举制度优先创新，以高层次人才托举优先发展来不断支撑牧区水利各项事业创新发展。

二是以才为要、以德为先。高层次人才托举工作的开展既要看人才的才能，把“才”作为人才培养和遴选的重要条件，更看重人才的品德，把“德”作为高层次人才托举的先决条件。托举的高层次人才必须对党忠诚干净担当，能牢固树立“四个意识”、坚定“四个自信”、坚决做到“两个维护”，能明以大德，守以公德，重视职业道德，具有新时代科学家精神的人才。

三是引育并举、知人善用。紧紧抓住高层次人才托举以及相关的引进、评价、使用、激励等环节，实施更加开放、更加灵活的高层次人才托举政策，不断对接水利行业、地区人才项目，不唯地域、不拘一格托举高层次人才。不断通过组织、制度、资金等条件保障，坚持多管齐下，开创了一系列新的工作思路和具体措施。营造风清气正、尊重人才、保障有力、宽松包容的创新氛围，促进高层次人才在合适岗位上深耕和发展，实现各类人才协调发展，使各类人才各得其所、尽展其长，充分激发高层次人才的创造活力。

二、高层次人才托举工作的创新思路和具体措施

建所40多年来，牧区水科所始终秉承“敬才、求才、识才、用才、育才”的宗旨，汇聚了来自四面八方的相关专业领域的人才，组建牧区水利科技队伍，并不断发展壮大。进入新时代以来，党中央推出并贯彻新发展理念，着力推进高质量发展，推动构建新发展格局，实施供给侧结构性改革，形成“坚持绿水青山就是金山银山”的生态文明建设指导思想，对牧区水利学科建设、研究方向、科技支撑等提出了新的要求，面对新的机遇和挑战，牧区水科所更加注重高层次人才的托举，不断加大托举工作开展力度，以培养领军人才、行业专家为目标持续优化人才队伍结构。

（一）为高层次人才萌芽厚植沃土

一是聚焦组织保障，推动人才工作齐抓共管。多年来，牧区水科所始终坚持党管人才，涉及人才的工作均由所党委班子集体研究部署、决策，单位主要负责人及人才工作分管领导以普通党员身份和支部联系人身份参加人事部门组织生活，通过党建带领业务发展，指导、推动人才工作的落实。形成由主要负责人牵头抓总，人才工作分管所长统筹推进、科学分工，各职能部门共同参与、各司其职，各用人部门作为人才工作第一责任部门，自上而下、完整统一的保障机制和工作格局，多方面积极联动支持高层次人才托举工作。在领导干部选拔和考核中，把人才培养作为关键指标，推动领导干部牢固树立人才意识，主动提高善于发现人才、培养人才、团结人才、用好人才、服务人才的本领。在工作会议、干部会议、中心组学习中，对人才相关工作安排专项学习和研讨，积极组织青年职工座谈、科技交流，多方面了解人才需求，发掘存在问题，征求有效意见。在历次党的

主题教育中，把人才工作中发现的问题作为重点整改内容，重点抓好落实，及时解决。

二是紧扣制度保障，推动人才工作落实落地。坚持用制度保障高层次人才托举工作，在贯彻中央、水利部、内蒙古自治区以及中国水科院关于人才托举政策的基础上，结合工作实际和单位特色，建立健全涵盖人才引进配置、培养开发、选拔任用、评价考核、激励保障等人才资源开发管理各个环节的高层次人才托举制度体系，推进人才托举工作科学化、制度化、规范化，形成有利于人才发展的更加开放的制度环境。在严格用好自主招聘权限的前提下，灵活招聘制度，例如让用人部门参与到招聘计划制定、招聘宣传、招聘面试当中，以水利人才中心MAP职业性格测试把关，把随意式面试作为面试主要形式，提高人才引进的精准性、科学性、高效性，保证“所聘皆所需”。构建“坐标式”考核体系，以试用期考核、年度考核、聘期考核等涵盖人才发展各阶段的考核为“横轴”，以职工考核、科技考核、绩效考核等涵盖人才发展各方面的考核为“纵轴”，全面考核人才各阶段发展情况，依靠考核来精准识别高层次人才。在绩效分配、评优评先、职称评审、岗位设置等制度中，突出业绩成果和实际贡献，也突出作风品德和能力潜力，为人才成长成才铺路搭桥。

三是强化资金保障，提高人才工作投入力度。人才工作所需经费做到优先考虑，全力保障，人才工作投入逐年提高，用于引进、培养和托举优秀、急需、高层次人才。设立院所基金，重点支持青年人才、新入职职工开展探索性、开放性的创新研究，激发人才的朝气。积极筹措自有资金，作为科研项目、人才项目的配套资金，保障创新研究的持续深入，补足人才的底气。设置教育培训资金，鼓励支持职工在职攻读博士研究生学历、进入博士后工作站工作、外出参加各类学习、培训和交流，增添人才的才气。此外，积极落实各级高层次人才引进、奖励优惠政策，对科技创新激励奖励、人才称号奖励进行补充奖励，加大科技成果转化奖励资金的保障力度，为人才工作的开展和各项任务目标的落实提供坚实的资金保障。

四是注重服务保障，确保人才工作有情有心。所党委所班子、各级领导干部、职能部门和后勤部门牢固树立服务人才、服务科研的服务意识，并将服务意识贯穿到各自工作实践当中。从优化办公环境、完善实验场所、办公设备、仪器设备的配置更新，到办公场所门窗、水电暖、网络的维修维护等，从细节入手，及时满足人才在工作中的合理需求，并第一时间积极响应解决，不断提升人才在工作和生活中的幸福感。设置科研助理，建设办公信息化，精简审批流程，将科研人才从繁杂的行政事务中解放，有更多的时间和精力深耕专业、潜心科研。提供宿舍、午休房、职工食堂、职工活动室、假期子女托管服务等，为人才提供基本生活保障，让他们能继续心无旁骛地谋好牧区水利事业建设。

五是优化文化保障，确保人才工作行稳致远。建设具有单位特色的文化体系，大力弘扬新时代科学家精神，着力构建“风清气正、潜心研究、追求卓越”的人才托举环境。发挥基层党组织的堡垒作用，加强对人才的政治引领和思想建设，在支部学习和组织生活中，鼓励人才深怀爱国之心、砥砺报国之志，主动担负起时代赋予的使命责任。加大高层次人才托举工作的宣传力度，打造所内网站、微信公众号、楼宇宣传系统等多个内部宣传平台，积极对接外部宣传平台，加强典型选树、深化典型培养、强化示范引领，营造尊重科学、尊重人才、尊重创新的良好环境，增强人才归属感和荣誉感，激发个人成长成才内生动力，以“比、学、赶、帮、超”氛围推动全所人才高质量发展。

（二）为高层次人才成长搭台架梯

一是注重科研实践锻炼，扎实人才科研基本功。不断扩大项目来源渠道，特别是积极争取水利部、科技部重大科研项目，积极响应内蒙古自治区“科技兴蒙”重点专项行动项目，稳步提升科研项目数量和类型，为被托举出来的各类人才干事创业和实现价值提供机会和条件，在科研实践中进一步挖掘能够引领行业发展的战略科技人才，进一步甄别能够有助于解决“卡脖子”问题的急需紧缺人才，推动形成“以事业凝聚人才，用实践造就人才”的高层次人才托举局面。

二是突出平台建设实效，推动人才走向高层次。以内蒙古阴山北麓草原生态水文国家野外科学观测研究站的建设作为切入点和着力点，协调推动所属水利部实验中心、内蒙古工程实验室、博士后工作站等平台建设，全方位构建牧区水科所“开放互动、合作共享”的牧区水科创新平台，不断创新高层次人才托举工作的开展。平台的良好环境和条件不断为高层次人才开展科研实践、提高创新能力提供了坚实的硬件保障。平台本着“开放、合作、交流”，促进同各大高校和科研院所的学术交流、项目合作、人才联合培养基地建设，吸引专家和高水平团队的加入，将高层次人才推上更广的舞台，为高层次人才创新创造提供更多的机会。

三是明确目标有力行动，落实高层次人才托举。立足当前急需，着眼长远发展，开展学科发展诊断和人才缺口盘点，制定有前瞻性和针对性的高层次人才托举计划，依此构建更加高效、更为便利的高层次人才托举工作机制。根据人才托举需求，各相关部门形成合力，主动出击、多方联系，对接各级、各相关单位，主动发现和掌握一批能够引领学科发展的高层次人才托举政策和项目，拓宽高层次人才托举渠道。悉心研究托举政策，严格人才选拔程序，规范托举工作流程，精心组织申报材料，做好基础工作，保证人才选拔、向外推优工作针对性强、精准度高的机制。构建高层次人才储备库，利用人才工作信息化建设，加强人才资源信息分析，对标托举要求条件，保证第一时间把符合条件的优秀人才选拔出来、推荐出去。

三、高层次人才托举工作的成效

经过不断地探索与实践，当前牧区水科所高层次人才托举不断凸显活力。

一是固巢养凤，加速高层次人才大聚集。多个个人荣获“百千万人才工程国家级人选”“全国杰出青年科技创新奖”“享受国务院政府特殊津贴专家”“国家优秀野外科技工作者”“中国青年科技进步奖”“全国水利系统青年科技英才”“内蒙古自治区科技标兵”“内蒙古自治区突出贡献专家”“内蒙古自治区青年科技英才”“内蒙古自治区草原英才”“内蒙古自治区本级事业单位引进高层次人才科研支持”“中国科学院西部之光——西部青年学者”等荣誉称号和项目资助。60余人次受聘为各大高校、科研机构的研究生导师。300余人次进入行业、地方各类专家库专家。

二是优化结构，积蓄梯队建设磅礴动力。牧区水科所不断加大人才引进力度，吸引了来自中国科学院、清华大学、北京大学、中国水科院、南京水科院、武汉大学、河海大学、中国农业大学、北京林业大学等国内知名高校和科研机构的人才，并积极支持职工参加在职学历学位教育。截至目前，牧区水科所专业技术人才中博士占比为30%、硕士占比为69%，其中从事科技工作的专业技术人才中博士占比为52%、硕士占比为48%；正高职称占比为17%、高级职称占比为41%、中级职称占比为42%；45岁以下人才占比85%，形成了一支年轻化、专业化、高素质的人次队伍。

三是提升能力，催生干事创业蓬勃活力。近五年来，根据牧区水科所发展规划和牧区水利发展需求，以高层次人才为引领，促进牧区水科所综合实力不断提升。以高层次人才为核心，形成独具特色的牧区水利团队，其中“内蒙古阴山北麓荒漠草原生态水文野外科学观测研究站”团队长期从事黄河流域乌兰布和沙漠段沿岸的风沙监测及机理研究，荣获第十届“母亲河奖”绿色团队奖；“黄河流域水资源集约利用产业创新人才”团队在节水型城市建设、饲草节水增产技术集成模式等方面开展创新研究，入选第十二届“内蒙古自治区草原英才创新团队”；“草地生态水文过程观测与修复调控技术创新”团队在草原牧区生态恢复方面持续探索，入选中国水科院“五大人才计划——创新团队”。以高层次人才的前瞻性研究，促进牧区水资源保护与调控、牧区灌溉排水与高效用水、牧区新能源利用与供水、牧区水土保持与生态修复、牧区防洪抗旱灾害、牧区水利信息化等特色学科的形成及建设。以高层次人才取得的创新成果，进行推广应用，为牧区水资源节约集约、河湖安澜、节水增粮、供水脱贫、保水护绿、防洪抗旱减灾等方面提供了强有力的科技支撑。

四、高层次人才托举工作面临的新形势新要求

一是高层次人才需求有新转变。按照习近平总书记“节水优先、空间均衡、系统治理、两手发力”治水思路对水利科技工作的新要求，以及推动新阶段水利高质量发展六条实施路径对水利科技支撑的新部署，牧区水科所要尽快实现“四大转变”，即：从重视水资源开发利用技术研发向更加注重水资源节约保护技术研发转变；从重视自然水科学研究向更加注重社会水科学研究转变；从单一学科研究向更加注重系统融合多学科交叉研究

转变；从重视研究具体的科技问题向更加注重支撑国家战略决策转变。按照以上要求，对高层次人才的专业构成、知识能力、培养方向提出了新要求，高层次人才托举的工作重心和工作内容也要有新转变。

二是高层次人才托举竞争加剧。人才作为科技创新的第一资源、第一推动力，越来越受到重视，当前各大科研院所、高校和企业之间人才竞争越来越激烈。各地方、高校、企业拥有雄厚的资金、丰富的资源和广阔的平台，在高层次人才引育托举中占据显著优势，而牧区水科所与同地区高等院校、同类型科研院所相比，受体制机制、地域环境等客观因素的限制，竞争优势不凸显。当前牧区水科所急需破除政策扩展空间的限制，改革创新高层次人才引育托举机制，不断提高自身在高层次人才引育托举工作中的竞争力。

高层次人才托举工作在当前和今后一个时期都将是牧区水科所发展中的重点工作，牧区水科所将继续探索、反复实践，创新思路方法、改革体制机制，畅通高层次人才托举工作全链条，让高层次人才发展有空间、干事有舞台，并通过高层次人才托举工作来打造牧区水利高层次人才队伍，为实现牧区水科所高质量发展提供根本保障。

深入贯彻人才强国战略
推进大型水利枢纽人才队伍建设研究
——以小浪底管理中心为例

主要完成人：孙长安　孙晶辉　刘红宝　李涛　张俊杰　任晓博
梁梦洋　张国华　石嘉
所在单位：水利部小浪底水利枢纽管理中心

小浪底水利枢纽是黄河治理的关键控制性大型水利枢纽工程，在黄河防洪、防凌、减淤、供水、灌溉、发电、生态建设等方面发挥了巨大的社会效益、经济效益和生态效益，为保障黄河中下游人民生命财产安全、促进黄河流域生态保护和高质量发展作出了重大贡献。小浪底管理中心作为小浪底水利枢纽的运行管理单位，近年来深入贯彻落实党的二十大关于人才队伍建设的安排部署和部党组关于人才队伍建设的要求，不断完善人才战略布局，改善人才结构，提升人才素质，为小浪底水利枢纽安全稳定运行提供了坚实的人才支撑。本文以小浪底管理中心为例，对其人才队伍现状进行深入分析，对面临的形势任务进行深入研究，提出未来一段时间内人才队伍建设的思路、目标和路径，为其他大型水利枢纽运行管理单位人才队伍建设工作提供借鉴和参考。

一、发展现状

（一）基本情况

小浪底管理中心成立于2011年9月，为水利部直属正局级事业单位，其前身为1991年10月成立的水利部小浪底水利枢纽建设管理局（简称“小浪底建管局”），主要负责小浪底水利枢纽的建设和运行管理。2009年小浪底水利枢纽通过竣工验收，小浪底建管局的主要任务转变为小浪底水利枢纽的运行管理，为适应国家有关政策要求，理顺上下管理关系，更好地保障工程安全稳定运行，2011年9月，小浪底管理中心经中央编办同意水利部批准成立，2012年9月组建起组织架构，2012年12月正式运行。

目前，小浪底管理中心和所属公司的主要职责、机构设置情况如下：

一是小浪底管理中心。小浪底管理中心内设8个机关部门，一个直属副局级事业单位库区管理中心（水政监察支队），有黄河水利水电开发集团有限公司（原黄河水利水电开发总公司，简称“开发公司”）和黄河小浪底水资源投资有限公司（简称“投资公司”）两个所属公司，水利部三门峡温泉疗养院（简称“三门峡疗养院”）一个代管单位。主要职责为：负责小浪底和西霞院水利枢纽的运行管理、维修养护和安全保卫；负责执行防洪防凌、调水调沙、供水、灌溉、应急调度等指令；负责枢纽管理区及其库区管理，按规定开展水政监察等；负责小浪底、西霞院水利枢纽的资产管理；对所属公司依法履行出资人职责（代表国家股东行使股东权利、监督管理国有资产，确保国有资产保值增值）；对代管单位代管除资产、机构编制之外的其他事项。

二是开发公司。开发公司内设16个部门和1个分公司，2个全资（控股公司）和5个参股公司。主要职责为负责小浪底和西霞院水利枢纽的运行管理；负责接收并执行调度指令；负责完成发电任务；负责枢纽防洪防凌、减淤、供水、灌溉等功能发挥和资产的管理及保值增值等。

三是投资公司。投资公司内设6个职能部门，5个控股子公司，3个参股公司。主要职责为负责对外投资管理、水电项目开发、旅游开发、房屋租赁、物业管理等业务。

（二）人才队伍分类

小浪底管理中心全面负责小浪底水利枢纽的运行管理、维修养护和安全保卫等工作，主要任务是确保小浪底水利枢纽安全稳定运行和防洪、防凌、减淤、供水、灌溉、发电、生态保护等综合效益的发挥，综合分析小浪底管理中心承担的任务，可将人才分为综合管理、专业技术、经营管理和服务保障四类。

综合管理人才：主要包括小浪底管理中心及所属企业领导、从事宏观管理工作的处级干部及从事综合（办公室）、党务、人事管理以及库区管理的相关工作人员。

专业技术人才：主要包括小浪底管理中心及所属企业从事生产技术、安全管理及水利工程建设、运行、维护、检修、监测、生产保障、生态建设的相关工作人员。

经营管理人才：主要包括小浪底管理中心及所属企业从事财务、资产、规划、投资管理的相关工作人员。

服务保障人才：主要包括小浪底管理中心所属企业从事后勤、物业、安全保卫的相关工作人员。

以上四类人才分类，包含了小浪底管理中心职责范围内的各方面人才，具有全面性、系统性、实用性。

（三）人才结构分析

小浪底管理中心人才队伍共711人，其中综合管理人才114人，占比16.03%；专业技术人才383人，占比53.87%；经营管理人才126人，占比17.72%；服务保障人才88人，占比12.38%。见表1。

表1 人 才 总 体 分 布

人才类型分布	人才数量	人才占比/%	平均年龄/岁	本科及以上占比/%	中级以上职称占比/%	高级职称占比/%
人才总量	711	100.00	40.08	80.87	65.12	42.05
综合管理人才	114	16.03	44.19	90.35	89.47	68.42
专业技术人才	383	53.87	36.80	79.11	51.96	30.03
经营管理人才	126	17.72	42.01	92.86	78.57	62.70
服务保障人才	88	12.38	46.40	59.10	54.55	23.86

学历结构上，小浪底管理中心人才队伍中具有研究生学历144人，占比20.25%；大学本科431人，占比60.62%；大学专科90人，占比12.66%；大学专科以下46人，占比6.47%，人员整体素质较高（图1）。

职称结构上，小浪底管理中心人才队伍中具有专业技术职称人员578人，占比81.30%，其中正高级职称60人，占比8.44%；副高级职称240人，占比33.76%；中级职称165人，占比23.21%；初级职称113人，占比15.89%。见图2。

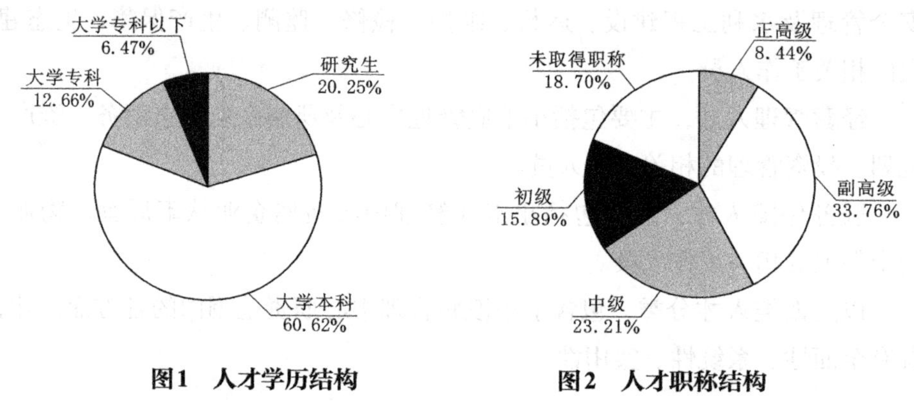

图1　人才学历结构　　**图2　人才职称结构**

（四）人才工作现状

一是领导重视，强化引领推动。小浪底管理中心高度重视人才工作，不断强化对人才工作的组织领导，构建了小浪底管理中心党委统一领导，人事部门牵头抓总，所属单位分级负责，各部门协调配合的人才工作管理体系，为人才工作提供了坚强的组织保障。小浪底管理中心党委认真贯彻新时代人才强国战略，积极践行新时代党的组织路线，科学研判面临的形势，统筹谋划事业发展和人才工作，采取有力措施大力推进人才队伍建设工作。

二是强化培养，助推人才成长。坚持服务事业发展大局，以提升政治素养、综合素质和专业能力为核心，统筹谋划，大力组织开展"订单式"精准培训；通过政治理论培训、红色精神传承教育，加强人才思想淬炼、政治锤炼；通过压实岗位职责、师傅带徒弟、技术比武等措施，强化人才岗位历练；通过有针对性地安排职工到基层一线、重大工程、重大项目交流，强化人才实践锻炼，人才队伍得到较快成长。

三是健全制度，规范人才工作。根据党中央人才工作要求和部党组人才工作部署，围绕小浪底管理中心高质量发展需要，不断完善人才工作制度，制定修订了干部选拔任用、领导班子和领导干部队伍建设、人才招聘、专业技术职务晋升、教育培训、科技进步与创新激励等制度，进一步畅通人才成长通道，初步形成了内容协调、程序严密、配套完备、有效管用的制度体系。

四是提升素质，支撑改革发展。注重提升职工学历文化水平和专业素质。大学本科及以上学历人才占比达到80.87%，明显高于部属单位平均水平。同时，经过30年水利工程建设和运行实践锻炼，小浪底管理中心在水利水电工程建设和运行管理、投资运营等方面积累了一定的经验和实力，特别是在核心业务领域锻炼培养了一批具有丰富实践经验的人才，队伍整体素质较高，为事业发展提供了有力支撑。

（五）存在的主要问题

一是人才队伍年龄结构性偏大。在人才队伍中，具有行政职务的人员年龄结构性偏大，其中正处级平均年龄50.69岁，副处级平均年龄47.59岁，科级平均年龄42.67岁。45岁以下的正处级2人，没有35岁以下的副处级、正科级人员。

二是综合管理和专业技术人才结构性短缺。综合管理人才中，多数来自专业技术类人才转岗交流，缺乏相应的管理专业学习经历，有综合管理专业学习经历的仅23人，其中新闻传播专业仅2人，马克思主义理论专业仅1人、人力资源管理专业仅1人。专业技术人才中，机械工程类专业人才仅35人，金属结构类专业人才仅2人，无安全管理类专业人才；与编制人数相比，目前在岗的安全防汛人才、金属结构设备检修维护人才、机械工程设备检修维护人才缺口较大。

三是高层次人才数量不足，发挥作用不够。小浪底管理中心无国家级优秀人才，近5年有6人成长为省部级优秀人才，高层次人才数量整体不足，与小浪底水利枢纽所承担的职责不相匹配。6名省部级优秀人才和60名正高级职称人才中，部分人员在新技术新工艺新材料新设备应用、技术攻关、解决难题、应对风险等方面的牵头引领、示范带动作用发挥不够，“头雁”效应需进一步强化。

四是人才队伍能力水平需要提高。综合管理人才中，部分中层干部工作经历单一，思路视野不够开阔，分析研判、系统谋划、组织推动、团队建设等方面能力需要提升。专业技术人才中，系统性解决生产实际问题、开展关键技术攻关、深层次总结分析问题、应急处置问题等方面能力需要提升。经营管理人才中，财务分析、资本运作等方面经验不足，市场意识、战略投资等方面能力需要提升。服务保障人才中，服务意识需要加强，日常管理、应急保障等方面能力需要提升。

五是人才队伍建设机制不够完善。人才引进主要以招聘应届毕业生为主，渠道单一；近年来应届生招聘的招满率逐年下降，对优秀人才的吸引力不强。人才培养不够均衡，对经营管理人才和服务保障人才培养的力度不足；人才培养的方式方法不够丰富，措施不够精准。所属公司专业技术等级制度覆盖面不够宽，人才晋升通道有限。对科研项目、创新团队在人员和经费等方面的支持力度不够。对青年职工、核心骨干、高层次人才激励保障措施不够完善，需要进一步拓展。

六是人才队伍培养平台不够丰富。主要采取教育培训、岗位历练、岗位交流、外派锻炼等方式开展人才队伍的培养，培养的平台不够丰富，需要进一步结合实际，加大力度，多层次、多渠道、全方位为人才队伍成长成才搭建更加有效管用的培养平台。

七是人才队伍干事创业精气神需要提升。部分人才安于现状、进取不足，安全意识、忧患意识、市场意识不够强，艰苦奋斗、干事创业劲头不够足，特别是受西沟坝漫坝安全生产事故影响，部分人才思想压力较大，重整行装再出发、凝心聚力打好翻身仗的精气神需要进一步提升。

二、面临的形势任务

国以才治，业以才兴。近年来，中央、水利部党组对人才工作提出了新要求、作出了新部署，小浪底管理中心的高质量发展对人才工作有了新需求。

（一）党中央对人才工作作出新部署

党的二十大报告历史性地以“实施科教兴国战略，强化现代化建设人才支撑”为标题，单列专章对教育、科技、人才工作进行了全面部署。报告明确指出：教育、科技、人才是全面建设社会主义现代化国家的基础性、战略性支撑。要坚持教育优先发展、科技自立自强、人才引领驱动，加快建设教育强国、科技强国、人才强国，坚持为党育人、为国育才，全面提高人才自主培养质量，着力造就拔尖创新人才，聚天下英才而用之。坚持党管人才原则，坚持尊重劳动、尊重知识、尊重人才、尊重创造，实施更加积极、更加开放、更加有效的人才政策，引导广大人才爱党报国、敬业奉献、服务人民。

2021年9月，党中央召开人才工作会议，科学回答了什么是人才强国、为什么要建设人才强国、怎样建设人才强国等一系列重大理论和实践问题，系统擘画了新时代建设人才强国的宏伟蓝图，为推动我国人才事业健康持续发展，加快建设世界重要人才中心和创新高地，提供了方向引领和行动指南。会议系统梳理了党的十八大以来以习近平同志为核心的党中央提出的一系列关于人才工作的新理念新战略新举措，集中体现为“八个坚持”，即坚持党对人才工作的全面领导，坚持人才引领发展的战略地位，坚持面向世界科技前沿、经济主战场、国家重大需求、人民生命健康，坚持全方位培养用好人才，坚持深化人才发展体制机制改革，坚持聚天下英才而用之，坚持营造识才爱才敬才用才的环境，坚持弘扬科学家精神。会议特别强调，要深入实施新时代人才强国战略，全方位培养、引进、用好人才，大力培养使用战略科学家，打造大批一流科技领军人才和创新团队，造就规模宏大的青年科技人才队伍，培养大批卓越工程师。

（二）部党组对水利人才工作提出新要求

对标“节水优先、空间均衡、系统治理、两手发力”的治水思路，聚焦新阶段水利高质量发展主题，部党组于2021年12月召开水利人才工作会议、制定《“十四五”水利人才队伍建设规划》，对水利人才工作做出新部署，会上，李国英部长从深入学习贯彻习近平总书记重要讲话精神，准确把握新阶段水利人才工作的目标任务，强化水利人才工作的保障措施三个方面提出要求，明确指出：让“水利事业激励水利人才、让水利人才成就水利事业”。

《“十四五”水利人才队伍建设规划》明确了人才队伍建设的思路、目标、路径，在加强人才工作的组织领导，做好人才工作顶层设计，聚焦重点队伍建设，深化人才发展体制机制改革，全方位培养引进用好人才，积极开展人才工作创新实践，健全完善人才服务保障体系等方面作出详细部署。

（三）小浪底高质量发展对人才工作有了新需求

小浪底管理中心"十四五"发展规划在发展愿景中明确：要"守护好小浪底水利枢纽'国之重器'，以改革创新为驱动，高质量夯实安全、高标准强化管理、高水平提升能力，实现高质量发展"，要"逐步打造水利水电工程建设和运行管理领域的科技创新平台、孵化平台、智慧平台、资本运营平台"；在产业布局中明确：要"围绕绿色产业发展，做强做大水利水电工程投资开发、抽水蓄能、风电光伏新能源开发、工程运行管理服务、城乡供水等五大主业板块"，要"以弘扬小浪底文化、提升小浪底品牌形象、提高管理服务品质为目标，做好枢纽所辖区域旅游业、物业、宾馆等其他辅助类业务板块"；在发展思路中明确，要"以管好民生工程、发展绿色产业为指引，以标准化、智慧化、绿色化、规模化为导向，转变发展理念、动力和格局，推动高质量发展"。贯彻落实小浪底管理中心"十四五"发展规划明确的系列任务，迫切需要一支高素质专业化人才队伍作支撑。

三、总体要求

（一）指导思想

以习近平新时代中国特色社会主义思想为指导，全面贯彻习近平总书记关于新时代人才工作的新理念新战略新举措，坚持党对人才工作的全面领导，深入实施新时代人才强国战略，立足新发展阶段，以提升政治能力、专业能力和创新能力为导向，以支撑小浪底管理中心高质量发展为主题，以统筹推进各类人才队伍建设协调发展为重点，以建机制、搭平台为路径，着力建设高素质专业化人才队伍，打造大型水利枢纽工程建设和运行管理人才高地，为小浪底管理中心"管好民生工程和推进绿色产业促发展"提供坚强的组织保障和人才支撑。

（二）基本原则

一是政治引领，强化责任。充分认识人才工作的重大意义，提高人才工作政治站位，增强做好人才工作的责任感和使命感，压实人才工作责任，党政主要负责同志认真履行“一把手抓第一资源”责任，领导班子其他成员承担分管领域或单位人才工作的领导职责，形成党委统一领导，人事部门牵头抓总，各单位分级负责的人才工作格局。

二是系统谋划，分类施策。把人才工作纳入小浪底战略发展总体布局，前瞻性思考、系统性谋划、整体性推进，实现人才发展与小浪底事业发展紧密协同。统筹各类别人才、各层级人才，根据不同个体能力特征及岗位要求差异，采取分层分类和更加精准的培养策略，进一步提高人才培养的精准性和成效。

三是以育为重，引育并举。对标高质量发展主题，围绕小浪底管理中心发展战略需求，创新模式，搭建平台，加大既有人才培养力度，同时采取直接招聘或柔性引进等模式，引进一批人才，提升人才整体素质。

四是突出重点，统筹兼顾。依托水利工程建设和运行管理方面的技术优势、人才优势，巩固提升核心业务岗位人才，选育高层次优秀人才，同时统筹兼顾好其他各类人才建设。

五是创新机制，激发活力。把激励人才履职尽责、担当作为作为重点内容，坚持改革创新，健全完善系统完备、科学规范的人才制度体系，进一步充分激发人才的主动性、创造性，积极营造人尽其才、才尽其用的良好局面。

四、发展布局

（一）基本思路

未来几年，按照“一个主题、一个定位、三大任务、四项工程”的发展思路，加大人才队伍建设力度，实现人才工作高质量发展。

一是突出一个主题。以为高质量发展提供坚实人才支撑为主题，以人才战略助推小浪底管理中心高质量发展，以事业激励人才，让人才成就事业。

二是明确一个定位。通过稳增长、调结构、提素质、畅渠道、建平台、激活力等措施，建设高素质专业化人才队伍，打造大型水利枢纽工程建设和运行管理人才高地。

三是确立三大任务。队伍建设、机制建设、平台建设三大任务协同推进：分类施策协同推进四支人才队伍建设，打造人才队伍合力；全链条加强机制建设，激发人才内生动力；高起点开展平台建设，形成人才成长推力。

四是抓好四项工程。以锤炼、托举、汇聚、激励四项重点人才工程为抓手，着力锤炼育人才、托举助成长、汇聚引高端、激励激活力，推进三大任务落实。

（二）“11344”同心圆发展模型

根据人才发展思路，构建出小浪底管理中心人才发展同心圆模型，即：以小浪底管理中心的发展战略为核心，明确人才工作一个定位，确定三大建设任务，实施四项人才工程，打造高素质专业化四支人才队伍，形成同心圆，汇聚向心力，以小浪底高质量发展凝聚人才，以人才成就小浪底高质量发展，简称“11344”同心圆发展模型。见图3。

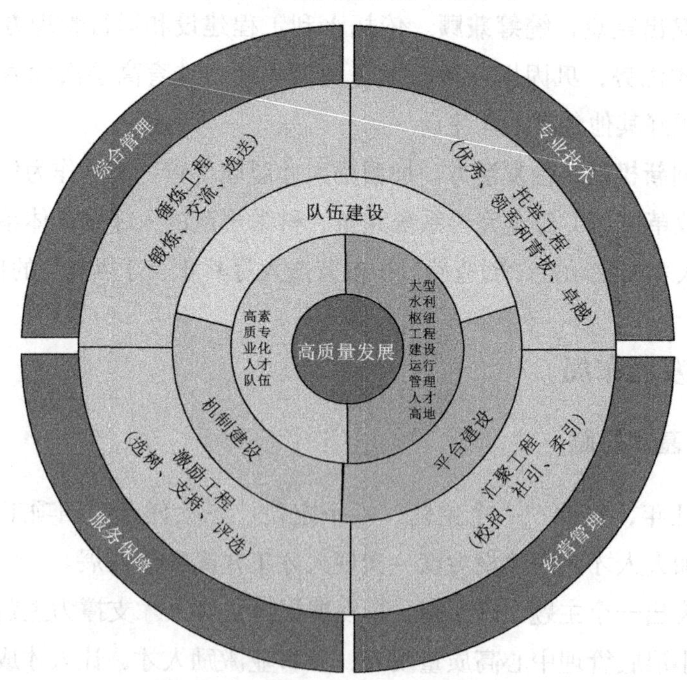

图3　小浪底管理中心人才发展同心圆模型

图3简称“11344”同心圆模型，这个模型以小浪底管理中心的发展战略为核心，明确人才工作一个定位，确定三大建设任务，实施四项人才工程，打造高素质专业化四支人才队伍，形成同心圆，汇聚向心力，以小浪底高质量发展凝聚人才，以人才成就小浪底高质量发展。

“1”——以支撑小浪底管理中心高质量发展为主题。

“1”——一个定位：建设高素质专业化人才队伍、打造大型水利枢纽工程建设和运行管理人才高地。

“3”——三大任务：队伍建设、机制建设、平台建设。

“4”——四项工程：共计12个一批，具体如下。

人才锤炼工程（岗位锻炼、岗位交流、向外选送）。

人才托举工程（选育优秀人才、遴选领军人才和拔尖人才、培养卓越工程师）。

人才汇聚工程（校园招聘、社会引进、柔性引进）。

人才激励工程（选树先进典型、支持创新团队和个人、评选科技创新成果）。

“4”——四支人才队伍，具体内容如下。

综合管理人才（数量适度增长、结构更加优化、理论素养较大提升、管理能力明显提高）。

专业技术人才（数量较大增长、结构持续优化、业务更加精湛、科技不断创新）。

经营管理人才（数量适度增长、结构持续优化、市场驾驭力、资本运作力明显提高）。

服务保障人才（数量保持稳定、素质普遍提高、服务持续提升）。

（三）发展目标

1.总体目标

紧紧围绕小浪底管理中心发展愿景、战略定位、产业布局，激活人才“引育管用留”体制机制，拓展视野吸纳人才，多措并举培育人才，创新方式构筑人才成长平台，建设高素质专业化人才队伍、打造大型水利枢纽工程建设和运行管理人才高地，为小浪底管理中心高质量发展提供坚实的人才支撑。

2.具体目标

一是人才总量稳步增长。综合考虑小浪底管理中心及所属单位业务发展、机构改革等因素，到2025年，小浪底管理中心及所属企业人才总量达到850人。综合管理人才适度增长为140人，专业技术人才增长为480人，经营管理人才适度增长为150人，服务保障人才控制在80人。

二是人才结构持续优化。优化年龄结构，人才队伍整体年龄降低1岁。45岁左右正处级干部不低于10%，40岁左右副处级干部不低于20%；处级干部平均年龄适当降低，科级干部平均年龄降低3岁，基本实现老中青梯次配备。优化专业结构，补充核心业务领域紧缺的专业人才，跨专业交流锻炼人才，选聘职业经理人，基本实现专业人才合理配置。优化职称结构，具有专业技术职称的人员达700人左右，占比82.4%。其中，正高级职称达72人，占比8.5%；副高级职称达300人，占比35.3%；中级职称达210人，占比24.7%；初级职称达118人，占比13.9%。优化学历结构，研究生学历达220人，占比25.9%；本科学历达520人，占比61.1%；大学专科学历为70人，占比8.3%；大学专科以下学历为40人，占比4.7%。

三是高层次人才实现突破。力争新增省部级领军人才不少于1人、新增省部级青年拔尖人才不少于2人，遴选中心领军人才10人、中心青年拔尖人才20人，中心卓越工程师50人。

四是人才制度体系更加完善。完善多渠道人才引进机制，健全能上能下的干部管理制度，畅通专业技术人员职业发展通道，完善激发人才活力的薪酬管理与绩效考核、科技创新奖励分配制度，形成鼓励干事创业、岗位成才的制度体系，最大限度激发人才内生动力。

五是人才培养平台创新搭建。搭建三个人才培养平台，强化技术委员会作用，组建数字孪生小浪底工程人才创新团队，打造所属企业、科研单位、院校相结合的大型水利枢纽工程建设和运行管理人才培养基地，大力培养和集聚专业技术人才，逐步建成具有竞争力、吸纳力、辐射力的人才高地。

人才发展总体目标各分项指标见表2。

表2 人才发展总体目标各分项指标

总体目标	分项及有关指标	指标项	目标	属性
总量稳步增长	四支人才队伍数量	人才总量/人	850	预期性
		综合管理人才/人	140	预期性
		专业技术人才/人	480	预期性
		经营管理人才/人	150	预期性
		服务保障人才/人	80	预期性
结构持续优化	年龄结构	四支人才队伍平均年龄	降1岁	预期性
		处级干部平均年龄	适当降低	预期性
		45岁左右正处级干部（占比）	10%	预期性
		40岁左右副处级干部（占比）	20%	预期性
		科级干部平均年龄	降3岁	预期性
	职称结构	专业技术职称人员总量（占比）	82.4%	预期性
		正高级职称人员（占比）	8.5%	预期性
		副高级职称人员（占比）	35.3%	预期性
		中级职称人员（占比）	24.7%	预期性
		初级职称人员（占比）	13.9%	预期性
	学历结构	研究生（占比）	25.9%	预期性
		大学本科（占比）	61.1%	预期性
		大学专科（占比）	8.3%	预期性
		大学专科以下（占比）	4.7%	预期性
高层次人才实现突破	形成高层次人才队伍	省部级领军人才/人	+1	预期性
		省部级青年拔尖人才/人	+2	预期性

续表

总体目标	分项及有关指标	指　标　项	目标	属性
高层次人才实现突破	形成高层次人才队伍	中心领军人才 / 人	10	约束性
		中心青年拔尖人才 / 人	20	约束性
		中心卓越工程师 / 人	50	约束性
培养平台创新搭建	“3 个 1”培养平台	技术委员会 / 个	1	约束性
		人才创新团队 / 个	1	约束性
		人才培养基地 / 个	1	约束性

五、主要任务

立足当前、着眼长远，科学规划、重点突破，通过队伍建设、机制建设、平台建设，优化人才结构、提升人才素质，激发人才活力，形成人才高地，推动小浪底管理中心高质量发展。

（一）分类施策，针对性建设四支人才队伍

根据四支队伍的人员现状、工作性质、岗位需求等，分类别有针对性地采取措施进行建设。

1. 综合管理人才队伍

综合管理人才是高质量发展的重要推动者。未来几年综合管理人才队伍的建设主要任务是：以思想政治建设为引领，以领导水平和管理能力提高为重点，数量适度增长，结构更加优化，理论素养较大提升，工作能力明显提高，着力建设一支政治坚定、管理有力、作风过硬的人才队伍。

数量增长方面，每年适度招聘一定比例的行政管理、党务管理、新闻宣传、人事管理等岗位人才，补充退休和退出现职人员。根据工作需要，加强岗位交流，及时将其他类有关人才交流到综合管理人才队伍中。

结构优化方面，坚持老中青相结合的梯队配备，不搞任职年龄层层递减和“一刀切”，注重选拔优秀年轻干部，改善年龄结构。鼓励综合管理人

才积极参加经济、政工、工程、档案等系列职称评审，优化职称结构。

理论素养提升方面，把习近平新时代中国特色社会主义思想、安全生产等作为重要内容，以教育培训为重要措施，每年选派一定规模的综合管理人才参加水利部党校、河南省直党校学习；把综合管理人才作为重点对象，依托红色教育基地、高校等，每年举办1期以上的管理能力提升培训班，组织1期以上的网络培训班；鼓励综合管理人才积极参加其他各类综合管理培训和自学，全面提升综合管理人才政治理论素养、道德品行操守、政策理论水平。

管理能力提高方面，主要以实践锻炼为重点措施组织实施，给各级管理人才压担子、压任务，在本职岗位上深入历练；年均安排一定规模综合管理人才到水利工程建设和运行管理一线进行交流，加强基层锻炼；根据上级安排，有计划地遴选综合管理人才到外营项目及有关水利建设项目等进行锻炼，丰富工作阅历，提高工作能力，更好地统筹发展与安全。

2. 专业技术人才队伍

专业技术人才是推动高质量发展的中坚力量，主要由水利建设和运行管理有关业务部门（单位）工作人员构成。未来几年专业技术人才队伍建设主要任务是：聚焦水利建设和运行管理等核心业务和数字孪生小浪底建设等新兴领域，以专业技术水平提升为重点，数量较大增长，结构持续优化，业务更加精湛，科技不断创新，着力建设一支懂得理论、业务过硬、能够创新、作风务实的人才队伍。

数量补充方面，以安全管理、机械工程、金属结构、电气工程及其自动化等核心紧缺专业人员为重点，年均招聘不少于15名优秀毕业生，大幅补充专业技术人员力量。所属公司及其子公司、分公司，可根据实际工作需要，直接引进部分紧缺岗位人才和高层次人才，可通过短期聘用、兼职、顾问、技术咨询、外援智库等方式提供智力服务和技术支持，柔性使用外援人才。

结构优化方面，鼓励专业技术人才积极参加正高级工程等系列职称评审，正确引导、积极组织内部工程系列职称评审，优化职称结构。结合实际，构建省部级人才、中心领军人才、中心青年拔尖人才、中心卓越工程师四级人才梯队，明确选拔培养标准，递进式搭建专业技术人才结构体系，不拘一格遴选优秀年轻专业技术人员担任项目负责人、课题负责人。

业务提升方面，把安全生产、工程建设和运行维护等作为重要内容，以教育培训和岗位锻炼为重要措施，强化专业技术人员培训需求调研，分专业分类别实施精准培训，力争3年对全部专业技术人员轮训一遍。组织专业技术人才积极参加外单位组织的各类专业技术培训、各类学术技术交流会议；分专业类别组织专题培训班，年均不少于两期，3年覆盖全部核心业务专业；鼓励专业技术人员外出参加个性化培训、通过网络等各种渠道自行学习专业技术知识；鼓励专业技术人才积极考取职业资格证书和上岗证书，有关岗位实行持证上岗。通过安排工作任务、师傅带徒弟、技术大比武等措施，促进专业技术人员在做好本职工作的同时，不断强化岗位成长。加强人才岗位交流，把更多的人才调整到安全生产、防汛调度、工程建设、机组运行、检修维护等岗位上进行历练。

科技创新方面，围绕水利工程建设和运行管理等核心业务和数字孪生小浪底建设等新兴领域，积极推进新材料、新设备、新工艺、新技术应用，有计划地组织开展课题研究和科研攻关，推进科技创新，锻炼专业技术人才。用好与外部科研单位签订的科学技术合作战略协议，实现科技共同研发和信息共享，共同研究推出高质量科研成果，共同锻炼专业技术人才。

3.经营管理人才队伍

经营管理人才是推进绿色产业发展的骨干力量，主要由小浪底管理中心及所属企业负责资产管理及对外投资部门的各级工作人员组成。未来几年经营管理人才队伍建设的主要任务是：牢牢把握黄河流域生态保护和高质量发展、国家“双碳”战略等发展机遇，以职业化、专业化、市场化为导向，数量适度增长，结构持续优化，市场驾驭力、资本运作力明显提高，建设一支经营管理水平高、适应绿色产业发展需要的人才队伍。

数量补充方面，每年适度招聘一定规模的财务、资产等经营管理岗位人才，补充人员力量。根据工作需要，加强岗位交流，及时将其他类有关人才调整到经营管理人才队伍中。所属公司持续探索引进职业经理人参与酒店经营、物业管理等业务；根据工作需要，通过灵活形式引进部分善于开拓市场、懂经营、会管理的专门人才。

结构优化方面，鼓励经营管理人才积极考取相关资格证书，参加会计、经济等系列职称评审，优化职称结构，不拘一格遴选优秀年轻人才到经营管理岗位工作。

市场驾驭力、资本运作力提高方面，加强教育培训，将市场驾驭力、资本运作力相关知识作为重要内容，每年选派一定规模的经营管理人才参加国内外高校、相关专业培训机构的培训；在组织其他类别的线下脱产培训班、线上网络培训班时，也将市场驾驭力、资本运作力相关知识作为重要内容，有针对性地安排经营管理人才参加。加强岗位交流，每年安排一定规模人员进行经营项目、规划计划、资产财务等岗位交流，在物业项目负责人选任上，持续推进竞聘上岗；有条件的所属企业探索试行市场化经营机制改革，采取任期制契约化管理选任项目经理。加强实践锻炼，立足小浪底管理中心高质量发展业务布局，统筹选派经营管理人才参与大中型水电、抽水蓄能、物业管理等项目开发和运营，有针对性地安排经营管理人才参与单位的股份制改革、股权转让等有关事宜，在参与过程中提升市场驾驭、资本运作能力和水平。

4.服务保障人才队伍

服务保障人才是推进高质量发展的重要组成部分，主要由小浪底管理中心所属企业负责后勤、物业、安保部门科级及以下工作人员组成。未来几年服务保障人才队伍建设的主要任务是：以全面技能提升为重点，数量保持稳定，素质普遍提高，服务持续提升，建设一支服务水平高、协作能力强的人才队伍。

数量补充方面，主要通过与其他类别人员进行交流补充，更多地利用协作力量开展服务保障工作。

素质提高方面，主要以教育培训为重点措施组织实施，针对服务保障人才队伍规模小、专业涉及面广的特点，鼓励利用行业协会、优质社会资源开展“订单式”培训，选派人员到国内重点工程、大型企业考察学习，组织开展技能竞赛、技术比武、岗位练兵、应急抢险等活动，提高服务保障人员的服务意识和服务能力。

服务提升方面，全面加强服务保障管理，积极构建“高水平”“高质量”的服务保障服务网，完善服务保障工作的运行模式，全面提升服务保障水平。强化服务保障人员岗位交流，使其掌握多种服务技能，培养一专多能人才，提升服务质量。加强对服务保障协作队伍监管，调动其工作积极性、主动性，提升其服务能力水平，协同做好服务保障工作。

（二）创新机制，全链条完善五项改革举措

坚持问题导向、目标导向、需求导向，完善人才“引育管用留”五项机制，放权赋能与精神引领共同推进，激发各类人才活力。

1. 完善精准的人才引进机制

一是健全制度体系。立足当前急需，着眼长远发展，严格按照规定要求，完善事业单位招聘制度；支持所属公司自主引才，所属企业要用好用活人才招聘自主权，完善应届大学生毕业招聘、短期聘任专家管理等制度，探索急需人才引进机制，加大引才力度。

二是拓宽引才渠道。根据业务发展需要，开展人才数量、结构、能力和需求分析，每年有针对性地制定引才计划。持续加大校园招聘力度，优化招聘程序，保证招聘质量和效果。探索实行社会直接招聘机制，引进高层次或有一定工作经验人才。探索建立购买专业服务机制，依托社会化资源，满足法律事务、审计、财务等专业对人才的需求。根据工作需要，鼓励所属公司利用劳务派遣、人事代理、技术咨询、科研技术合作、短期聘用、项目聘用等方式引进各类人才，实现人才资源共享。

2. 完善全方位的人才培养开发机制

一是完善精准培训体系。加强对培训工作的组织领导，明确工作职责、重点任务和责任分工，确保培训任务顺利落实。深入开展培训需求调研，针对各类人才的需求和特点，每年量身定制培训计划，满足不同人才的培训需求。将习近平新时代中国特色社会主义思想、党的创新理论、安全管理、数字孪生等作为首要学习内容，科学合理设计培训内容。创新培训方式方法，推动组织调训与专业选学、脱产培训与在岗培训、线下培训与网络培训、依托外部资源与依靠内部力量相结合，积极运用研讨式、案例式、体验式、模拟式等培训方法，提高培训针对性、实效性和感染力。

二是完善实践锻炼机制。通过日常工作部署和监督检查落实，有计划有组织地给各岗位人才安排工作、压紧压实责任担子，鼓励人才履职尽责做工作、倾心倾力研业务；深入开展师傅带徒弟、技术比武、上岗培训等

活动，通过有针对性的活动提高人才业务能力水平，多措并举促进各类技术人才在本职岗位上锻炼成长。新参加工作的大学毕业生原则上均应安排到基层单位进行历练。

三是完善岗位交流机制。树立全中心“一盘棋”意识，统筹利用好各类人才资源，积极开展跨单位、跨部门、跨类别、跨专业岗位交流。落实小浪底管理中心处级干部和关键岗位人员交流制度，对工作需要和达到一定任职年限的人员进行岗位交流。将生产一线和困难艰苦岗位作为培养锻炼人才的首要阵地，有计划地选派优秀人才到水利工程建设和运行管理一线和扶贫、外派等岗位挂职锻炼。根据上级需求，积极选派人员到上级单位跟班学习。根据党中央、水利部关于疗休养机构改革要求，积极推进三门峡疗养院机构改革，促进人才交流成长。

四是完善分层级培养机制。对各类别人才队伍，分层级完善源头培养、跟踪培养、全程培养机制。对于管理人才，注重政治能力、决策能力、危机管理、团队建设、处理复杂问题、驾驭全局能力的培养；对于专业技术人才，注重安全生产、水利工程建设、水电站运行维护、设备管理、技术创新等业务能力的培养；对于经营管理人才，注重开阔思路视野，提升企业经营、市场拓展、资本运作和改革创新能力的培养；对于服务保障人才，注重市场意识、服务意识、服务能力的培养。加强不同层级人员间的动态管理，根据人才个人的工作能力和现实表现，及时进行调整。

3.健全规范合理的人才考核评价机制

一是完善考核评价内容。坚持以岗位职责要求为基础，以品德、能力和业绩为导向实施考核评价，分类别完善考核评价内容，对于综合管理人才，着重考核评价其政治素养、政策水平和工作能力、工作业绩等；对专业技术人才，着重考核评价其新材料、新设备、新工艺、新技术应用情况，解决生产实际问题情况，创新技术和成果情况等；对经营管理人才，着重考核评价其市场驾驭能力、资本运作能力、经营风险控制能力等；对于服务保障人才，着重考核评价其服务意识、服务能力和服务成效等。

二是改进考核评价方式。贯彻落实水利部深化水利职称制度改革意见，完善符合实际的职称评审细则，强化职称评审精准性，推进其与岗位聘用有效衔接。完善年度考核评价机制，与年底干部职工集中述职考核评价相结合，全体人才每年进行工作情况述职，述职内容重点是在本职岗位上工作开展情况、取得业绩情况，对其进行360度考核评价。完善季度考核评价机制，与季度绩效考核相结合进行考核评价。加强在急难险重任务中表现情况的考核评价，对表现优秀的人员进行表彰奖励和进一步使用。

三是强化考核评价组织领导。职称评定、年度人才述职考核评价、季度人才绩效考核等，均成立相应的考核评价组织，认真开展考核评价工作，考核评价结果在一定范围内公开，广泛接受监督，强化考核评价结果的应用，完善人才动态调整退出机制，确保考核评价的公平性、规范性、精准性、实用性。

4.建立不拘一格的人才选拔任用机制

一是大胆选拔使用。坚持新时期好干部标准，选优配强各级领导班子和处科级干部，不拘一格大胆启用优秀年轻人才，调整中层干部的专业、年龄结构。每三年开展一次优秀年轻干部调研，根据调研结果分别建立处科级干部人才库，强化对人才库人员的动态管理和培养使用。用好现有的处科级干部退出现职机制，为后续人才使用创造条件。

二是拓宽人才成长通道。完善“双通道”人才晋升制度。进一步优化调整小浪底管理中心岗位设置，完善管理岗和专业技术岗晋升机制，组织做好专业技术岗位晋升工作；所属公司进一步优化专业技术等级制度，组织开展专业技术等级晋升工作，建立起科学合理、激励作用明显的技术人才晋升通道。

5.创新激发活力的人才保障机制

一是激励担当作为。对于严格履职尽责、工作成绩突出、得到干部职工认可的各类人才，优先安排其到重要管理岗位上和参加重要技术问题研究、重大项目攻关，同时在人才推荐、干部选任、评优评先、教育培训、学术交流、疗休养等工作中予以优先考虑。深入落实小浪底管理中心《工作人员奖励实施办法》等规章制度，对优秀人才进行表彰奖励，发挥典型引领带动作用，营造比、学、赶、帮、超氛围。落实习近平总书记关于“三个区分开来”重要精神，完善人才容错纠错机制，鼓励创新、宽容失败。对于受到追责问责的人才，及时进行思想引导，表现突出的要继续做好培养使用工作。

二是加大薪酬激励力度。突出实绩和贡献，向关键岗位、核心骨干和急需紧缺人才等倾斜，完善符合现代企业特点的绩效考核和收入分配激励制度。对地市级及以上高层次人才进行专项奖励。探索实行高层次人才年薪制、协议工资制、项目工资制等分配形式。所属公司在专业技术职务津贴、运行值班岗位津贴等制度的基础上，研究企业年金向专业技术骨干和做出突出贡献人员倾斜制度，激发各类人才干事创业的积极性。

三是强化福利支持保障。持续加大保险、就医、住房、落户、子女入托入学等支持保障力度，让人才安心、安业。落实人才年休假、婚假、产假、护理假等各类假期及待遇。落实外派人才待遇，提高优秀人才健康体检标准，积极解决人才子女入学、入园等问题。为新入职人才提供周转房。用好“智汇郑州”人才工程等地方人才政策，协助做好新入职毕业生生活补助、购房补贴申请发放和落户等工作。

（三）着眼长远，高起点建设三大人才平台

积极践行国家创新驱动发展战略，围绕各类人才业务能力提升需要，强化技术委员会作用，打造数字孪生创新团队，建设小浪底人才培养基地三个人才发展平台，打造在行业内有较大影响力的大型水利枢纽工程建设和运行管理人才高地。

1.强化技术委员会作用

进一步完善小浪底技术委员会组织机构和工作机制，凝聚一批在水利枢纽工程建设和运行管理领域具有较高学术水平和实践经验的高端人才，采取个别征求意见、集体会商、研讨交流等方式，为工程建设和运行管理提供全局性、关键性、前瞻性的咨询建议，全面提升技术委员会专家工作能力和水平，培养一批高水平的专业技术人才。

2.打造数字孪生创新团队

根据部党组智慧水利建设部署，抓住数字孪生小浪底建设先行先试机遇，选拔一批懂工程技术业务和数字化、网络化、智能化业务的人才作为骨干，组建数字孪生创新团队。数字孪生创新团队采取自行开发或项目外

包等方式，构建小浪底数字孪生平台，助推水利工程建设和运行管理水平提升，探索建立大型水利枢纽工程运行管理数字孪生技术标准。

3.建设小浪底人才培养基地

借助所属企业在水利工程建设和运行管理的人才优势、技术优势，联合科研单位、高校，建设大型水利枢纽建设和运行管理人才培养基地，并积极申报部级人才培养基地。采取项目带动、交流合作、成果驱动等方式，强化水利工程建设和运行管理人才培养，实现管理经验、关键技术、重要成果等价值输出，探索形成大型水利枢纽工程运行管理人才培养标准体系，为小浪底水利枢纽乃至水利行业培养工程运行管理领域人才。依托小浪底全国爱国主义教育基地、水情教育基地、中小学生研学基地和文化馆、坝后生态保护区等现有平台与设施，打造小浪底水利枢纽科普基地，向全社会普及水利知识，传播黄河文化。

六、重点工程

通过对接小浪底管理中心发展愿景、战略定位、产业布局，组织实施重点人才工程，培养高素质专业化人才队伍，支撑小浪底管理中心高质量发展。

（一）人才锤炼工程

坚持把政治标准放在首位，以发现储备为基础，培养锻炼为关键，岗位使用为目标，组织实施“3个一批”人才锤炼项目。

一是岗位锻炼一批。把水利工程建设和运行管理一线、外营项目作为锻炼优秀人才的重要阵地和平台，有计划有针对性地培养一批品质优、业务精、作风正、敢担当的人才队伍，推动人才立足岗位成长。“十四五”期间，遴选50名左右骨干人才进行重点培养锻炼。到“十四五”末，45岁左右正处级干部占比不低于10%，40岁左右副处级干部占比不低于20%，科级干部平均年龄降低3岁。

二是岗位交流一批。把岗位交流作为丰富人才阅历、提升人才能力的重要途径，通过党委推荐、重点考察、个人自荐等方式，推进开发公司和投资公司之间、公司内部部门之间人才的岗位交流，促进人才经风雨、见世面、壮筋骨、长才干。“十四五”期间，开发公司和投资公司之间中层干部交流达到中层干部总数的10%以上，公司内部人才交流达到公司总人才数的20%以上。

三是向外选送一批。通过重点选拔、组织推荐等方式，推选一批骨干人才到部机关、重大水利工程单位、边疆或贫困地区进行短期或长期实践锻炼，促使其开阔视野、丰富经历、提高站位、提升能力。“十四五”期间，向外选送骨干人才不少于10人次。

（二）人才托举工程

以提高专业素质为核心，以培育高层次专业技术人才为重点，组织实施“3个一批”人才托举项目，搭建起省部级优秀人才、中心领军人才、卓越工程师等层次清晰、梯队明确的人才结构体系。

一是助推一批省部级优秀人才。聚焦水利枢纽工程运行管理、抽水蓄能电站建设、数字孪生建设、资产财务管理等业务领域，鼓励支持骨干人才参加国家级、省部级课题攻关，负责水利工程关键项目研究，到“十四五”末，至少助推3名以上省部级优秀人才。完善培养、使用和激励机制，发挥省部级优秀人才引领作用，带动重要项目实施、人才梯队培养。

二是遴选一批中心领军人才和青年拔尖人才。从小浪底管理中心人才队伍中遴选10名左右领军人才和20名左右青年拔尖人才，有计划安排其参加有关重要业务培训，领衔重要课题研究和技术攻关，担任重要业务职务，作为导师培养优秀青年人才，在工作实践中提升其业务能力水平。

三是培养一批卓越工程师。以中青年（一般应具有中级以上职称或硕士以上学位）为重点对象，遴选50名左右骨干人才进行重点培养，安排其加入创新团队，到吃劲岗位、重点项目上进行磨炼，提升业务能力水平。积极发挥卓越工程师的示范带动作用，引导广大青年人才潜心钻研业务、全面锻炼提高，夯实小浪底管理中心人才基础。

（三）人才汇聚工程

聚焦小浪底管理中心业务发展急需，拓宽引才渠道，创新引才方式，重点实施“3个一批”人才汇聚项目，更大力度、更加精准地招贤纳才，打造人才“蓄水池”。

一是校园招聘一批。与国内相关高等院校合作，年均招聘遴选不低于20名优秀毕业生，针对性设计其职业发展通道，从基层一线做起，经过4~5年的锻炼，逐步培养其成为具有一定专业知识、实践经验的骨干人才，为小浪底管理中心高质量发展储备高素质年轻后备人才队伍。

二是社会引进一批。聚焦高层次人才队伍建设和工作实际需要，特别是事业单位人员补充和外营项目水电站建设管理需要，从社会直接引进一批业务能力强或有一定工作经验的人才。为解决小浪底水利枢纽工程运行管理部分关键性工作长期依靠协作队伍，存在协作单位更换频繁、协作单位内部人员不稳定、部分核心技术自己不掌握等问题，由所属公司负责，探索采取社会直接招聘的方式，引进一批本科学历的专业技能人才。

三是柔性引进一批。坚持不求所有，但求所用，与有关社会专业机构、水利科研单位、施工单位和高校合作，柔性引进一批业务发展急需的专业技术人才，通过劳务派遣、人事代理、短期聘用、兼职、顾问、技术咨询、外援智库等方式柔性引进和使用人才。

（四）人才激励工程

加大激励力度，重点实施“3个一批”励才项目，表彰奖励在综合管理、“四新”应用、科技创新、经营管理、服务保障等方面表现突出、成绩显著、作出突出贡献的人才，评选表彰一批优秀创新成果，不断提升人才的获得感、尊荣感，不断发挥先进典型的引领和驱动作用。

一是选树一批先进典型。根据小浪底管理中心工作人员奖励实施办法等规章制度，对在基层一线忠于职守、钻研业务、成效显著，特别是在“四新”应用、科技创新等方面成绩突出的人才，在洪水防御、应急抢险等急难险重任务面前勇于担当、迎难而上、解决重要业务问题的人才，予以表彰和大力宣传，发挥先进人物的引领作用，强化辐射带动。

二是支持一批创新团队和个人。进一步弘扬科学家精神、企业家精神、工匠精神，根据工作需要，在岗位锻炼、业务培训、项目安排、服务保障等方面，加大对各类人才的支持力度，探索实行首席专家制、项目负责人制，鼓励其立足本职强化锻炼、深入钻研提升素质。探索在开发公司设立创新发展专项资金，用于支持开发公司创新团队和专业技术人才自主创新、科技攻关。

三是评选一批科技创新成果。落实国家创新驱动发展战略，鼓励科技研发和创新创造，严格落实小浪底管理中心科技进步与创新激励管理办法等有关制度，每年组织开展科技创新成果、管理创新成果及合理化建议评选，并进行表彰奖励，促进人才钻研业务、立志成才。

七、保障措施

（一）加强组织领导

完善小浪底管理中心党委宏观领导、统筹协调的工作机制，成立人才工作领导小组，健全工作机构，明确工作职责，建立工作机制，全面推进人才工作的安排部署、组织落实和监督检查等，确保《规划》的贯彻落实。领导小组下设办公室，负责《规划》的贯彻落实的具体工作。

（二）落实工作责任

把人才工作纳入各级领导班子考核评价体系，完善相关考核办法和奖惩机制。人事部门要做好《规划》任务分工，明确工作内容、完成时限和完成质量，加强对《规划》的实施监测、效果评估及动态调整。各部门（单位）要结合实际，根据任务分工，进一步细化具体措施，并认真组织落实。督办部门要及时督导，确保任务落实。

（三）保障经费投入

坚持人才优先发展理念，加大人才建设投入力度，强化人事部门与技术管理部门、规划计划部门、资产财务管理部门的有效衔接，实行教育培训经费、课题项目经费、创新发展资金等的预算管理，保障人才建设经费落实到位。强化对经费使用情况的监督检查，保证经费使用的合规性、实效性。

（四）营造良好环境

大力宣传《规划》的重要意义，深入解读指导思想、基本原则、发展布局、目标任务和重点工程等，增强贯彻落实《规划》的思想自觉和行动自觉。加强对人才先进典型、工作业绩、支持政策等的宣传和引导，积极营造有利于人才干事创业的发展环境和鼓励人才成长成才的良好氛围，让事业激励人才，让人才成就事业。

（五）加强自身建设

加强人事部门人员政治建设，提升政治判断力、政治领悟力、政治执行力；及时补充人事部门人员，配齐配强工作力量；精准开展人事部门人员培训，强化岗位实践锻炼，提高工作能力水平，打造“讲政治、重公道、业务精、作风好”的人事工作队伍。

适配水利高质量发展的跨组织边界人才全链条孕育机制研究

主要完成人：樊传浩　李娜　张恒杰　王森林　陈超　龚瑶

所在单位：水利部人力资源研究院

一、背景剖析：适配水利高质量发展亟须全链条人才支撑

随着新发展格局的构建，党中央对水利事业的发展提出了新要求，推动新阶段水利高质量发展亟需建设一支高素质专业化的人才队伍。纵观当前国内外人才队伍建设，离不开组织模式的创新与管理机制的变革。新阶段水利高质量发展新形势下，水利人才队伍建设所面临的高层次人才适配性短缺、人才培养平台不够丰富、人才发展体制机制不够健全等问题亟须解决。

从国内外研究现状来看，对于人才培养与开发机制的研究主要聚焦于以下方面。理论研究方面，George指出组织在进行人才培养与开发过程中要结合人才自身需求、特点和目的等构建相应的人才孕育机制。Lu和Mei认为应深化“校企合作”，以提升高等教育的有效性。刘君则将“互联网+”思维融入校企深度合作的人才培养模式中。马骁提出应打破现有人才使用和培养模式，通过孵化共享，共同构建人才培养蓄水池。实践研究方面，Zou通过总结人才培养模式的改革历程，引入专业诊断与改进机制，提出“3+2+1”人才培养模式。Liu和Xiao在产学研深度融合背景下设计出人才校企实验室联合培养模式。赵曙明从生态系统视角出发，认为组织应当跨越边界，互通互动，盘活创新生态，从而在组织管理、人员配置、技术支持、团队建设、环境营造等方面加强综合开发，着力培养造就一大批高层次人才，在创新的实践和活动中发掘人才、培养人才、凝聚人才。特别是国内外学者同时注意到了跨组织边界进行人才培养等问题，例如古广灵提出可

以打破组织间壁垒，实现跨界合作、资源共享等方式进行协同创新人才培养模式。与之相同的，国外学者Vestal和Danneels则提出了政产学研所缔结的合作联盟、项目组、创新团队等跨知识边界嵌入和跨组织边界嵌入的人才培养模式。

综上所述，新阶段水利高质量发展对人才需求呈现出新的特点，人才培养与开发作为实践中的一类复杂问题，适配党和国家事业发展大势大局和人才成长规律，全链条做好人才发现、培养、使用、激励、保障工作需要引入新的分析工具。从跨组织边界的研究视角，可以为适配水利高质量发展的全链条人才支撑提供新的切入点与执行框架。基于此，本研究基于人才引领驱动战略，以适配水利高质量发展和经济社会发展的需求为目标，引入跨组织边界的观点，探究水利人才全链条孕育机制的构建问题，为需求侧用人单位以及行业人才主管部门提供理论支撑和政策建议。

二、问题探究：我国水利人才工作体制机制的现状与问题

李国英部长在2021年水利人才工作会议中强调全方位培养、引进、用好水利人才要亟须深化人才发展体制机制改革，扩大用人单位自主权，为人才松绑减负，并聚焦重点领域人才队伍建设，为新阶段水利高质量发展提供更多高素质专业化水利人才。

（一）实践现状

人才强国背景下水利人才工作体制机制改革还存在“最后一公里”不畅通的问题，主要表现在水利人才政策精准化程度不高、人才甄选决策“失效”的复杂性特征、跨边界人才池开发面临行政的依赖性以及竞争的壁垒性。而当前就人才“引用育留”全链条体系还需要继续深入探索，其中存在的问题见表1。

表1　人才工作实践的问题与经验梳理

类别	面临的难题	实践问题	实践经验
引才	人才"找不到""招不到""留不住"	广西大藤峡水利枢纽开发有限公司：青年人才、高层次人才吸引力不足	广东省：建设粤港澳大湾区高水平人才高地，给予用人单位更多的"话事权"，建立高层次人才专项编制周转池，用"人才优粤卡"柔性引才
		广西壮族自治区水利电力勘测设计研究院：青年人才流失率较高，组织现有的制度机制与人才对薪酬、自我实现、工作氛围等的追求尚未实现良好适配	海尔集团：明确企业发展前景，人才与组织共同发展；强化企业文化，感情留才；尊重人才、合理用才、提供发展空间与培训机会，事业留才；有效的薪酬与激励机制，待遇留才
用才	人才"不够用""不适用""不被用"	广东省水利学会：高级职称专业技术人员总量不足，高级职称申请率与通过率均较低，女性以及青壮年人员占比低	宁夏回族自治区银川市：探索"离岸孵化"跨区域人才共享模式，由科技需求地政府与国内外孵化器等达成合作以促进本土科技项目孵化，实现跨区域的人才与技术为本地区所用，也让部分人才具备本单位与机构技术孵化"双重"身份
		《新时代水利人才发展创新行动方案》：水利人才结构性短缺、"一高一基"人才不足；人才能力素质不相配	中国长江电力股份有限公司：以"IDP+轮岗实践"为载体定制化培养人才，打造高潜人才梯队
	"人"与"事"融合不充分	《"十四五"水利人才队伍建设规划》：支持和服务推进长江经济带发展、黄河流域高质量发展、国家水网建设和智慧水利建设等重大工程的高层次人才较少，高层次创新人才与国家重大战略、重大工程融合不充分	广西水利电力职业技术学院：探索智慧水利专业群人才培养模式，以人才链对接产业链，实现校企合作一线人才培养与行业需求的精准对接
	人才调配及时性和有效性不足	湖南澧水公司：面临重大水灾害或大型水利工程项目时，人才调配及时性和有效性不足	佳能公司：赋予业务部调配人才的权力，并就业务所需建立人才库

续表

类别	面临的难题	实践问题	实践经验
用才	分类评价机制不完善	《新时代水利人才发展创新行动方案》：缺乏分类别、分层次、分行业的人才评价体系	中国长江电力股份有限公司：实行“360度评价+人才盘点”多维度综合测评，并以能力绩效双维度为标尺识别定位高潜人才
	考核评价重结果轻过程	河海大学：基础性研究项目周期长达十余年，但现行的考核评价制度不能充分衡量长期过程的表现	清华大学：辐射成像创新团队设置“技术使用费”，将当前累计的绩效贡献和未来的长期物质回报相联系
育才	人才培养“平台”不完备	澧水公司：一个工程培养一批人，但在内部没有形成相应平台	重庆市：实施重庆英才计划“包干制”项目，搭建人才发展平台，遴选培育重点领域、行业和产业人才
	人才培训针对性不强	四川省水利人才资源开发与档案中心：培训资源利用不足，内容针对性不强，以至于培训效果不好	通用电气：搭建分层分类的培训体系，课程设计充分结合员工的层次和不同需要
留才	激励与保障机制突破困难	长江委：受国有企业固有分配体制与单位工资总额等因素制约，员工股权期权和分红、绩效奖励等激励政策在缺少部委主管部门的政策依据和指导性意见下较难兑现	华为：运用KSF增值分配法构建激励性薪酬制度，辅之以职权激励、精神文化激励以及科学的职业生涯规划等制度

（二）问题归纳

根据上述问题和经验的梳理，可以概括出当前水利人才工作体制机制改革面临的主要挑战：

一是水利事业平台搭建不完善。平台不仅是凝聚人才的“强磁铁”和培养人才的“好摇篮”，更是人才展示本领的舞台，良好的平台能够集聚并调动行业内的人力、物力资源，让人才为水利事业迸发更强的力量。尽管当前水利行业中特色高校培养模式与各流域、区域人才培养模式都各有特色，但受各单位目标绩效考核的不同、不同主体间与单位间的壁垒，缺乏促进单位间通力合作的机制等因素影响，就疏通人才跨组织流动和培养的渠道，降低单位间内耗与搭建满足行业发展需求与凝聚水利人才的行业平台上仍存在问题。

二是主体协同作用发挥不足。行业的发展需要各单位共同发力，人才的培养也需要行业主管部门、相关企业、高等院校、科研机构与水利单位多方协同、充分融合，破除人才供需不平衡的矛盾。就水利人才队伍建设来说，面临高层次人才总量不足、部分重点领域人才缺乏、基层专业人才短缺，人才规模、质量、结构并不能与新阶段水利高质量发展良好适配的困境，亟须发挥主体协同作用，构建人才孕育网络机制，充分发挥新阶段举国体制中有组织科研过程的人才培养功能。但实践中由政产学研所缔结的合作联盟、项目组、创新团队等跨知识边界嵌入和跨组织边界嵌入的人才池开发，亟须形成网络协同孕育机制的可执行性规则，如智力共享规则：不求所有、但求所用，探索新的组织方式，以党和国家发展需要的大局为重，与其他产学研机构甚至竞争对手缔结合作联盟、项目组、创新团队等集智攻坚。

三是人才内生动力未充分激发。推动水利高质量发展需要行业内所有人才共同努力，因而必须充分激发个体的内生驱动力。而影响人才内生动力的因素一方面包括人才自身所具备的特质，例如个人能力、积极情感和职业精神等；另一方面则是由外源因素来刺激人才个体产生的，例如通过有效的相关机制，满足人才期望，进而起到激励作用。但当前单位或行业人才工作具体实践情况中还存在以下问题：①部分制度存在“重短期效益，轻长远发展”取向，“人才”与“事业”的关联度和匹配度不够强，人才培养与开发机制需要继续深化；②人才“能上能下”的流动通道不够畅通，人才自我价值实现和职业发展渠道相对有限；③人才评价体系尚需优化，特别是针对不同人才类别的分层分类评价机制仍需进一步探索。

四是缺乏全链条的保障机制。良好的激励与保障机制不仅能满足人才的基本需求，还能充分调动人才的工作积极性。当前激励机制构建中尚存在人才差异性激励考虑不足、重视短期激励而忽视中长期激励以及激励方式单一化等问题，以至于人才实际所得与期望不能很好地相配，人才动力激发不足。同时，当前保障机制的设立更多地针对某一单位或组织，对行业平台协调性考虑不足，就为人才与行业平台发展提供坚实后盾的目标而言尚有差距。

三、机制构建：跨组织边界人才全链条孕育机制

（一）概念界定

1. 跨组织边界

组织边界是组织与外界环境之间的界限，起着区分一个组织与其他组织的作用，其既是一种客观存在又是一种主观认识。这种边界虽然能在一定程度上高效率地实现预期目标，但由于组织边界的存在，可能给组织带来结构僵化、扼杀创新等问题，也会在组织间产生壁垒，从而影响组织间的交流合作。而我们所界定的跨组织边界旨在打破水利单位、区域间的壁垒，协同攻关，促进人才深度融合，从而为新阶段水利高质量发展做出贡献。

2. 全链条孕育机制

全链条一方面体现在战略人才、领军人才、核心人才、骨干人才、青年拔尖人才五级人才梯队建设；另一方面则指从人才成长规律出发，把握人才发现、培养、使用、激励、保障等关键阶段。全链条孕育机制则关注人才孕育整个关键性过程。

（二）理论基础

期望理论是研究人的动机产生到采取行动的心理过程，通过分析一个目标如何对人产生激励作用，探讨如何通过目标设计来调动参与人员的积极性。总的来说，激发人才积极性需要处理好三方面关系：一是努力与绩效的关系，当个体认为通过努力达成目标的可能性越高，其积极性也就越强；二是绩效与奖励的关系，即假定达到组织目标，个体获得组织奖励的可能性；三是奖励与满足个人需要的关系，即奖励对人才的效价，指该奖励对人才的重要性和需求程度，效价也会受个体主观因素如生活环境、价值取向、个体特征等影响，效价越高，相应的激励效果越好，动机激发作用越好，公式表示为动机（M）= 目标效价（V）× 期望值（E），因而期望理论也被称作“效价 – 手段 – 期望理论”。同时，需要是不断变化的，对新需求和目标的期许与满足会极大程度促进新的目标需求与行为的产生。

激励四驱力理论指出人的行为会受到获取、结合、理解和防御四种情

感驱动：获取层面（Acquire）强调个体向往自身稀缺的事物，为了获得这些事物并提高自身的幸福感，个体的积极性会增加，但其中缺失的概念是相对的、难以满足的，并且还会逐渐加强，具体可以通过奖励制度实现；结合层面（Bond）是指个体需要与他人、与群体进行情感结合、融合，与马斯洛需求层次理论中的归属需要相类似，个体渴望被认可、被理解，与他人的情感产生共鸣，并获取归属感，这种驱动力的满足会使个体产生积极的情绪，鼓舞士气，构建良好组织文化可以在一定程度上实现这一驱动力；理解层面（Comprehend）侧重个体对于外界事物的正确解读和认知，理解所接触事物的意义和价值，这种驱动力被满足后，个体会更有方向性，更加积极主动，更富有激情，实现这一目标的途径之一是岗位设计；而防御层面（Defend）则强调个体对于财产、亲友、信仰、正义等的保护和维护，以确保个体物质和精神世界的安全和稳定，产生安全和自信的积极感受，促进工作的顺利进行，公正透明的绩效管理制度和资源配置流程能够满足个体的防御驱动力。

基于期望理论与激励四驱力理论，着重解决以人才引领驱动水利行业开展有组织的科研连通“人才”与“事业”，可持续地“干成事”“培养人”，激发人才内生活力，进而最大限度地发挥出“新型举国体制”的制度优势，其理论模型如图1所示。

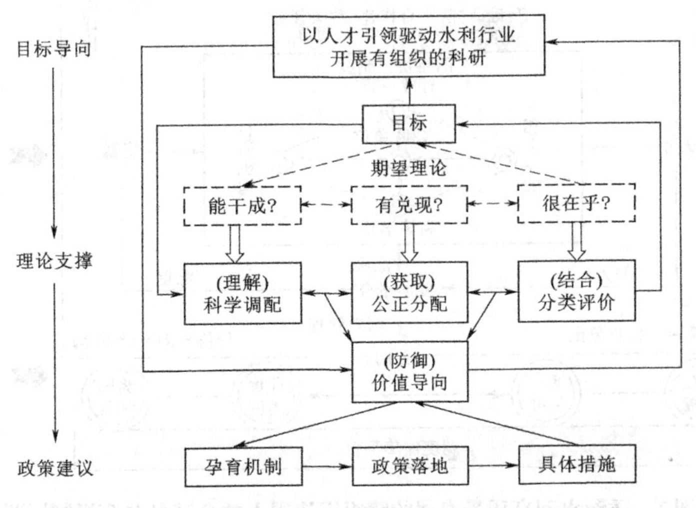

图1　基于期望理论和激励四驱力理论的理论模型

（三）构建适配的孕育机制

基于理论模型，从“人才甄选决策→跨边界人才池开发→全周期价值链”的视角出发，分析适配新阶段水利高质量发展的水利人才内生驱动机理及全链条孕育机制。从政产学研等需求侧用人单位关键人才职位的甄选决策与人才胜任力及人才高质量发展绩效的差异、跨边界人才池开发后评价、孕才文化和育才网络的全周期价值链等方面提炼水利人才发展的关键影响因素。结合不同的影响因素研究水利人才发展的优化策略，构建出适配新阶段水利高质量发展的跨组织边界人才全链条孕育机制模型，如图2所示。

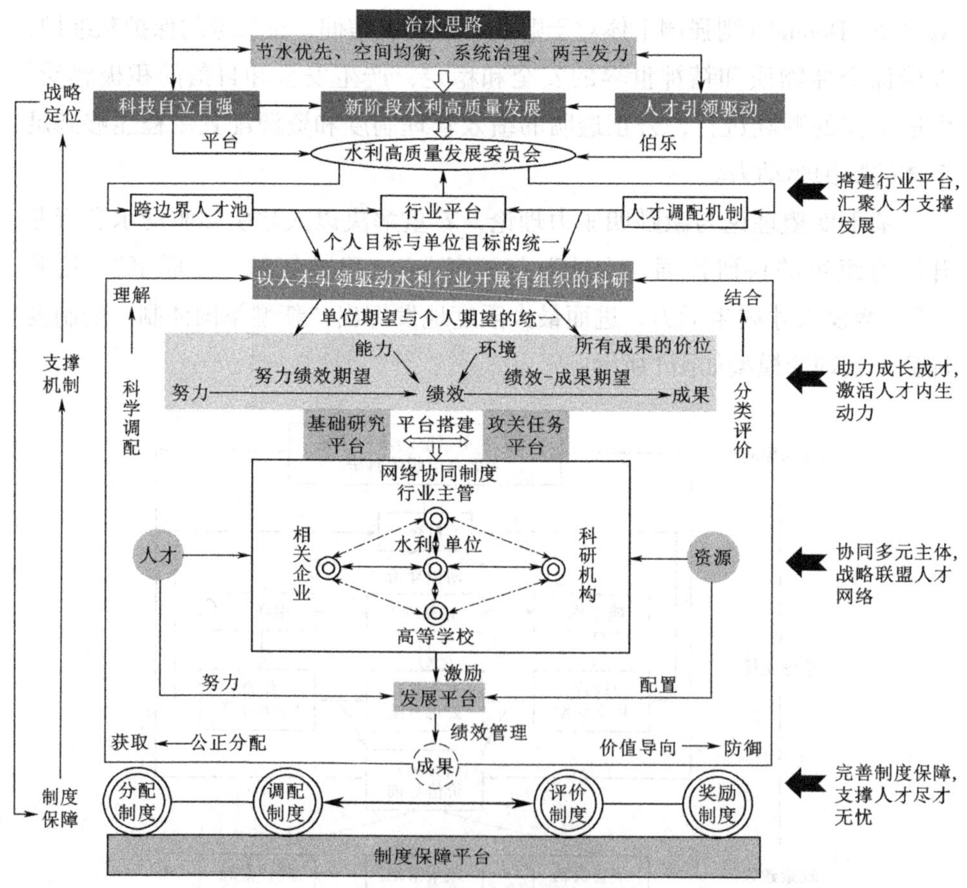

图2　适配水利高质量发展的跨组织边界人才全链条孕育机制模型

1. 战略定位：围绕新阶段水利高质量发展打造人才发展平台

新阶段水利高质量发展目标的实现必须贯彻落实习近平总书记“节水优先、空间均衡、系统治理、两手发力”治水思路，提升“四种能力”，践行“六条路径”。人才是塑造高质量发展新动能、新优势的根本，党中央深刻揭示了人才与事业发展的关系，确立了人才引领驱动的战略地位。应对百年未有之大变局，我国将科技自立自强作为国家发展战略的重要支撑，不仅为水利事业发展提供良好环境，也对水利人才工作提出了新使命新要求。

2. 支撑机制：搭建以人才引领驱动有组织科研的协同平台

“人才兴则事业兴，人才强则水利强”，必须贯彻落实习总书记关于新时代人才工作的新理念新战略新举措，将人才置于更加突出的地位，加强前瞻性思考、全局性谋划、战略性布局、整体性推进，以全新的理念、超常规的手段开发第一资源，打造跨边界人才池，集聚适配发展的水利人才。

人才的成长需要重大任务历练和舞台平台助力，平台是培养和凝聚人才的重要抓手，更是人才实现自身价值的重要舞台。通过搭建基础研究平台与攻关任务平台，坚持问题导向，保障基础研究与应用研究需求，兼顾科技攻关与新兴技术开发，进一步助推行业发展。实现从传统人才培养到顶尖一流人才培养，从单点培养到平台托举，从个体选拔到梯队联合成长等方面的提升。

3. 制度保障：构建跨组织边界的全链条绩效考评激励机制

人才绩效考评要“考”与“评”相结合，主要关注“考”要聚焦核心目标，确保责任结果达成；“评”要引导全面责任履行和适度跨界，确保各组织单元的节点之间无缝连接。搭建成就水利事业的平台，注重以成就为导向的价值计量和收益分配的事业激励文化，充分体现出知识、技术等创新要素与平台跨边界关系绩效对水利高质量发展的牵引作用。

构建由水利行业主管统筹，以水利单位为核心，科研机构、高等学校和相关企业共同发力的网络协同制度，坚持两手发力，充分发挥市场在人力资源配置中的决定性作用，以及政府的引领与推动作用。着重解决人才“引用育留”全链条过程中内在需求的满足问题，依托分配制度、调配制度、评价制度与奖励制度，立足人才发展的“全方位、全过程”，统筹谋划，相互配套，深度融合，把人才培养与水利高质量发展需要紧密挂钩，不断优化人才全链条孕育过程中的绩效考评激励机制，确保跨组织边界的人才不断涌现，有力支撑新阶段水利高质量发展。

四、政策建议：全链条打造跨组织边界的水利人才孕育机制

综合水利行业特色与“十四五”水利人才队伍建设规划的需求，本研究基于构建的机制模型，提出全链条打造跨组织边界水利人才孕育机制的政策建议。以跨组织边界人才池与平台的搭建整合资源，凝聚水利人才集群优势，激活人才内生动力，推动人才为水利事业发展迸发出更强动力。具体政策建议如下。

（一）搭建行业平台，汇聚人才支撑发展

平台一方面是人才施展才能、实现自身价值的舞台；另一方面也能培养和集聚人才，促进劳动力市场中供给侧和需求侧的平衡与适配。因此，建议设立或委托专业机构作为平台载体，例如成立水利高质量委员会，宏观统筹平台运行的机制与制度，汇聚包括来自跨法人边界的水利单位、水利系统外部甚至是国内外优秀的人才，也可开展“柔性”引进和“借脑”工程，变“人才流动”为“智力支持”“知识转化”，实现人才、智力资源跨组织边界共享的效果。打破传统的人才为部门所有、单位所有、地区所有的观念束缚，进一步破除单位间的竞争壁垒，并在平台内打造尊重人才、爱护人才的氛围，破除人才发展障碍，为人才创造良好的工作环境，鼓励水利单位人才向水利行业平台的相关方向与领域汇聚，围绕水利高质量发展需求把人才拧成一股绳、聚成一股劲。

另外，还需要同步建立能与行业平台发展相适配的人才调配制度：一方面，行业平台搭建的专业机构应明确人才跨法人边界到平台工作的流程、规范与标准；另一方面，提前研判重大需求，定期及不定期地开展培训活动等，在水利事业发展与高层次水利人才之间搭建桥梁，确保人才调配高效及时。

（二）协同多元主体，战略联盟人才网络

在协同合作方面，充分发挥政府和市场的作用，构建出由行业主管部

门统筹“抓总”和“兜底”，水利单位牵头科研机构、高等学校和相关企业建立“人才网络联盟”的协同制度，充分利用市场来调动及发挥多元主体的积极作用。通过建立网络协同制度，促进平台内外人才与资源向新阶段水利高质量发展需求汇聚，推动要素联结从直线模式逐步向网络模式转变。在行业氛围上则需要多元主体共同营造识才爱才敬才用才的良好环境，铸牢信仰之“魂”，补强精神之“钙”，传承新时代水利精神，鼓励广大人才心怀“国之大者”，破除人才仅为本单位、本部门所有的观念，为水利高质量发展贡献智慧和力量。

另外，为进一步破解“受地域、流域、行业局限”的人才供需不平衡问题，促使多方面人才与水利行业发展的深度融合，最大限度地提升“为行业所用”的人才队伍整体质量以及高层次人才匹配岗位和任务的精确性，并随着水利行业发展前景以及人才类型动态调整岗位设置，使岗位与人才符合组织及行业未来整体发展，进而有力推动发挥人才引领驱动新阶段水利高质量发展的积极作用。此外，应协同多元主体构建跨边界人才池，按照业务领域、专业方向、人才类型等类别进行人才储备，以更好地实现跨部门、跨地区、跨行业、跨体制调集人才为水利事业贡献力量的目标。由重点城市为核心，辐射带动其他区域建设水利人才供需信息库，建设水利人才信息化、数字化平台；以流域为重点，统筹人才规划，科学配置各类人才，进一步促进组织间的信息互通、资源共享和人才交流；以支撑国家水网为核心，协同配置，引导人才有序流动。

（三）助力成长成才，激活人才内生动力

一个行业只有形成利于人才成长与发展的条件和环境，才能吸引和汇聚更多人才，最大限度地激发其才能，形成人才引育和行业高质量发展互促互进的格局。因此，要系统完善人才“引育评留”的全链条孕育机制，并就人才培养和人才评价等环节形成行业特色。

一是与行业高校合作系统打造“订单式”人才培养模式，由政企校协同育人，共建各类实训培养基地，使专业课程体系与岗位需求精准对接，提升人才解决实际问题的能力，让新生代水利人才培育达到“技能逐级递进、能力渐次提升”的目标。二是结合流域和地域特色及优势打造高层次

特需人才选拔机制，疏通人才流动渠道，建立能从水利单位乃至单位外选拔遴选优秀人才“上下双向”和“行业内外”的流动制度，鼓励开发人才池，加快打造从青年人才到国家战略人才的人才梯队建设，逐步构建有序上升“梯次”成长路径，推动形成“塔式”人才结构。三是关注青年人才培养，青年人才是水利行业可持续发展的基础与后备力量，鼓励通过师带徒、导师制、托举制及人才结对等方式，建立星火传承关系，支持青年人才投身一线并参与重大项目建设，在水利改革发展实践中经历风雨，增长见识，助推青年人才成长成才。四是贯通管理与技术职业发展双通道，畅通人才成长路径，让水利人才发展有通道、职业有规划、成长有希望、价值被认同。五是以人才分类评价改革为契机，紧密围绕推进新阶段水利高质量发展人才需求，构建符合水利人才发展规律的客观、公正、科学、全面的人才评价体系，体系构建做到过程评价和结果评价相结合、短期评价和长期评价相结合，以创新价值、能力、贡献为导向，在水利人才发现、培养、使用和激励等方面激发内生动力。

（四）完善制度保障，支撑人才尽才无忧

制度是保障人才为行业贡献力量的重要基石，因此，需要综合多方面因素打造激励人才的制度保障体系。健全与人才能力和贡献相匹配的分配激励机制，将期望理论与激励四驱力理论充分融入激励机制构建中，从人才期望入手促进内生驱动，兼顾物质激励与精神激励，更要重视对高层次人才施行成果共享、权力分配等方式的中长期激励。同时，在资源供给、人才服务、后勤保障等方面满足人才需求，让人才无后顾之忧，激发人才干事活力。探索建立水利人才容错纠错机制，在不违背行业发展的前提下，允许失败、宽容失败，让人才敢想敢做。

此外，人才跨边界流动短期内致使单位“缺失”部分人才资源，后续应给予人才所属单位一定的或符合预期的政策倾斜或成果分享，让其在效益上能够得到与市场价值相称的“补偿”。而人才在原单位的考评标准也可参考其行业平台的成果贡献情况，推动形成相关单位人才向水利行业平台“自然”汇聚的良好氛围，积极鼓励用人单位结合各自实际，制定有针对性的人才规划，形成衔接配套、上下贯通的人才规划体系，为中国水利事业

发现人才、培育人才、贡献人才，引导各类人才人尽其才、才尽其用、用有所成，为实现新阶段水利高质量发展提供可靠、有力的人才支撑。

五、结语

人才是新阶段水利高质量发展过程中战略性、基础性的支撑，而人才孕育机制不仅涵盖新生代人才的培养过程，更包含已有人才的培训与开发理念，是搭建一支本领过硬、专业过硬、指挥有效的一流水利人才队伍的必由之路。人才的发展需要更广阔的成长舞台、更灵活的发展机制和更宽容的创新氛围，而在推动人才支撑事业发展的过程中，必须在“人才”与“事业”间搭建坚固桥梁，遵循科学发展规律与人才成长规律，跨组织边界破解水利高质量发展阻碍，全链条孕育水利人才，让水利事业激励水利人才，让水利人才成就水利事业，打造一支与经济社会发展相适应、与水利高质量发展相匹配的一流水利人才队伍，为全面建设社会主义现代化国家提供有力的水安全保障。

"十四五"时期尼尔基公司人才队伍建设探析

主要完成人：迟鹏超　周丽　张佳馨　石磊　吴超
所在单位：嫩江尼尔基水利水电有限责任公司

一、导论

（一）研究背景

"国以才立，政以才治，业以才兴。"人才是实现民族振兴、赢得国际竞争主动的战略资源，也是党和国家事业发展的关键。按照水利部党组研究制定的《"十四五"水利人才队伍建设规划》所提出的目标和任务，尼尔基公司认真贯彻落实，实施"人才强企"发展战略，在公司"十四五"改革发展规划中提出要注重加强公司人才队伍建设，全方位培养、引进、用好人才，激发人才创新活力，为公司人才队伍建设提供了根本遵循。

多年来，公司持续加强人才队伍建设，在人才引进、选人用人机制、职工教育培训、薪酬福利待遇等方面做了大量工作，使公司职工幸福感指数显著提升。然而，面对新发展阶段带来的冲击，公司在看到成绩和进步的同时，更加清醒地认识到人才队伍建设中存在的不足和问题，积极探索新时期符合公司人才队伍建设的对策和途径，旨在实现公司人才队伍的不断强大，推动公司高质量长久发展。

（二）研究内容

本课题以尼尔基公司为研究对象，按照"十四五"时期党中央、水利部党组对人才队伍建设提出的新要求，并结合公司"十四五"改革发展规划重点工作要求，对尼尔基公司人才队伍情况进行系统梳理，分析查找公司在人才队伍建设中存在的问题和不足，结合新形势新要求以及公司实际，提出加强尼尔基公司人才队伍建设的意见及建议，为公司经营管理、可持续发展提供参考。

（三）研究意义

一是从国家"十四五"时期战略部署出发，按照水利部关于"十四五"时期人才队伍建设总体规划和要求，梳理关于人才队伍建设的系列政策文件，聚焦尼尔基公司"十四五"时期公司发展的目标、任务及战略构想，为"十四五"时期尼尔基公司人才队伍建设提供理论依据；二是对标"十四五"时期水利人才目标，研究分析尼尔基公司人才队伍建设存在的差距和不足，结合公司实际，提出有针对性的改进对策和建议，为加强公司人才队伍建设提供决策参考和依据。

二、尼尔基公司对标新要求，明确新任务

（一）"十四五"时期水利人才工作新要求

为全面贯彻习近平总书记关于新时代人才工作的新理念新战略新举措，深入实施新时代人才强国战略，加快建设一支与经济社会发展相适应、与水利事业发展相匹配的一流水利人才队伍，水利部党组研究制定了《"十四五"水利人才队伍建设规划》(以下简称《规划》)。《规划》结合新阶段水利高质量发展目标，统筹规划水利人才工作，为"十四五"时期建设一流水利人才队伍提供了根本遵循。

1.总体要求

通过加强体制机制改革，努力培养具有战略科学家潜质的高层次复合型水利人才、一流水利领军人才和创新团队、卓越水利工程师、青年科学家，补短板、抓重点、促发展，努力打造一支数量充足、结构优化、布局合理、素质优良的专业化水利人才队伍，以实现人才素质进一步增强、人才结构进一步优化、人才队伍与水利高质量发展匹配度进一步提高、人才工作效能进一步提升的目标。

2.六项主要任务

按照补齐短板、突出重点、全面发展的工作思路，"十四五"水利人才队伍建设的主要任务是加强高层次人才、水利发展重点领域人才建设、基

层水利人才的培养与队伍建设、提升人才队伍的素质能力、完善人才培养平台、创新人才发展体制机制。

3.六大重要工程

聚焦人才队伍建设存在的主要问题，重点针对高层次人才、青年拔尖人才、高技能人才、紧缺人才、国际化人才等，制定领军人才助推、青年拔尖人才选育、水利工匠培养、国际化人才培养、聚才引才促进、行校协同育才六大重点人才工程举措，确保人才发展目标顺利实现。

4.五个保障措施

《规划》综合研判了水利人才工作面临的新形势新任务，为确保总体目标和主要任务的实现，提出五大保障措施：加强组织领导、强化政策保障、加大经费投入、夯实人才工作基础、营造良好发展氛围。

（二）“十四五”时期尼尔基公司人才队伍建设主要任务

公司认真对标《中华人民共和国国民经济和社会发展第十四个五年规划和2035年远景目标纲要》所提出的目标和任务，根据水利部、松辽委“三对标、一规划”专项行动工作部署和要求，研究制定了《尼尔基公司“十四五”改革发展规划》。为认真贯彻落实《规划》任务及要求，公司注重加强人才队伍建设：一是全方位培养、引进、用好人才，激发人才创新活力；二是完善干部管理制度和绩效考核体系，形成干部能上能下、人员能进能出、薪酬能增能减的动态管理机制；三是结合公司实际情况，进一步加强工勤辅助人员管理工作，优化工勤辅助人员结构，完善工勤辅助管理制度建设、岗位设置、薪酬体系和岗位绩效考核等工作；四是完善薪酬分配体系，合理拉开收入分配差距，用收入体现岗位价值。

三、尼尔基公司人才队伍基本情况分析

（一）尼尔基公司发展概况

尼尔基公司全称为嫩江尼尔基水利水电有限责任公司，于2001年成立，注册资金5000万元，资本金总额12.97亿元。目前公司股东分别为吉林松辽水资源开发有限责任公司、黑龙江省水利投资集团有限公司和内蒙古水务

投资集团有限公司，出资比例为4 ∶ 3 ∶ 3。公司主要承担尼尔基水利枢纽工程建设和管理运营，实现国有资产保值增值，同时兼营库区资源开发利用、水利风景区旅游等多项业务。下设多个部门和子公司，如图1所示。

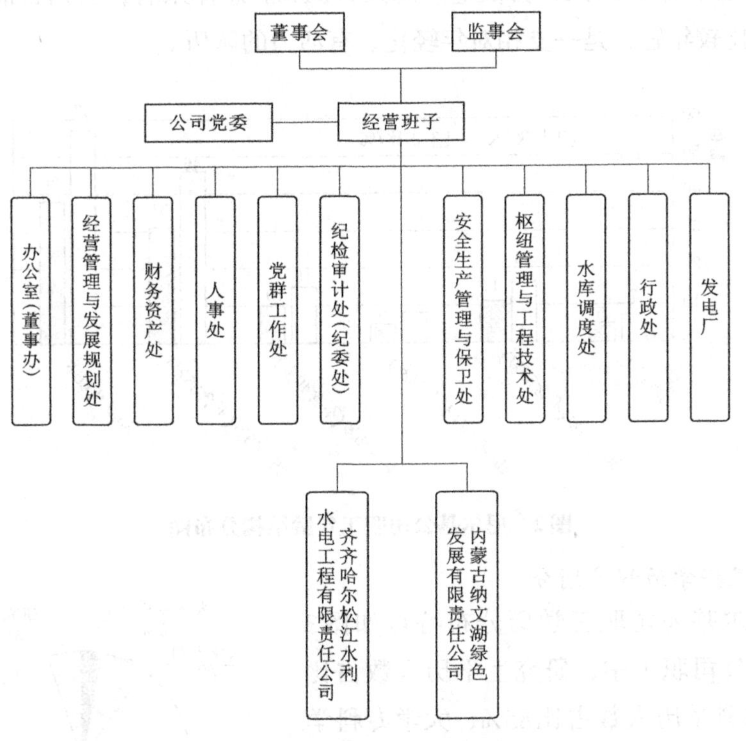

图1　尼尔基公司架构图

自2006年尼尔基水利枢纽投入运行以来，公司坚持人与自然和谐理念，科学实施水库调度，充分发挥其作为嫩江干流大型控制性骨干工程在防洪、供水、发电、改善下游航运和水环境等方面重要作用，创造了良好的社会效益、经济效益和生态效益，为流域和地方经济社会发展提供了强有力的水利支撑和保障。

（二）尼尔基公司人才队伍现状分析

尼尔基公司现有正式职工149人，中高层32人，具有高级及以上专业技术职称47人；获全国水利技术能手2人；本科及以上135人，占比90.6%。下面从不同的角度分析尼尔基公司现有人员结构特点。

1.根据年龄结构划分

尼尔基公司职工年龄结构分布如图2所示。公司职工年龄结构特点：职工平均年龄38.46岁，35岁以下青年58人，占公司总人数的38%，其中发电厂35岁以下青年30人，占发电厂总人数51%。总体来看，公司目前人员结构相对比较年轻，是一支相对年轻化、有活力的队伍。

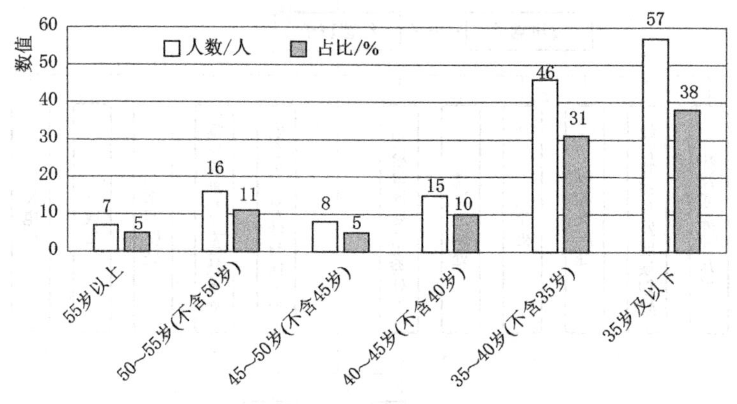

图2 尼尔基公司职工年龄结构分布图

2.根据学历程度划分

尼尔基公司职工学历分布特点如图3所示。公司职工中，研究生学历人数占比5%，本科学历人数占比85%，大学专科学历人数占比7%，大学专科以下学历人数占比3%。总体来看，公司职工学历集中在本科学历，高学历人才相对较少。

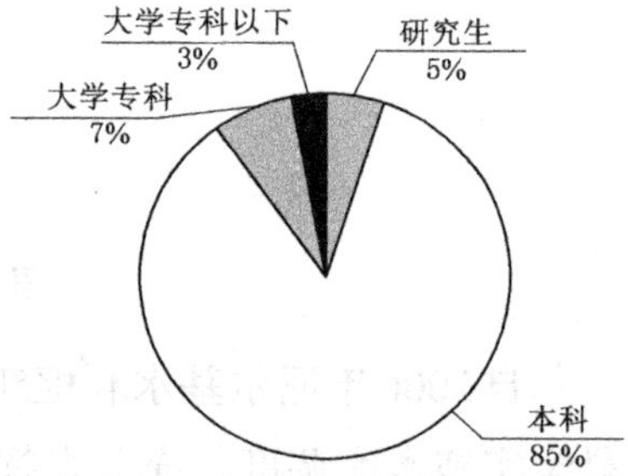

大学专科以下 3%
研究生 5%
大学专科 7%
本科 85%

图3 尼尔基公司职工学历分布图

3.根据职称分类划分

对公司职工的专业技术职称及技术工人职称等级结构数据分析结论如图4所示。具有专业技术职称的职工共有136人，其中正高级职称5人，高级职称42人，中级职称56人，初级职称33人；技术工人等级情况：高级技师2人，技师3人，高级工1人，普工1人。

公司职工具备职称及技术工人等级人数占96%，高级及以上职称人数占33%，中级职称人数占总人数的40%，初级及以下人数占总人数的27%。由此可见，公司职工整体在专业技术能力方面仍有较大的提升空间。

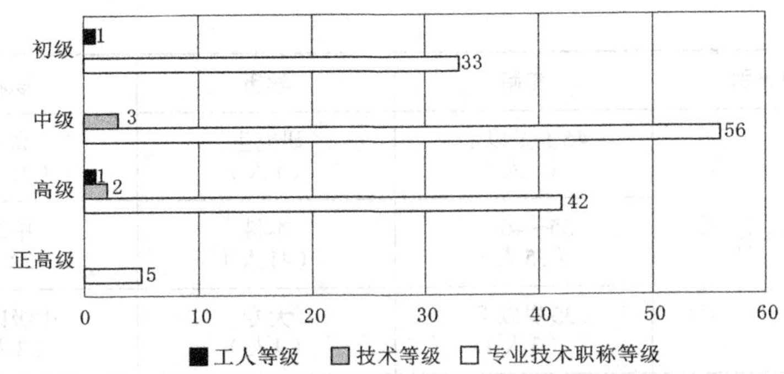

图 4　尼尔基公司职工职称及技术工人等级分布图

4.根据干部队伍情况划分

公司科级及以上干部78人。其中公司中层及以上领导干部32人，平均年龄47岁，50岁及以上14人，占44%；40~50岁干部10人，占干部总数的31%；40岁以下干部8人，占干部总数的25%。其中具有硕士研究生学历3人，本科学历28人，大专学历1人。具有正高级专业技术职称5人，高级职称19人，中级职称8人。

公司科级干部46人，平均年龄41岁，46岁及以上8人，占17%；35~46岁干部35人，占干部总数的76%；35岁以下干部3人，占干部总数的7%。其中具有硕士研究生学历1人，本科学历41人，大专学历4人。具有高级专业技术职称21人，中级职称22人，中级以下职称3人。由表1可见，公司干部队伍高学历人才较少，科级干部专业技术水平有较大的提升空间。

表1　尼尔基公司干部队伍基本情况

干部类别	年龄	学历	职称
中层及以上领导干部	50岁及以上（14人）	研究生（3人）	正高级（5人）
	40~50岁（10人）	本科（28人）	高级（19人）
	40岁以下（8人）	大专（1人）	中级（8人）

续表

干部类别	年龄	学历	职称
科级干部	46岁及以上 （8人）	研究生 （1人）	高级 （21人）
	35~46岁 （35人）	本科 （41人）	中级 （22人）
	35岁以下 （3人）	大专 （4人）	中级以下 （3人）

（三）尼尔基公司在人才队伍建设方面的主要做法

公司以“主业强，副业兴，人才旺”作为经营发展策略，把人才队伍建设摆在了突出的位置上，意识到企业间的竞争，实质就是人才的竞争。为了公司的长远发展，公司不断加强人才队伍建设，以优化人才结构为主线，以建设高级人才队伍为重点，以强化人才激励为突破口，创新人才工作体制机制，卓有成效地实施了一系列改革措施，具体措施如下。

1.加大人才引进力度

一是修订公开招聘人员暂行办法，为“985”“211”高校毕业生放低准入门槛，考核采取直接考核的方式，有效提高了高校人才的引进力度。二是加大与各大院校沟通联系，通过多种途径、利用多种方式联系各大院校，并与部分院校建立了长期的战略合作关系，多渠道寻找更多更优秀的应聘者。三是转变招聘形式，受疫情的影响，线下招聘无法开展，公司及时转变招聘形式，采取线上线下相结合的方式开展招聘工作，积极参加各大院校、各省市组织的专场网络招聘会，并采取视频面试的新形式开展面试工作，较大程度地保障了招聘工作的有序开展。

2.建立科学的选人用人机制

一是制定了《尼尔基公司党委选拔任用干部议事规则》《尼尔基科级干部选拔任用工作规则（试行）》，营造风清气正的选人用人环境。二是严把政治关、作风关、能力关、廉洁关，严格执行《党政领导干部选拔任用工作条例》规定，按正常规矩走，照规定程序办，对提拔重用的干部，严格审查干部档案，书面函询纪检监察部门意见，畅通信访渠道多面听取群众意见，坚决防止“带病提拔”，不符合规定的一律取消资格，对干部的选拔全过程进行如实记录，做到公开、民主、透明。三是加大青年干部轮岗、借调交流、挂职锻炼的力度，公司近年来在青年干部的使用上大胆突破，为青年干部搭建学习锻炼的平台，鼓励青年干部在基层岗位、关键岗位上历练磨炼，使其在实践中增长才干。

3. 重视职工教育培训

一是加强与国内知名院校合作，先后与浙江大学、河海大学合作，举办公司干部能力提升培训班，依托高校资源优势，邀请多位国内知名专家学者为公司干部职工授课，同时结合公司改革发展的实际需求，课程安排上侧重于公司发展密切相关的课题，这种新的培训形式有效地强化了公司干部职工的思想认识、开阔了视野、提升了干事创业的能力素养。二是创新培训形式，根据网络培训最新要求，及时为全体人员办理了网络培训账户，做到了网络培训全覆盖，公司职工可通过水利教育培训网络平台，随时随地学习到丰富多样的知识品类，同时公司各部门（单位）根据实际需求和工作重点，经常性地开展各类线下职工培训，培训内容涵盖党建、政策法规、安全生产、保密教育、节水宣传等多领域知识，线上线下相结合的培训形式不仅丰富了培训内容，也增加了培训的趣味性，有效地提升了职工的参与度。

4. 不断提升职工福利待遇

一是将"蛋糕"（工资总额）做大。按照水利部研究制定的《水利部所属企业工资决定机制改革实施办法》《水利部所属企业工资总额预清算管理暂行办法》《水利部所属企业工资效益联动指标确定及考核暂行办法》要求，公司从实际出发，科学选取联动指标，确保职工收入与国民经济发展相协调、与社会进步相适应。二是完善福利保障机制，公司在严格执行国家"五险一金"的基础上，为职工办理企业年金和补充医疗保险，以及意外伤害险、女性疾病险等商业险，为职工提供全方位的保障，同时，公司还制定了《尼尔基公司职工工伤保险管理办法》《尼尔基公司职工重大疾病医疗保障管理办法》，以待遇留人，以温情暖人，进一步解决职工后顾之忧。

四、新形势下尼尔基公司人才队伍建设存在的主要问题

当前，公司进入"十四五"时期，迎来了新发展阶段，面对新的发展

形势和对水利人才的新要求，需要清醒地认识到公司人才队伍建设仍存在诸多不足和问题，亟须改变和完善，具体如下。

（一）人才队伍结构有待完善

1.技能人才不足

枢纽安全运行是公司的主责主业，公司目前的主要经济来源是水力发电收益，因此，大坝管护、发电生产、检修维护等方面的技能人才是公司重点培养的对象，然而通过对尼尔基公司人才队伍现状的分析，公司技能人才数量较少，且年龄普遍偏大，传帮带作用发挥并不明显。

2.高学历人才较为缺乏

通过对公司职工学历现状的分析，职工学历多集中在本科，占比高达85%，而具有研究生学历的占比仅为5%，在职攻读硕士学位的占比10.7%。可见，公司对于高学历人才的吸引力存在不足，高学历人才较为匮乏。

3.存在人才流失现象

近三年来，公司每年均出现职工辞职的情况，辞职率达2%，辞职职工有受公司多年培养已成为独当一面的管理和技能人才的青年处级干部、科级干部，还有公司从众多高校毕业生应聘者中层层选拔出来的新进大学生。人才流失问题已然形成，需要得到公司高层的重视，对待人才，不仅要考虑如何引进，更要思考引进之后如何留住人才，防止人才流失现象的发生。

（二）企业核心凝聚力有待加强

1.制度化管理机制不完善

公司制度化管理机制尚需进一步强化，仍需通过规范化的管理，明确边界，凝聚共识，同时也要持续性改进，相互推动和螺旋上升，确保各项工作的高质量和延续性。

2.企业文化根基不牢

公司自成立以来，已走过了20个年头，一批批尼尔基人艰苦奋斗、玉汝于成，积累了大量成功和教训经验，沉淀形成了公司目前的企业文化，但是还缺少总结提炼和进一步强化，还需进一步培育，公司的愿景、使命和战略尚未固化形成公司核心价值观，公司的安全文化根基还不够牢固。

（三）职工教育培训工作有待提升

1.培训需求分析做得不够到位

公司对于培训需求分析的工作有涉及，但抓得不够细致，少数部门（单位）年初按要求制定新一年的培训计划，但大多数部门（单位）没有任何计划。从制定的培训计划来看，培训需求分析的工作只停留在提出需求，而缺乏重点分析，如应重点分析需求背后职工需要提升的知识和能力，以及按培训需求不同将职工进行分类，制定有针对性的培训内容以达到培训效果。

2.培训内容设置不够合理

公司在培训内容设置上存在一定的片面性，并没有充分考虑到职工胜任力的各个方面，大部分的培训只是注重专业知识、专业技能方面的提升，而忽视了对职工综合素质、能力方面的培训，导致公司职工能力得不到提升，潜能无法得到挖掘，职业生涯存在一定的局限性，与岗位胜任力培训的要求存在一定的差距。

3.培训评估不够重视

公司在培训评估环节通常以填写问卷的形式对培训内容进行评价，收齐后仅作为培训学时的凭证登记培训学时，组织培训部门（单位）没有利用培训评估问卷进行及时总结和反思，单单只是作为登记培训学时的凭证，显然对培训评估工作重视不够，导致培训结束后对培训效果不能及时进行总结和反馈，培训工作很难得到提升和改善。

（四）激励约束机制有待强化

1.绩效目标不明确

公司目前的绩效考核制度中绩效目标不够清晰，绩效考核的目的重点体现了对职工的管控，而没有同公司发展战略、部门（单位）目标任务结合起来，故绩效考核实效性并不大。

2.绩效指标体系待完善

现行绩效考核指标类似于职工行为负面清单，且各部门（单位）的负面清单中涉及办公环境、公文、后勤、精神文明等方面的通用指标占用较大篇幅，未针对不同岗位体现不同的职能特点，且没有制定同公司发展战略、年度工作计划相结合的业绩指标。

3.考核结果运用较为单一

现行绩效考核指标多为负面行为清单，考核结果主要用于经济处罚，以此来约束职工行为，而缺乏激励机制，未与组织发展、人事决策、人才储备、职工职业发展、职工能力素质建设等人力资源管理体系联动，也未与绩效工资的发放和薪级薪档调整等薪资待遇相联系，考核结果运用不全面。

五、“十四五”时期加强尼尔基公司人才队伍建设的意见及建议

（一）加强引进和留住人才

1.加快推进技能人才培养

按照中共中央办公厅、国务院办公厅印发的《关于加强新时代高技能人才队伍建设的意见》要求，公司应建立灵活高效的技能人才培养机制，实现多样化、系统化的职工培训与开发，针对公司发展目标及人才不同发展阶段的需求特征，安排相应的教育和培训。采取“专家带高徒”“师傅带徒弟”方式，让高层次技术专家传帮带年轻技术骨干，培养一批素质高、技术硬、能力强的后备技术骨干队伍。加强公司技术人才继续教育，使已经参加工作的技术人才能够不断进行知识技能的巩固、补充、更新、拓展和提高，进一步提升工作能力和技能水平，以便更好地满足技术变革和岗位职务需要。大力培养技术骨干人才，定期择优选拔优秀年轻技术骨干人才到兄弟单位、优秀水利企业交流学习，鼓励其在职攻读硕士及以上学位，提升理论知识和水平。

2.加强人才储备培养

面对人才竞争日趋激烈的形势，公司必须要在培养现有人才、储备未来人才上下功夫，多层次、多角度建设人才队伍。建立人才储备队伍，要对公司岗位需求、结构需求、数量和质量等人才需求进行正确判断，有计划有针对性有层次地储备培养各岗位人才，以老带新、以新促老，形成合理有效的人才梯队，防止用人出现断层。建立以30～45岁为中青年骨干队伍，以25～30岁为后备培养队伍，保证公司人才队伍的平稳持续发展。

3.优化人才保障措施

建设一支高素质、能够适应市场竞争和不断发展要求的高层次人才队

伍，不仅要做好人才培养、人才使用、人才引进等工作，还必须做好拴心留人的工作。一要优化干部选拔培养机制，在干部培养方面，进一步拓宽职工晋升通道，根据职工特长和意愿，在专业通道和管理通道给予支持；在干部评价体系上，强调能力，强调贡献，通过公平的竞争、有序的竞争、互动的竞争，不断激发人才队伍活力。二要配套实施相应的激励约束措施，使人才有看得见的物质利益，有把公司和高层次人才个人的命运捆在一起的意识，让人才劳有所得、安心服务公司。三要改善高层次人才的工作生活环境，继续加大对高层次人才在工作条件和生活环境上的改善，为各类高层次人才全身心投入工作解除后顾之忧。

（二）强化制度约束和文化引领

1.强化制度约束

全面梳理公司目前管理中存在的问题和短板，加强制度化、数字化管理，进一步铺就企业科学管理之路，使管理既要走向规范化，同时也要提升创新能力，形成良性互动机制，实现均衡发展，从而在公司内部营造一种均衡发展、共同奋斗的良好氛围。

2.加强文化引领

公司要加强企业文化建设，将其贯穿于企业经营管理中，做到“内强素质，外树形象”，要进一步提炼凝结形成公司企业文化手册，使其根植于公司组织、流程、制度、政策及职工的思维模式和行为模式中，构建起蕴含公司愿景、使命和战略的核心价值观，通过制度与企业文化的内在管理作用，达到无为而治，实现公司高质量发展。

（三）提升职工培训效能

1.合理设置人才培训目标

在胜任力视角下，公司要提高人才培训质量和培训效果，需要结合胜任力标准合理设置培训目标，在目标指引下开展各项人才培训工作。具体来说，公司可以将人才培训的目标分为三个阶段。第一个阶段是设立基础目标，以提升职工岗位适应能力为主要内容，通过设置职工个人素质与岗位要求相匹配的培训科目，引导职工提升自身与岗位的匹配度；第二个阶段是建立提升目标，根据每位职工的差异、职业发展规划的不同，对人员进行分类，针对每一类别的职工设置专项培训，有针对性地提升职工胜任力；第三个阶段是制定发展目标。发展目标要与公司的人才发展战略和长远目标相结合，在培养职工胜任力的基础上，提升职工对公司企业文化的认同感，将个人发展目标同公司长远目标、规划协调统一，将胜任力内化为个人素质，用自身的能量助推公司的长久发展。

2.制订科学的人才培训计划

公司在组织人才培训的过程中，要解决好人才培训缺乏针对性及实效性的问题，关键在于人才培训计划的制订是否是基于岗位胜任力制订的。公司在制订培训计划时，要先对职工胜任力各方面进行客观评价，明确职工胜任力与岗位职责之间的差距和不足，然后针对问题进行有效的人才培训，制订针对性的培训计划和方案，建立健全涵盖入职培训、岗位能力培训、晋升培训，开发职业道德、职业技能、职业素养和企业文化均衡培训体系并推动实施，切实提高职工的岗位胜任力。

3.科学设置人才培训内容

公司在组织人才培训的过程中，要基于胜任力需求科学设置人才培训内容。其一，公司在设置相应的人才培训课程时要充分考虑到培训内容的全面性，在提升职工的业务能力以及专业技能的同时，要结合岗位要求培养职工的内在素质，包括责任意识、创新精神、沟通交流能力、组织协调能力等，从不同的方面全方位提升职工的胜任力水平。其二，在组织职工培训的过程中，可以借助案例分析充实培训内容，尤其是针对基层工作人员组织人才培训时，应结合案例进行培训，帮助基层职工了解最新的行业动态以及技术动态，不断探索创新适合基层的培训管理模式和培训内容。其三，公司要进一步扩大与国内知名高校的战略合作，搭建自主培训、委托培训等培训平台，分层次、有侧重地开展培训，重点加强中层管理人员培训，创新培训手段，提高培训质量。

4.在岗位胜任力评价基础上展开培训效果分析

为了提高人才培训的质量和效果，公司要提高对岗位胜任力评价的重视程度，把职工胜任力提升变为动态化的管理过程，把岗位胜任能力纳入考核指标中，借助培训考核和绩效考核相结合的方式对职工培训效果进行考核。在考核的过程中，建立培训效果反馈机制，对培训的全过程进行评价，及时对培训过程中存在的问题进行完善和修正。对培训效果不显著的职工开展面谈，找到问题及成因，有针对性地制订相应的专项培训方案，有效地提升职工整体胜任力水平。

（四）优化绩效考核管理

1. 系统科学地设计绩效考核指标体系

改进完善职工考核制度体系，突出考方向、考重点、考平时、考结果、考长远，突出政治考核、实绩考核、作风考核。一是系统科学的设置岗位体系，在公司"三定"方案的基础上，全面深入地开展岗位分析，明确各岗位的数量、任职条件、职责权限等，形成完整的岗位体系，为绩效考核奠定实施基础；二是层层分解具象化绩效目标，将公司"十四五"发展规划目标和任务、年度目标分解到各部门（单位），再结合岗位体系，结合部门（单位）年度工作计划，形成各部门（单位）年度绩效目标，并逐级下达到每位职工。

2. 全面合理地运用绩效考核结果

坚持公平公正、全面反馈、严格奖惩、综合运用，将职工综合考核评价结果作为干部选拔任用、评先奖优、问责追责的重要依据，发挥好"指挥棒"作用。一是将其运用于衡量招聘成效。试用期满前，将绩效考核结果作为新入职职工工作能力和岗位匹配度的重要参考，如其不能胜任，则可依法与其解除劳动关系，节省低效的人力成本投入。二是为人员调配提供依据。坚持以结果为导向考核职工，将绩效考核成绩引入到干部选拔、岗位交流、降级使用等人才队伍管理措施中，同时配套制定与之联动的制度办法后，可以强化危机意识，激发职工活力。三是运用于职工培训与开发。公司职工教育培训的重要理念是缺什么培什么，通过对绩效考核结果的分析，可以精准捕捉不同职工的培训需求，靶向施教，节约培训资源，增加培训效果，切实提高职工的素质能力。四是运用于薪酬分配。绩效考核结果最直接的运用是薪酬分配，奖优罚劣，有奖有罚，切实调动职工工作积极性。

六、总结

“致天下之治者在人才”，人才是衡量一个企业竞争力的重要指标。自党的十八大以来，习近平总书记多次强调人才的重要性，提出“要培植好人才成长的沃土，让人才根系更加发达，形成天下英才聚神州、万类霜天竞自由的创新局面”。当前，人才队伍建设工作已经站在新的历史起点上，尼尔基公司将进一步推进人才队伍建设以习近平新时代中国特色社会主义思想为指导，紧扣新时代中国特色社会主义总体布局和战略布局，坚持党管人才原则，坚持人才引领发展的战略导向，以“十四五”水利人才规划为指引，努力打造一支政治过硬、本领高强、求实创新、能打胜仗的高素质人才队伍，为新阶段公司高质量可持续发展提供更加有力的人才支撑。

培养造就高水平人才队伍支持措施研究

主要完成人：于健丽　谢永才　郭敏姣

所在单位：天津市水务局

功以才成，业由才广。人才作为特殊的资源，是推动国家经济发展的重要推手，是促进民族振兴的重要保障，是决胜各项事业的核心竞争力。习近平总书记高度重视人才工作，在中央人才工作会议强调“要深入实施新时代人才强国战略，全方位培养、引进、用好人才，加快建设世界重要人才中心和创新高地，为2035年基本实现社会主义现代化提供人才支撑，为2050年全面建成社会主义现代化强国打好人才基础。”习近平总书记的重要讲话为做好新时代人才工作提供了根本遵循。

站在“十四五”发展的新起点上，局党组坚决落实中央和市委决策部署，聚焦国家重大战略、市委重大部署和水务事业高质量发展对高水平人才队伍的需求，致力于打造一支数量充足、结构合理、业务精湛、素质优良的高水平水务人才队伍，深化水务改革创新，提升水安全保障能力，为天津市经济社会高质量发展提供有力的水务支撑。

人才工作，基础在培养，难点也在培养。有鉴于此，课题组深入17个局属单位，10个基层站所，召开座谈会17场次，采集《人员信息表》18份，就培养造就高水平人才队伍支持措施进行了深入调查研究，形成了调研报告，以期为进一步做好人才工作提供决策参考。

一、人才培养现状

（一）基本情况

截至2021年12月底，天津市水务局实有人员3060人，其中机关公务员114人，事业单位2946人。性别分布情况为：男性1881人，女性1179人。

男女比例为1.6 ：1。学历分布情况为：博士研究生12人，硕士研究生266人，大学本科2194人，大专及以下588人。本科以上占比为80.8%。年龄分布情况为：35岁及以下703人，36~45岁1225人，46~50岁677人，55岁及以上455人。岗位分布情况为：管理人员861人（含114名公务员），专业技术人员1709人，工勤技能人员490人。

（二）加强人才培养的主要做法

局党组高度重视人才培养工作，制定了人才强水，深入实施人才优先发展战略，并不断完善人才选拔任用、教育培养、考核评价、激励保障机制，已初步营造出唯才是举、开放用才的浓厚氛围。

在选拔人才方面：对于管理人才，严格落实新时代党的组织路线，以建设一支“忠诚、干净、担当”的高素质干部队伍为总要求，认真贯彻落实干部选任条例，修订出台科级管理岗位工作人员选拔聘用办法，严把动议关、民主推荐关、组织考察关、任用决策关和任前公示关，不唯票、不唯分、不唯年龄取人，注重德才兼备，以德为先，任人唯贤。今年以来，对照好干部标准，全局提拔使用17名处级领导干部、64名科级干部，进一步推进了干部队伍年轻化、专业化，得到了广大职工群众的广泛好评。对于兢兢业业、扎实肯干的“老黄牛”式干部和有一定发展潜力的年轻干部，择优适时晋升职级，今年以来，晋升18名职级公务员，鼓励干部在岗位上奋发有为、干事创业、贡献力量。对于专业技术人才，严格对照天津市专业技术资格评审标准开展职称评聘工作，规范了推荐评审流程，层层推荐，步步审查，切实把好专业技术人才队伍进门关。对于工勤技能人才，严格执行“持证上岗”，即通过市劳动人事部门统一组织的技术等级考核后，才能正式聘用。

在培养人才方面：对于管理人才，把学习贯彻习近平总书记重要讲话和重要指示批示精神作为干部培训的第一主课，以处级干部为培训重点，先后举办了学习贯彻党的十九届六中全会精神培训班、党外干部培训班等主体班次，提升领导干部坚定捍卫“两个确立”、坚决做到“两个维护”的政治自觉、思想自觉和行动自觉。先后选派13名局处级领导干部参加了18期专题研讨班，组织机关公务员和局属单位处级干部参加了5期网络培训班，拓宽思路、开阔视野，不断提高领导干部履职能力和本领。综合运用多种培训形式，不断提升全局处科级干部政治理论素养和专业化能力。对于专业技术人才，持续开展专业技术人员继续教育工作，通过规定学时、定期查验等方式督促专业技术人员再教育、再学习、再提高。对于工勤技能人才，创新学习方式，与专业院校合作，组织水文勘测工和水土保持治理工的培训班，通过专家讲授，提高工人理论水平。采取以“赛”代训，通过技能竞赛的方式给技能人才提供了展示自我风采、经验交流的平台，提高技能人才的实操水平。

在使用人才方面：局党组高度重视干部锻炼工作，一是加大机关处级干部交流轮岗力度，交流轮岗处级干部22人，调任1名处级干部到机关工作，让优秀干部在多岗位历练中成长，提升干部队伍活力。二是积极搭建实践锻炼平台，开展了3轮年轻干部多岗位锻炼工作，选派具有发展潜力的干部到重点工程、重点岗位和基层一线锻炼，接续培养。选派一名优秀年轻干部到宁河区担任“帮带导师”，服务做好宁河水务工作；启动新一轮柔性援疆工作，选派2名优秀年轻干部到和田地区水利部门工作，在实践中淬炼能力素质。

在激励人才方面：一是积极承担公务员绩效考核试点任务，制定公务员绩效考核办法，研制了公务员绩效考核系统，推动组织绩效向个人绩效延伸，通过全面评价准确评价公务员工作业绩和工作效能，建立奖勤罚懒的奖励机制，激励广大公务员履职尽责。二是积极探索事业单位专技人员聘期考核制度，通过单位与专技人员约定聘期和工作任务书的方式，促进专技人员发挥才智，进一步强化事业单位专业技术人员岗位聘用与管理，解决“一聘定终身”的问题，激发专业技术人员干事创业的积极性，形成能上能下、优胜劣汰、人尽其才、才尽其用的激励机制。三是积极举荐全国专业技术人才、海河工匠等人选，开展宣传表彰，积极营造担当作为、创新竞进的氛围。

二、调研发现的主要问题及分析

对标对表水务事业高质量发展的新任务新要求，深入分析人才队伍和人才培养工作现状，发现天津市水务局的人才队伍距离高水平人才队伍存在一定差距，主要表现在以下几个方面。

（一）人才结构不尽合理，高层次、高水平人才不足

一是职称分布未形成良好的梯次结构，专技人才成长通道受阻。据统计，我局专业技术人才中，具有正高级专业技术资格、副高级专业技术资格、中级专业技术资格和初级专业技术资格的人员比例为1∶23∶22∶14，高岗位等级人员较多，受职称评聘职数限制，部分单位低岗位等级人员无法取得高一级技术资格，发展空间受限，干事创业的积极性不足。二是高层次、高水平人才不足。天津市水务局作为专业局，业务属性较强，但高层次人才及高水平的科研成果较少。近五年，水利行业最高科技奖大禹奖仅获得1项，天津市科学进步三等奖获得3项。业务骨干总量较少、行业精英不突出，迄今为止享受国务院政府津贴只有2人，水利部“5151”第一层次人才也只有2人，天津市有突出贡献专家只有1人，天津市“131”第一层次人才仅有5人，仅有3人作为第一完成人获得天津市科技进步二等奖。

（二）人才工作体系不完善，组织推动力度不够大

一是工作目标不强，缺乏顶层设计。根据走访调研发现，党管人才原则已经形成普遍共识，但个人事业发展如何与单位发展相结合的系统规划还缺乏具体措施。党组织的工作重心多着眼于人员培训和人才举荐，缺乏系统设计和长远规划。二是工作招法不多，缺乏针对性、个性化的培养措施。在培养的方式上，多数采用集中培训、以会代训或网络培训方式，未根据培训对象个体差异、人才成长规律、发展阶段及岗位工作职责等因素提出针对性培训计划，难以满足个性化需求。三是工作效果缺乏评估反馈，在提高人才资源效能上作用有限。人才的核心在人，重点是根据每个人的现有能力去挖掘激发潜在能力，从而达到提高。但目前尚未对该项工作设定考核标准，工作效果不明显。

（三）培养激励机制不健全，提升人才活力的举措有待进一步细化

一是工资分配模式僵化，难以发挥激励作用。由于机关事业单位现行

工资制度，难以体现不同性质、不同职能、不同类型的单位特点，在工资分配上多数单位奉行平均主义，与个人工作实绩脱节，从而难以调动职工积极性。二是绩效考核结果运用不够充分。局属单位已经制定了本单位的绩效考核办法，考核标准、考核方法都很全面，但实际运用效果不尽如人意。一方面，各单位有关科室承担的工作较为清晰，但具体到每个人每个岗位上的工作范围界定不清，存在能力强就多干工作的现象，考核业绩难度加大。另一方面，考核存在人情因素，由于市人事部门仅对优秀比例进行限制，其他职工考核结果基本均为合格，没有真正区分贡献大小。

三、培养造就高水平人才队伍支持措施研究的有关思考

2021年6月，中共中央印发《中国共产党组织工作条例》，将人才队伍建设作为党的组织工作的重要内容之一，对人才队伍建设涉及的领导体制、制度机制、服务环境等重大问题作出明确规定。调研组结合上级文件要求和调研发现的问题，以提高职工素质为出发点，以促进事业发展为根本目标，提出了培养造就高水平人才队伍的措施。在坚持党管人才的原则下，牢固树立人才优先发展的理念，坚持问题导向、坚持目标导向，以招录选拔为入口，以教育培训为载体，以交流锻炼为抓手，以绩效考核为驱动，以选拔聘用为通道，以激励引导为手段，推进完善人才培养的良好机制，进一步促进水务事业高质量发展。具体措施如下。

（一）制定人才规划，完善人才准入机制

凡事预则立，不预则废。水利行业是一个专业独特、工种多样、知识面广的行业，每类岗位都需要相适应的高素质人才来保证工作质量，因此，把好人才入口关，就显得尤为重要。一是要根据水务事业的发展需求制定人才发展计划。理清现有人才结构，科学预测未来人才需求，按照所求即所需的原则，对人才需求从“质”和“量”两方面做出详细判断。二是要在市每年统一组织的公务员公开招录、事业单位公开招聘和高端人才引进计划中，按照人才规划设计，科学设置年龄、性别、学历、所学专业、工作经历和专业技术资格等条件，吸引更多符合条件的人才参与其中。三

是要完善局属单位之间调剂人才的方式方法，对特殊人才放宽条件，把人才选拔到最能发挥起作用的岗位，做到人岗相适，通过招录选拔，将专业对口、素质较高、有发展潜能、有志于从事水务工作的人才凝聚到队伍中来。

（二）注重因材施教，完善教育培训机制

开展教育培训是提升水务干部履职能力的重要手段。一是加强培训教材和课程建设，优化整合水利专业教材资源和课件资源，有针对性地开发实用性培训教材。在教育培训内容上，要按照“缺什么补什么”的原则，紧扣工作实际，重点突出岗位特点，逐步扩大知识培训的广度和深度。对管理人员，注重提高学历层次，鼓励职工在职教育，培养“办文”“办会”“办事”能力，开展业务知识、管理理论、沟通技巧、政策法规、公文写作等方面的培训，不断提升管理能力和管理水平；对专业技术人员，注重培养严谨做事、潜心研究的工作氛围，开展业务知识、科研方法、职称评定、工作技巧以及科技成果转化方面的培训，不断提升理论水平和科研能力；对工勤技能人员，注重培养岗位技能，开展工种理论知识、实操技能及等级鉴定方面的培训，不断提升技术水平和实操能力。二是在教育培训方式上，要创新培训形式，拓宽培训渠道，加强教育培训网络基础建设，逐步建立兼容、开放、共享、规范的“互联网+”人才教育培训体系，用更为开阔的眼界积极探索、充分利用网络资源、媒体资源、高校平台等，编制水利专业课程目录，开发水利精品培训课程，扩大网络培训覆盖范围，增强水务职工继续教育网络平台功能，提高水利人才教育培训信息化水平。三是在教育培训成效上，要加强师资队伍建设，建立健全领导干部、技术专家上讲台制度，组建局培训师资库，定期开展师资培训。要注重效果评估，不断改进优化，提高培训质量。要把提高实战能力摆在突出位置，使水务职工最终能够成为查找问题的高手、分析研究问题的能手、解决问题的强手和水务内部管理的行家里手。四是在教育培训考核上，要把单位教育培训情况纳入年度考核内容，采用“倒逼”机制，强化基层对教育培训的重视，完善培训管理制度，建立职工学习档案，将教育培训情况作为职工提职晋升的重要依据。

（三）加强人才流动，完善交流锻炼机制

交流锻炼对于提高干部特别是年轻干部的实践能力、激发干部队伍活力、加快干部成长有重要作用。一是机关要进一步深化和完善机关内部、机关和局属单位之间轮岗交流，让年轻干部在多个岗位锻炼，让其成为既懂业务又懂综合管理的多面手。积极探索新入职人员基层锻炼计划，促使新职工了解基层、积累经验、不断成长。二是要有计划地在局系统内部开展年轻干部“上挂”“下挂”“互派挂职”等多种锻炼方式。一方面，通过选派基层年轻干部到机关实践锻炼，接受先进的理念，展示自己的才华；另一方面，通过选派机关年轻干部到局属单位挂交流锻炼，建立干部相互学习交流机制，以及资源共享、信息互通的新平台，锤炼过硬实战本领，丰富工作经历经验，激发干部队伍活力。三是积极鼓励专业技术人才报名参加市、水利部、国家重大科研项目、重大工程的研讨和实践，鼓励工勤技能人才参加行业技能竞赛，拓宽视野和思维，实现人才交流工作的制度化和规范化。

（四）强化业绩导向，完善绩效考核机制

在全面推行公务员绩效考核和专技人员聘期考核工作基础上，及时总结实施过程中的问题，科学合理提出调整方案，进一步提升绩效考核激励作用。一是在全局倡导“坚持德才兼备，注重凭能力、实绩和贡献评价人才，克服唯学历、唯职称、唯论文等倾向，引导各类人才潜心钻研业务、努力提升专业技术水平”的风气。二是坚持“分类量化、责任到人、实时考核、注重实绩”的原则，健全完善岗位责任制、制定岗位说明书，实现全员绩效考核，促进责任主体明确化，岗位责任具体化，考核激励科学化。三是科学设计绩效考核方案，建立起按岗位分类的考核指标体系，考评指标既要体现共性目标，也要体现职能目标。考核结果要有区分性，对工作绩效确实不高的人确保能筛选出来。四是正确运用考核结果，充分发挥考核指挥棒作用，将考核结果与干部的任用、职务评聘、绩效工资直接挂钩，真正形成以业绩为导向的绩效考核机制。

（五）坚持公开透明，完善选拔聘用机制

一是紧紧抓住提名、推荐、考试、考核和监督等关键环节，不断完善和规范干部选拔任用程序，建立公开、公平、透明的干部选拔任用机制，采取平时考察与专项考察、组织考察与民意测评相结合的办法进行评价。二是注重人选思想品德、职业素养、从业经验和专业技能，要突出“实在、实干、实绩”的用人导向，以工作实绩作为选拔任用的“硬指标”，坚持以事看人、以绩取人，凭绩用人，让有为者有位、吃苦者吃香、优秀者优先。三是建立良好的用人导向，营造选人用人靠工作、靠实绩、靠人品、靠公认的风气，真正把政治过硬、作风扎实、业务精湛的人才选拔出来。

（六）坚持以人为本，完善激励引导机制

一是在经济利益上倾斜，在政策允许的范围内，尽力提高优秀人才的工资福利待遇。以国家全面实施事业单位绩效工资制度为契机，进一步完善以落实岗位责任、绩效考核为核心的绩效工资分配制度，奖励性绩效按照绩效考核结果，向优秀人才倾斜，确保一流的人才获得一流的待遇。二是学习培训上优先，研究制定各类人才科研学习的具体要求和保障措施。一方面，为首席专家、高端人才积极争取工作经费，并将经费用于订购国内外学术刊物、收集各领域前沿信息情报和资料、开展业务方向的考察和研究；另一方面，在年度科研立项时，在项目和经费上重点向首席专家和学术带头人倾斜。三是个人成长上关心，要对人才的创造性劳动及成果及时给予恰当、公正的评价和认可，采取表扬、嘉奖、授予荣誉称号、职务职称加分等激励手段，同时加强优秀事迹及科研成果宣传力度，提升其个人行业内知名度和影响力。

人才队伍建设工作，任重道远，绝非一蹴而就，既需要加强顶层设计，又需要时间和资金的双投入，只有以识才的慧眼、爱才的诚意、用才的胆识、容才的雅量、聚才的良方，才能广开进贤之路，把各方面优秀人才吸引进来、凝聚进来，从而形成全系统人人渴望成才、人人努力成才、人人皆可成才、人人尽展其才的良好局面。

深化全员竞岗人事制度改革，激活科研人员干事创业内生动力

主要完成人：和志国　谢庆　徐利岗

所在单位：宁夏回族自治区水利科学研究院

改革和完善科研事业单位人事制度，是推进科研机构管理体制改革，进一步转变科技工作运行机制的关键环节。如何积极推进科研事业单位人事制度的改革和创新，实现科技人才的合理配置，最大限度调动科研人员积极性并激发人才创新创造活力，从而推动科技事业快速、持续发展，这是当前我们必须面对的重要课题。本报告在深入分析我国科研事业单位人事制度改革现状和存在问题的基础上，以宁夏回族自治区水利科学研究院（以下简称“宁夏水科院”）探索并实施的以全员竞岗聘用+岗位管理+绩效挂钩相结合的改革模式为例进行剖析，以期为同类型单位提供有益借鉴。

一、科研事业单位人事制度改革发展历程

改革开放以来，我国事业单位的改革经历了探索阶段、放权搞活阶段和分类推进阶段。特别是党的十八大以来，事业单位人事管理制度建设取得突破性进展。2014年7月《事业单位人事管理条例》的出台，从岗位设置、公开招聘和竞聘上岗、聘用合同、考核和培训、奖励和处分、工资福利和社会保险等方面对事业单位工作人员管理做出了框架性设定，标志着事业单位人事管理进入法制化的时代。近年来，《事业单位工作人员奖励规定》《事业单位人事管理回避规定》《事业单位工作人员培训规定》《事业单位公开招聘违纪违规行为处理规定》等配套制度相继出台，有效填补了事业单位人事管理的制度空白，为科研事业单位的稳定运行、持续发展和发挥应有作用提供了保障。2016年，中共中央印发《关于深化人才发展体制机制

改革的意见》加快推进人才培养、评价、流动、激励、引进等关键环节改革，出台《关于实行以增加知识价值为导向分配政策的若干意见》改革薪酬制度。2017—2019年，人社部先后出台《关于支持和鼓励事业单位专业技术人员创新创业的指导意见》《关于进一步支持和鼓励事业单位科研人员创新创业的指导意见》，鼓励支持科研人员创新创业，2019年，经中央全面深化改革委员会第七次会议审议通过，科技部等6部门联合发文出台《关于扩大高校和科研院所科研相关自主权的若干意见》，对扩大科研相关自主权改革任务作出全面系统的部署。事业单位人事制度改革以转换用人机制和搞活用人制度为核心，以健全聘用制度和岗位管理制度为重点，实现由固定用人向合同用人转变，由身份管理向岗位管理转变，健全的管理体制、完善的用人机制和完备的政策法规体系正逐步形成，高素质、专业化的专业技术人员队伍，正释放出巨大的创新创业能量。但科研事业单位人事制度改革是一个系统工程，它涉及资源配置、岗位设置、聘任聘用、工资分配、福利保障、考核评价等多个环节，各环节之间又相互关联、相互影响。同时不同地区、不同类型、不同行业的科研事业单位情况也有所差别，也各有特色，因此科研事业单位的改革必将是一项持续且不断创新发展的长久工程。

二、科研事业单位人事制度改革过程中存在的主要问题

随着事业单位分类改革和人事制度改革的不断推进，事业单位的定位不断明确，科学化管理手段日益完善。与此同时，科研事业单位由于其特殊性，在改革中也出现了一些问题，值得反思和总结。

（一）岗位设置不合理，职称、职务晋升通道受限

在实际改革过程中，由于政府实行控编减编，对编制实行总量控制、只减不增，行政及专业技术编制数量有限，且不能随意增加。根据科研事业单位岗位结构的实际情况看来，由于近年来各单位人员结构发生巨大变化，“60后”逐渐退休，新进年轻人不断增加，在岗位设置时一般是初级多、中级少，高级更少。随着国民素质的提高，新进人员基本都是硕士、博士研

究生起步，2~5年基本上都能获得中级职称，但由于中级、高级的岗位职数少，取得职称后也不一定能聘到相应的职级，所以呈现出大多数科研事业单位中的高级岗位数都已经趋于饱和状态而且短期腾退不出来，这造成许多有着较高学历的科技人才都挤在中级职称，很难晋升，尽管科技人才有着满足高级职称的标准，但是仍然无法任职高级岗位。与此同时，出于对科研项目执行效果的考虑，对负责人经验履历的考量，部分科研项目在申报的过程中对主持人的技术职称有所要求，造成部分具备科研潜力但职称相对较低的科技人员无法得到资源和展示能力的平台机会，这尤其影响年轻科研人员干事创业的积极性。

（二）绩效分配、考核机制有待完善

按照国家的绩效工资制度设计，在国家或行业主管部门核定单位的绩效工资总量后，由单位自主决定绩效工资的具体分配办法。但从实施效果来看，科研事业单位绩效考核制度缺失，绩效工资分配效果并不理想。一是考核流于形式。有一部分科研事业单位缺少内部的绩效考核制度，考核评价标准单一、同质化严重，难以体现对不同层次、不同岗位、不同完成度的要求及量化考核。二是考核片面强调量化。将科研人员所有的工作都进行量化考核，从表面上看绩效考核具有客观性，实际上违背了科研规律，最后的结果是，课题经费的多寡、论文数量的多少成为决定科研人员绩效工资分配的主要依据，未能将科技成果的转化推广与应用效果实绩相结合，形成了另一种“四唯”。三是注重短期化考核，科研导向出现偏差。由于科研事业单位的绩效工资总量都是在年度之内核拨，在年度之内分配完毕，因此，科研事业单位的绩效考核指标通常是年度考核指标，对长期性考核重视不足。一些研究周期较长、需要积累后才能产出成果的研究工作，在考核中不能被完全的体现，科研活动中重短期应用项目、轻基础研究的行为趋于明显，功利化和利益驱动的科研活动渐多，偏离了科研试验单位的职责初衷。

（三）科研自主权依然不够充分

近年来国家针对减轻科技人员负担，扩大科技人员对科研项目和经费

支配的自主权方面发布了一系列的政策与制度，也扩大了科研依托单位的自主权，但在实施过程中，科研人员负担重、科研自主权不足、科研单位管理缺乏活性的问题依然存在。一是科研单位难以接权。一些改革任务管理权责划分不清，主管部门对科研单位管理仍存在简单化、行政化思想，未充分考虑科研单位的特殊性，对科研单位简单套用普通事业单位统一管理制度，没有明确其权利责任边界，在内设机构管理调整、职称评审、岗位聘用等方面没有将自主权完全下放至科研单位。二是科研单位不敢接权。随着科研投入的持续加大，科研管理领域腐败问题是有关纪检、监察部门重点关注对象。一些监督检查部门、审计执行机构和人员对科技领域"放管服"改革政策不完全了解，对已放权的改革措施仍按纪检、审计要求从严把握，存在前端放权、后端紧控的现象，导致高校院所和科研人员承接自主权有所顾虑。三是科研单位不会接权。2019年，经中央全面深化改革委员会第七次会议审议通过，科技部等6部门联合发文出台《关于扩大高校和科研院所科研相关自主权的若干意见》（以下称《若干意见》），对扩大科研相关自主权改革任务作出全面系统的部署。但部分政策条文宽泛，操作性不强。例如，《若干意见》提出，"可对科研急需的设备和耗材，采用特事特办、随到随办的采购机制，可不再走招投标程序"，但"科研急需"内涵不清，科研单位不知如何界定；可不再走招投标程序，但应履行何种政府采购程序，科研单位把握不准。而在利用财政专项资金购置设备及大宗耗材必须履行相关程序，否则在项目验收财务审计或对依托单位巡视巡查中将是较为严重的问题。再比如，"支持和鼓励高校和科研院所专业技术人员以挂职、参与项目合作、兼职、在职创业等方式从事创新活动"。但具体操作过程中，有关人员的福利待遇、职称评审等事项如何保障未能明确，此外，还有"包干制"、自主组织公开招聘、科研仪器设备采购等如何操作更灵活便利等均需进一步明确，这让科研单位未能灵活运用相关自主权为科研人员开展科研活动创造便利环境。

（四）思想观念不够解放

受传统公共事业管理体制观念的影响，在实际改革中，部分人对国家和地方政府相关政策、制度、措施缺乏充分的认识，思想不够解放，习惯于传统思维和工作模式，主动服务意识欠缺，被动接受多，主动探索求新变革魄力不足，创新能力和竞争力不强，部分人思想观念转变缓慢，对于人事制度改革存在抵触心理，新旧制度、新人旧人的“破”与“立”之间平衡较难。科研事业单位在改革的过程中，不可避免地会对绩效考核、收入分配等制度进行相应修订，会造成部分职工既有利益发生变化，从而会造成一定的矛盾。在岗位评级以及划分的过程中，由于所处的角度和站位不同，一些工作人员对于不同岗位的薪资待遇及考核指标确定上存在不同的意见，容易出现抵触情绪。部分意见在协调沟通后仍然存在，导致科研事业单位内部职工对于工作的积极性、主动性降低，也会影响周边其他职工的工作状态。

三、宁夏水科院探索实施的全员竞聘上岗机制

经过近几十年的探索，事业单位人事制度改革思路逐步明晰、制度设计逐步完善，以聘用制为主的新制度开始在事业单位全面实施，构建了事业单位人事制度的基本框架。利用合理、有效的方法制定科研事业单位人事管理岗位聘任制度，对各个岗位进行有效评价，划分岗位等级。严格按照岗位聘任制度开展聘任工作，同时制定公平、公正的选人用人机制，建立公平公正的绩效考核制度，以此调动工作人员的积极性，不断提高工作人员的专业能力、创新能力。

宁夏水科院在充分调研、学习借鉴的基础上，在水利厅率先推行全员竞聘上岗机制，按照人岗相适、择优聘用的选人用人原则，制定岗位竞聘方案，采取个人申请、述职答辩、专家评议、双向选择的方式开展全员竞聘，实现了由身份管理向岗位管理的转变，深化了科研单位人事制度改革，很大程度上激发了人才干事创业活力，为水利科研高质量发展提供了内生动能和创新活力。

（一）背景

宁夏水科院成立于1959年，主要承担水资源开发利用与管理、节水灌溉与供排水技术、水利工程与河道整治技术、水土保持与生态环境修复等

水利科研及示范推广工作。编制60名，在编在岗56名，其中硕士研究生26名，博士研究生3名，正高职高级工程师10名，高级工程师14名，在站博士后3名。

宁夏水科院作为自治区水利厅下属事业单位，人事管理一直参照党政机关的管理办法，采取单一的录用、任命制。职称评聘、职级高低与工作成效的匹配度较低，责、权、利分离，使职责不清，责任不明。同时，受单位编制总量限制，很多中青年科技骨干即使评上高级专业技术职务资格也依然难以被聘用至相应技术岗位，专业技术岗位紧缺问题突出。而与此相挂钩绩效工资分配方式仍然以科研人员的职称、资历等作为主要依据，出现了高职称低贡献的职工绩效分配收入往往高于低职称高贡献的职工的现象，导致了部分高职称的职工安于现状，低职称的年轻干部往往承担着更多的工作量，却只能拿低的绩效，严重挫伤了了年轻干部职工工作的积极性，不适应新时代人才队伍建设的要求。为改变这一现状，2020年，宁夏水科院开始实行全员竞争上岗，打破论资排辈，在坚持公开、平等、竞争、择优的基础上做到全员竞岗，双向择岗，实现干部能上能下、人员能进能出，将聘任岗位、年度绩效考核与调控线外绩效分配系数相挂钩，建立以业绩能力为导向的人员评价机制及“多劳多得”的分配机制，为推动全院各项工作全面协调发展提供支持。

（二）具体做法

一是深入调研，科学筹划。为确保全员竞聘上岗顺利推进，宁夏水科院多次组织人员学习借鉴全国各大高校、科研院所等相关单位先进经验，了解机关及附属机构设置和运行情况。调查摸底全院各科室职能及专业技术人员现状，准确掌握目前队伍结构情况，认真对机构和岗位进行重新梳理。在广泛听取意见、反复研究的基础上制定了《宁夏水利科学研究院岗位设置定员方案》《宁夏水利科学研究院岗位竞聘实施方案》和《宁夏水利科学研究院专业技术岗位人员业绩绩效考核指标评价体系》，并充分征求院属各部门负责人及全体职工的意见和建议。经多轮次征集意见并修改后，院党总支进行研究讨论确定，最后召开全体职工大会表决。表决通过后，继续开展相关材料内容的解释说明工作，让全体干部职工充分理解相关规定，为开展全员竞岗工作的顺畅开展做好前期准备。

二是科学设岗，因岗定责。宁夏水科院根据单位人员结构、业务发展重点等实际情况，在自治区水利厅和人力资源与社会保障局核准的专业技术岗位总量、结构比例和等级限额内实施岗位竞聘。在岗位设置上，区分管理岗位和专业技术岗位（无工勤人员）。科研业务方面，在不突破科室岗位定员总数的条件下，不定比例设置核心技术岗（A岗）、骨干技术岗（B岗）和辅助技术岗（C岗），按照对不同技术职称合理拉开档次，促进形成工作上比学赶超的氛围；行政管理方面，综合办公室、科研管理科和灌溉试验中心站根据事务性工作内容设定管理岗位，按照"大职能、宽领域、少机构"目标，减少管理层次，使管理部门少而精，管理科学高效。在岗位要求上，技术岗要保证年度科研及技术服务项目资金落实、科技成果产出及人才培养工作全面推进，准确定位各层次岗位要求，便于竞岗条件确定，明确岗位年度考核指标，并提供年度调控线外绩效系数的动态调整依据，规定各岗位在聘期内年度任务指标；管理岗以党务、政务、人事、后勤、工会、财务管理、科研管理、试验场管理分类，实行定员、定岗、定责措施，进一步明确岗位职责和考核标准，层层压实责任，确保不折不扣地推动工作落实。在竞聘条件和范围上，要求必须具有与所竞聘岗位相适应的学历层次、专业技术资格和工作能力，科室负责人由院党总支按照干部任免相关规定任命，承担科室管理与组织运行责任，但仍需参加技术岗位竞聘，并占用科室总的定员数。应聘范围包括在编在岗的正式聘任人员（不含院领导），目的是给每一位职工提供平等的竞争机会。

三是精心组织，稳步推进。成立岗位竞聘领导小组负责审定各岗位的竞聘条件、考核标准，成立岗位竞聘专业委员会负责竞岗人员资格审查、竞聘材料及量化赋分审核、现场答辩打分、综合评价赋分及岗位聘用推荐意见。成立岗位竞聘监督小组负责对岗位竞聘工作实施的全过程监督。全院岗位竞聘采取个人申请、现场竞聘演讲、现场评委打分、现场公布结果、专委会确定竞聘岗位、院党总支会议核准聘用、聘用岗位公示等程序。首先由竞岗人员根据个人意愿和岗位要求在全院范围选择意向岗位（打破原有科室界线，实现全院自由择岗、自由竞岗）并填报竞岗申请表，根据资历、学历、表彰奖励、人才培养、学术水平五方面进行业绩自评并提供佐证材料。竞聘专业评审委员会由外聘专家、分管院领导及科室负责人组成，对申报人进行资格审查，集中开展竞聘述职答辩，竞聘人不仅要汇报工作业绩，还要阐述对岗位理解、工作设想及预期成果等内容。评审委员会结合演讲和答辩情况当场评分，科室负责人有较高权重（竞岗人员可以选择业务科室、业务科室负责人也有权选择竞岗人员，实现双向选择），按综合得分排序，推荐拟聘用人选。拟聘用人员经党总支会议研究通过，公示无异议后予以聘用。

四是动态管理，考核评价。根据每个岗位的工作需要、专业特点和要求，合理确定具体聘期。在聘期内，对获得高层次成果奖励或取得重大技术突破并达到高一层次岗位（A、B、C岗间）聘任条件的专业技术人员可在相应年度内进行空岗竞聘。综合运用日常考核、年度考核与聘期考核等结果，对考核不称职、未完成聘期工作目标、在竞聘中落聘的人员，通过转岗、待岗、降级、解聘等方式进行动态管理与调整，做到能上能下、能进能出，形成人适其岗、以岗锻才、人岗互促的良好局面。

五是全员竞聘，人员流动。通过全员竞聘的实施，宁夏水科院共有5名干部职工通过竞争调整了工作岗位，其中2名管理人员聘任到了专业技术岗，1名关键岗位人员调整到工会岗位，2名未成功竞聘人员待岗。通过竞争上岗使干部职工进一步增强了危机感和忧患意识，激发了大家学习和工作的积极性。

自2020年实行全员竞聘以来，通过动态调整岗位，不断深化全员竞聘考核细则，形成长效竞聘机制，给水科院带来了新气象，全院干部职工工作效率进一步提高，职责定位、岗位管理和任职要求更加规范，激活了事业单位高效运行“开关”；工作作风进一步转变，全员“主动作为”“尽责担责”蔚然成风；强化了广大干部的责任感、使命感和压力感，显著提高了统筹思考谋划工作的积极性、主动性、创造性。

四、完善绩效考核评价体系，建立新型绩效分配激励制度

为了在全员竞岗基础上建立以岗位职责为依据、以工作绩效为重点的考核管理办法，健全考核结果和个人薪酬待遇、评先评优、岗位聘任相挂

钩的绩效考核机制，宁夏水科院同步实施了院职工大会表决通过的《宁夏水利科学研究院专业技术岗位人员业绩绩效考核指标评价体系》，对不同级别岗位（技术岗、管理岗）的考核指标、各类考核指标完成度对应的分值、基础性绩效系数、年度最终绩效系数的计算等进行了规定。将所有指标、考核分值进行量化，每位职工在年底根据自己的业绩成果，对照考核指标体系，即可自行计算得出本人当年的绩效系数，做到心中有数。

优化考核指标。为突出水利科研中心工作，宁夏水科院分别对部门和个人制定任务目标，设置不同绩效系数。如技术岗设置技术服务、项目情况、综合评价（院内公共事务、水利厅交办事务、工作态度及责任心）三大类指标来体现各技术岗位的技术服务能力、科研业务与成效、服务全院发展及交办工作的完成效果；管理岗根据各项工作重要程度、工作量大小、难易及复杂程度等因素集体商议，对每项具体任务进行综合赋分。

分类组织实施。坚持实绩导向，综合考虑各业务部门定员数、不同级别岗位数、业务领域具体情况等因素，对业务部门设置科室总体考核目标，对科室进行年度考核。按照绩效考核指标体系对技术岗和管理岗具体人员进行考核，鼓励技术人员积极承担科研项目、申报科研课题，既考虑岗位职责又兼顾业绩贡献，既考虑工作量多少又兼顾工作的难易程度和专业技术含量。对科室负责人所承担的“一岗双责”及组织管理工作和学术委员会委员承担的技术兼职贡献，在年度岗位绩效系数的基础上再增加相应的绩效系数，同时制定了相应的考核办法进行考核确定最终增补系数值。将不同岗位的绩效工资档次合理区分开来，进一步提升单位干部职工干事积极性和创造性。

创新考核方式。部门考核采取季度考核和年度考核相结合的方式进行，个人考核采取月度考核（科室负责人考核）和年度考核（年度总结述职综合测评）相结合方式进行。严格按人事管理权限履行审批程序，对于事业单位“双肩挑”人员，应执行“双岗双责、双重考核”，对其兼任的专业技术岗位工作任务完成情况按所聘岗位统一标准进行考核，并把考核情况作为是否继续“双肩挑”和奖惩的重要参考。

强化结果运用。部门考核根据工作完成百分比最终确定部门绩效系数，并将系数直接运用于个人绩效，进一步强化全员团队意识、协作意识。对考核排名末位的部门或个人，视情给予降低绩效考核系数、降低职级或淘汰处理，切实摒弃“大锅饭”“平均数”现象，最大化激发干部内生动力和创新活力。

五、推行以聘用制和岗位管理相结合的改革模式

（一）全面实行聘用制度

把聘用合同作为事业单位人事管理的基本依据，建立完善以合同管理为基础的用人机制，实现由固定用人向合同用人转变。加强聘用合同的日常管理，着重规范聘用合同订立、变更、续订、解除等重要环节，打破人员身份界限、职级界限、部门界限、地域界限。

（二）加强岗位设置管理

按照分级分类的原则，严格执行岗位管理政策，优化岗位结构比例，允许科研单位探索建立完善更加灵活的编制管理和编外用人制度，在人才引进、岗位设置、技术职级数量等方面进一步赋予科研单位更大的自主权。

（三）推行竞聘上岗制度

根据岗位不同特点，灵活运用聘期考核、能力测试、民主测评、专家评议等多种方法，实行竞聘上岗。通过竞聘上岗，促进优秀人才脱颖而出，实现岗位能上能下。

（四）健全考核奖惩机制

坚持平时考核、年度考核和聘期考核相结合，督促各类事业单位狠抓考核制度建设，完善考核指标、创新考核方式、健全考核程序、兑现考核结果，充分激发事业单位内部活力。

（五）完善绩效分配制度

探索与绩效评价结果挂钩的资源分配制度，推动绩效工资总额向科研单位倾斜，扩大允许突破绩效工资总量限制的激励措施范围，建立绩效工

资合理增长机制。

总的来说，科研事业单位人事制度改革要以转换用人机制和搞活用人制度为核心，以完善聘用制度和岗位管理制度为重点，健全与岗位职责、工作业绩、实际贡献紧密联系的绩效激励机制，探索实行各种因素参与的分配制度，实现由固定用人向合同用人转变，由身份管理向岗位管理转变，提高科研事业单位技术人员开展科技创新的积极性，释放出巨大的创新创业能量。

水利事业单位改革中基层人才队伍的优化策略

主要完成人：程万生　郭英武　程梦珂　张湖兵　周政亮

所在单位：河南省陆浑水库运行中心

河南省直事业单位重塑性改革基本完成，地市级以下事业单位正在进行，人才队伍建设是重塑性改革的重要一环。河南省陆浑水库运行中心（改革前为河南省陆浑水库管理局）作为省直水利事业单位，下设10个科室以及水库管理处、水电站、总干渠管理处、东一干管理处4个二级单位。主要负责陆浑水库及灌区工程管理工作，承担着防洪抗旱、发电、农业灌溉、工业供水和城市供水等任务，运行中心既有水库又有灌区，既有电站又有城市供水和工业供水，且身处县乡基层，具有一定的典型代表意义。我们于2022年七八月份针对中心人才队伍情况进行了专题调研，对改革中人才队伍存在的问题分析了原因，初步提出了优化策略，以期对现实工作提供参考。

一、中心人才队伍建设现状

2008年水管体制改革时，按照水利部、财政部"两定方案"，河南省编委批复河南省陆浑水库管理局事业编制270名，其中全供事业编制149名，自收自支事业编制121名，并且规定专业技术岗位设置严格控制专业技术职务结构比例，高级职务不超过专业技术人员总数10%～25%，中级职务不超过专业技术人员总数的40%～50%，技师和高级技师不超过技术工人总数的3%。根据当时政策，机关岗位和一线岗位为35 ∶ 65，对121名自收自支事业编制人员实行只退不进。

经过十几年发展变化，截至2022年7月，单位现有在编职工236人，比水管体制改革定编减少34人。本次事业单位重塑性改革，核定河南省陆浑水库运行中心在原149名全供事业编制基础上缩编10%，核定135人。按照一次核定编制逐步精简到位的原则，按超出核定编制数额的在编人员数量核定临时编制作为过渡。临时编制人员实行“退3收2进1（退3人收回2人临时编制招聘补充1人）”的办法，逐年收回，直到减少至核定编制以内。今后几年，将有101个临时编制逐步退出，职工数额每年减少却无法及时补充，会造成一些岗位政策性缺员。通过对现有236名职工统计分析，50岁以上102人，占总数的43.2%；40～49岁113人，占总数的47.8%；30～39岁11人，占总人数的4.6%；29岁以下10人，占总人数的4.2%。整体职工年龄偏大，老龄化严重，40岁以下存在年龄断层，且2025年以前，将有41人达到退休年龄。148名专业技术人员中，基层一线单位具有高级职称的仅13人，其中水库处5人，电站4人，东一干管理处3人，总干渠管理处1人，总占比不足专业技术人员总数的10%。机关50岁以上具有高级职称人数占比较大。由于技术岗位指标的限制，年轻的专业技术人员很难晋升到高级职称，难以满足高质量、多元化的新时代水利工作需求。

二、基层水利事业单位人才队伍建设存在的问题及原因

从河南省陆浑水库运行中心重塑性改革前后人才队伍情况可以看出，基层事业单位人才队伍存在诸多与新时代要求不相适应的问题，归结起来主要有以下几种。

（一）一线岗位人员明显不足

水利事业单位基层一线是服务人民群众的主力军，人才成长的大课堂，更是各类人才充分发展才华的广阔天地。由于政策性原因，几次改革都是精简机构，精简人员，直接造成了水利事业单位编制逐步减少，一线岗位人员明显不足。究其原因：一是上级机关由于习惯或对一线工作认识不足，都会优先将机关人员配齐配强，然后才考虑一线岗位配置。二是基层单位大多位置偏僻，条件艰苦，加上就医、子女上学等客观因素，基层职工都想向机关调动，很难留住人才。例如，总干渠管理处管理干渠45千米，共设六个管理段所，有两个分水枢纽，五条支渠，渠道穿行在崇山峻岭，有多处险工险段，他们不足30人承担着工程管理、灌溉管理、工业供水、防

溺水等繁重任务，有三个管理段各剩一名职工，其中一名职工还不在编制，每次通水都要靠机关人员下段帮助工作；陆浑水电站是重要生产单位，维修和运行班组严重缺编，每班两人都无法满足，有时只能用编外人员补充，极大地增加了安全风险。

（二）人才队伍结构不合理

一是知识结构上。年龄大的高级专业技术人才70%左右都是靠自学进修达到了本科学历，专业知识的系统性明显不够，同时，长期的单一性业务工作也使得这部分人才的知识面相对较窄，而2008年以来新招聘的全日制研究生和本科生，虽然综合素质较高，数量仅12人。随着重塑性改革深入开展，由于编制限制，今后招聘高素质大学生将更加困难，后备人才明显不足，人才队伍出现了青黄不接的现象。

二是年龄结构上。由于编制的限制，2009—2018年十年间共招聘两名新人，造成基层单位年龄出现断层，年龄普遍在40岁以上，40岁以下占比不足10%。

三是职称结构上。高级专业技术人员虽然有148名，但初级专业技术人才仅18人，占比太少，发展后劲不足。而拥有较多学历和专业知识、经验丰富的这部分高级专业技术人才，有40人接近退休年龄，30岁以下的一般存在经验不足和知识储备量少等问题，导致了事业单位人才队伍职称结构不合理。

四是人才分布上。三分之二人才都集中在机关，基层一线人才短缺，造成机关人才闲置，不能充分发挥作用，而基层单位一才难求。特别是能够在现场解决工作中急难问题，既有一定理论知识，又有实践操作技能的综合性人才，更是少之又少。

（三）人才管理体制机制不利于各类人才成长

一是人事管理模式传统。它侧重于打造适合岗位的员工，而无法实现对事业单位人力资源价值的深层挖掘与充分利用。它以领导指派、员工服从安排为特征，主要通过规章制度来规范约束员工行为，缺乏激励，未能重视员工的需求、期望、情感等，难以有效调动员工的积极性。特别是这种管理模式经常忽视员工的培训。事业单位存在职称（职务）终身制的现象，职工的晋升与评价主要靠文凭和资历，单位很少对职工思想政治水平和业务能力进行系统培训。同时绩效考核流于形式，人才评价和激励机制不健全，鼓励、表扬多，各类奖励少，很难有效激发职工的竞争意识、创新意识和工作热情。

二是对人才的认识存在局限性。主要把专业技术人员当做人才，忽视了管理人才特别是政工人才。高素质的政工队伍是事业单位稳定发展的保障力量，特别是在全面加强党的建设上，党建在各专业领域起引领作用，政工队伍显得愈加重要。而在现有的人事管理体制下，事业单位没有政工职称系列，因职务晋升也十分有限基层政工干部无法在职称上得到晋升。同等条件下，政工人才与工程技术人员工资待遇相差悬殊，于是他们纷纷转行工程技术。因此，许多事业单位最缺的不是工程技术人才，反而是优秀的政工人才，这对事业单位的管理和发展十分不利。

三、水利事业单位基层人才队伍优化策略

党的二十大报告指出："人才是第一资源，创新是第一动力，人才引领驱动，全面提高人才自主培养质量，着力造就拔尖创新人才，聚天下英才而用之，实施更加积极，更加高效，更加有效的人才政策，深化人才发展体制机制改革，真心爱才，悉心育才，倾心引才，精心用才，求贤若渴，不拘一格，把各方面优秀人才集聚到党和人民事业中来。"这为我们解决水利事业单位重塑性改革中人才队伍建设问题提供了广阔的思路。

（一）优化管理体制，破解人才短缺

继续做好重塑性改革的后半篇文章，深入内部挖潜向改革要人才，向管理要效益，不等不靠，立足自身实际是解决人才短缺的根本办法。

一是实行管理扁平化，减少管理层级。把中心下属二级单位管理处改设为中心下属生产科室，这样至少可以节省出二级单位的财务、人事、办公室等管理人员充实一线工作，同时将机关富裕的技术人才分包挂靠到生产科室，明确工作任务和要求。

二是合并灌区管理段所。随着农村经济发展，有些乡村经济组织用水已不局限于单个支渠将渠道管理段所合并，更有利于用水管理和水费征收。同时，将两个或三个段所合并管理，有利于节省人力资源，缓解段所人员不足。

三是结合正在进行的现代化灌区改造，加快信息化建设，提高科技含量是解决人员不足的重要途径。建立健全自动化观测和监测设施，在水库完善自动化观测机器人，在渠道全线建设自动监测网络，实现智慧陆浑，实现远程工程观测和监测，既节省人力资源，还能提高工作效率与精度。

四是引进多旋翼无人机对水库周边及干渠进行无人机巡逻，可节省数十倍的人力成本。当前，多旋翼无人机采用技术先进的飞控平台及前后台视频监控传输系统，配合飞行及地勤保障系统能对地面实施长时间空中监控，从而实现用较低的信息成本对传统手段无法满足的地域进行实时监控和辅助救援，它操控简单，可靠性强，拍摄视野广，续航能力强，非常适合水库及渠道巡逻，这也是解决工程巡查和防溺水巡逻人力紧缺问题的最有效办法。

（二）强化人才综合培养，完善人才结构

人才成长有一个渐进的过程，是通过工作实践、岗位培训以及有关理论知识的学习，不断丰富自己的理论素养和实际工作能力，使自己逐渐成才。根据单位实际需要，要立足于现有的人才资源，强化综合培养，使之尽快成为符合单位需求的各项人才。

一是把专家学者请进来。请专家到单位举办培训班和专题讲座，重点培训政治理论、党政管理、业务技术，使党政管理人员学习相关专业技术知识，也让专业技术人员学到党政管理的知识和政治理论，不断提高职工的综合素质。还要在单位内部开展轮岗增智，打造既懂业务又会管理的复合型人才

二是将绿色管理理念融入到职工培养的全过程。培养职工对绿色生态发展的认识，让职工明白身上所肩负的水利高质量发展和生态文明责任，通过对职工有关绿色理念的讲解，提高职工对绿色可持续发展的认识，并在实际工作中能自觉实践绿色生态、节约环保；从工程规划、设计、施工

到运行管理，把自己所学到的绿色理念知识应用其中。在职工与领导、职工与职工的相处中，也能保持绿色员工关系，在和谐的工作环境中，有效地提高工作效率。

三是有计划地走出去。组织相关人员到高校进行中长期专业技术培训，系统地学习专业理论知识和前沿科技，开阔视野，培养一批专业技术带头人和管理行家，让这些人回到单位，承担起传帮带作用，通过言传身教，培养新人，鼓励他们在所从事的专业领域深入研究，大胆进行技术改造和理论创新，不断提高单位的生产效率和管理水平。

四是加强合作。积极和相关科研单位及高校开展技术合作，让更多的技术人员参与创新攻关项目中，提高科研能力和解决实际问题的能力。

（三）建立健全人才分类评价机制

水利事业单位虽然是以工程运行管理为主，工程技术是主系列，但是单位对人才的需求是多元化的，既需要专业技术、生产技能人才，又需要党政管理和经济管理人才，各个专业的职工只要能尽职尽责完成岗位工作目标都是单位的人才。

要切实建立健全人才分类评价机制，不唯学历，不唯资历，注重能力。

围绕“道德修养是基本条件，创新能力是核心标准，业务技术是基本要素”这个基本原则，细化岗位设置，科学设定评价指标，完善考评制度。

结合单位岗位分类情况，实事求是，科学有效地制定和完善人才评价体系，使人尽其才，才尽其用。

（四）进一步完善激励措施

一是完善管理制度。为深化水利事业单位人事制度改革，建议推行岗位管理制度，逐步实现由身份管理向岗位管理转变。对岗位职责、任务、标准、条件作出明确规定，为实行绩效工资做好准备，逐步实行按岗定酬、按任务定酬、按业绩定酬。积极探索更加科学规范、系统完善的岗位管理办法和激励约束机制，强化岗位目标考核，逐步建立重实际、重贡献，待遇向优秀人才和关键岗位倾斜的激励机制，激发职工工作热情。

二是完善分配制度。以人才评价和岗位激励措施为基础，在上级核定的平时考核工资总额内，打破按级别、职称分配的传统模式，规范分配程序，采取灵活多样化的分配方式，在单位内部自主决定考核工资的分配，依据工作人员实绩，合理拉开档次，奖勤罚懒，充分调动大家的积极性。

水利事业单位重塑性改革还有很长的后半篇文章要做，人才队伍的建设也是一项艰巨的任务，要直面人才队伍建设中存在的问题，加强人才培养，实行分类评价和激励，营造尊重劳动、尊重知识、尊重人才、尊重创造的氛围，为各类人才发挥积极性、创造性营造良好的生态环境，为水利事业高质量发展提供可靠的人才保障。

水利事业单位专业技术人员绩效评价方法研究
——以甘肃省水利厅厅直属事业单位为例

主要完成人：朱泓霖
所在单位：甘肃省水利厅

支撑行业发展的各种要素中，人是最为活跃、最为基础，也是最为关键的因素。专业技术人才是实施新时代人才强国战略的重要基础，也是“科技兴水”的骨干和中坚力量。加强专业技术人员考核，特别是高层次专业技术人员考核，对激发专业技术人员工作积极性和创造性，提升内生动力，提高工作效能，推进科技创新和成果转化非常必要,意义重大。

绩效管理有利于建立员工团队精神和主人翁意识，激发员工创造性，有利于员工围绕组织意图，主动配合、积极参与，把个人与团队的利益紧密相连，提升团队活力，提高整体绩效。科学的绩效管理可以把考核事后评估行为与目标计划控制事前行为有机结合，实现动态管理，避免考核流于形式，陷入经验主义和讨价还价的陷阱。从资源利用来看，明确的目标和科学的绩效，还能够刺激员工主动平衡多种因素，采取主动应对策略，进行积极的工作重塑。

一、绩效考核现状

（一）基本情况

甘肃省水利厅共有19个厅直属事业单位，其中5个为参照公务员管理事业单位，干部实行职级管理；3个为正厅级水利工程管理事业单位，10个为正县级事业单位，1个为副县级事业单位，主要提供水利专业技术服务。现有编制4138名，目前实有干部职工3471人，其中具有专业技术职称2359

人。19个厅属事业单位中4个属于公益二类事业单位，享受差额拨款，其他15个事业单位属于公益一类事业单位，享受全额事业拨款。

（二）水利事业单位的特点

一是水利单位均具有公益性或准公益性，是保障区域水利事业正常运行的社会服务支持系统。二是从事的工作和事务多是上级部门派生出来的具体事务，不具有行政管理的职能，只能利用自身的专业知识和专门技术向社会提供专业性服务。三是属于以脑力劳动为主体的知识密集型单位，专业技术人员是事业单位的主要人员构成，利用专业知识为各级各部门提供服务是基本的社会职能。四是经费主要来源于财政拨款和财政补助，呈现多元化发展趋势，但来自国家财政拨款仍占主导地位，

（三）绩效考核的现状

事业单位的绩效考核随着改革发展在逐步深化。水利事业单位绩效考核以参照公务员规定管理的“德、能、勤、绩、廉”定性的年度考核为主，部分事业单位也探索实施了目标任务绩效考核。考核内容以日常的行为表现为主。考核主要的方法有排序法：按照整体工作或某个方面的工作业绩的完成情况、贡献大小进行排序。平行比较法：让每个人都与其他人进行相对比较，主观得出其工作业绩的好坏优劣。强制分布法：按照“优秀”等次的多少，直接下达到硬性指标数到相应部门，由部门选定人员。民意测评法：让部分职工或全体人员参加测评，按比例推荐“优秀”等次人选，得票多的定为“优秀”。量化考核法：制定一定的量化考核指标项，按完成的情况进行考核评议后定格。另外还有行为观测量表法、强制选择法等多种方法。多数事业单位选择一种或几种，民意测验法、强制分布法相对用得较多。考核方法各有局限，难分优劣，考核结果难分伯仲，考核质量很大程度取决于考核决策者的认识、态度和公心。

（四）引发的问题

不合理的评价考核方法，导致很难公平公正激励专业技术人员。往往专业技术人员在获得相应专业职称前，努力获取评定职称的条件。一部分

人在获得高级工程师或教授级工程师后，产生“到顶”思想，“佛系躺平”。加之，各单位不同程度存在一聘定终身、能上不能下、聘约管理弱化、年度考核、任期考核简单等现象，导致专业技术人员特别是高层次专业技术人员工作积极性减退、成绩平平，不能发挥应有作用。

因此，事业单位的专业技术人员简单套用行政办法管理专业技术人员和套用企业管理中的绩效考核手段方法均不可取，有必要对事业单位中的专业技术人员尤其是高层次专业技术人员绩效考核进行相应的研究与探索，总结出适宜的考核评价方法。通过提高绩效考核的科学性，让绩效考核的结果更加精确，从而保证绩效考核公平公正。

二、绩效考核指标体系设计

（一）考核目的

一是激励先进、鞭策后进，扭转和解决专业技术人员中存在的消极“躺平”和干事创业热情不高、作用发挥不明显、研究成果竞争力不强、技术支撑保障不力等问题以及“接私活”等违规行为。

二是为平时考核、年度考核、聘期考核三者相互支撑、配套使用和闭环管理提供支撑，建立同岗位层次量化比较指标，强化专业技术人员的日常管理。

三是为事业单位优化绩效工资分配、职称评定、干部提拔任用等提供量化支撑，充分发挥奖励性绩效工资在工作纪律、工作态度、工作量和实际贡献等方面的薪酬分配激励作用。

（二）考核方法

目前，流行的绩效考核方法有：目标管理（MBO）绩效考评法、关键绩效指标（KPI）考评法、平衡计分卡（BSC）绩效考评法、360度绩效评估法。每一种考评法有各自的优点和适用场景。单纯使用一种考评方法，有其局限性。可取其精华、去其糟粕，综合使用，如吸收目标管理方法，制定最低工作量，使专业技术人员单一内心驱动叠加目标牵引，形成内外复合式激励，高度参与单位工作；吸收关键绩效指标考评法，对单位内部关键工作的参数进行设置、取样、计算、分析，将战略目标分解为可操作的工作目标，使考核部门有明确的关键绩效衡量指标；吸收平衡计分卡绩效考评法，从整体战略性激励角度，突破个人绩效局限；吸收360度绩效评估法，吸纳被考核对象工作上真正接触联系的人员和组织参与评估。

一是确定单位年度目标，分解至各部门。各部门根据上年度工作情况，设定岗位最低工作量。最低工作量分业务最低工作量和科研最低工作量，每年年初确定并公布。

二是按照考核对象所在岗位层级，区分水利工程专技和管理专技岗位，分别量化计分确定考核等次。

三是以工作量中位数作为衡量代表值，减少评价因分布数列的极大或极小值影响。

水利专技岗位人员指具有水利工程及相关专业职称且聘用的专业技术人员。

综合考核分=工作业绩分（50%）+科研业绩分（30%）+综合测评分（15%）+考勤分（5%）+加分项分–扣分项分。考核权重可根据单位实际适度调整，但为了突出专业技术岗位，可规定原则考核工作业绩和科研业绩权重之和不得低于70%。

工作业绩分=（本人工作量分/同层次工作量分中位数）×50

科研业绩分=（本人工作量分/同层次工作量分中位数）×50

综合测评分=主要体现考核对象在考核期内的德能表现及遵守政治纪律、组织纪律、廉洁纪律、群众纪律、工作纪律和生活纪律的情况。

考勤分=(出勤天数/应出勤天数)×5

管理专技岗位人员指具有档案、经济、会计等其他职称专业技术人员。

综合考核分=综合测评分（80%）+考勤分（20%）+加分项分–扣分项分（考核权重可根据单位实际适度调整）

（三）指标体系

一是绩效内容。考核涵盖任务绩效和关系绩效五个方面内容，充分体现：①在组织需要的时候能够以较高的热情圆满完成交办的各项任务；②能够自觉自愿地去实施岗位要求以外的任务；③能够对同事实施帮助和协作；④在自身十分不方便的情况下也能够严格按章办事，不违反程序和规定；⑤能够主动地听取、支持和维护组织制定的各项目标。

二是绩效指标设计原则。绩效指标是考核基础设计中应遵循六项基本原则。①科学性原则。从客观实际出发，既要符合人事管理的客观规律，也要依据被考核对象自身特点，还要使单位战略发展主观要求与职工客观工作规律相统一。②可行性原则。在指标体系的构建过程中，尽量选择信息量大、切实可行、易于被专家理解和掌握的指标，使得所构建的指标体系简单易用、可操作性强。③独立性原则。绩效考核各指标之间相互独立，含义和内容都不相互交叉，含义要清晰可辨。每一个指标既有独立存在的价值，又有独立的内容。④全面性原则。指标设计要防止以偏概全、以点代面，指标集合反映工作的重点全貌，主次分明、权衡综合。⑤目标导向原则。考核不仅要评出考核对象的工作高低、优劣，更重要的是引导考核对象领会单位的发展战略意图，不断向组织要求的目标靠近。⑥按岗位设计的原则。按专业技术岗位、管理岗位工作性质、工作重点和内容制定考核标准。

三、绩效评价模型

（一）评价模型

为了更公平地评价专业技术人员的情况，建立模糊层次分析模型，进一步优化修正考核评价成果，消除不同工作岗位打分不公平和工作难度差异。将层次分析法（AHP）与模糊数学理论结合起来，对层次分析法中的重要性标度进行修正，然后将其应用于模糊数学理论之中，建立模糊层次分析模型，具体操作如下。

1.分析指标和指标矩阵

自定义四个指标：业务工作贡献率、科研工作贡献率、工作难易度、满意度，建立如下指标矩阵x,其中x_{ij}表示第j个专业技术人员的第i个指标值。详见表1。

表1 分 析 指 标

指 标	指标的含义
业务工作贡献率	工作量分/同层次工作量总分
科研工作贡献率	科研量分/科研量总分
工作难易度	按照岗位的专业技术要求、工作强度、责任程度、工作条件划分5级，赋分1~5分，难度最大得5分
满意度	服务对象、部门领导、上级主管部门满意程度，即在工作时限、服务质量上失误越少，满意度越高，分为很不满意、不满意、不太满意、一般、满意，反向测评，不满意得5分，满意得1分

$$\boldsymbol{X}=\begin{pmatrix} X_{11} & \cdots & X_{1n} \\ \vdots & \ddots & \vdots \\ X_{m1} & \cdots & X_{mn} \end{pmatrix}$$

2.相对隶属度矩阵P

由于业务工作贡献率、科研工作贡献率和工作难易度属于越大越优越型指标，相对隶属度采用式（1）进行计算：

$$p=\frac{x_{ij}}{x_{i\max}} \tag{1}$$

满意度属于越小越优越指标，相对隶属度采用式（2）进行计算：

$$p=\frac{x_{i\min}}{x_{ij}} \tag{2}$$

式中：$i=1,2,\cdots,m;j=1,2,\cdots,n$。

由以上计算可得相对隶属度矩阵：

$$P=\begin{pmatrix} p_{11} & \cdots & p_{1n} \\ \vdots & \ddots & \vdots \\ p_{m1} & \cdots & p_{mn} \end{pmatrix}$$

3.权向量

依据AHP法分级标准，对各指标排序，给出判断矩阵：

$$D=\begin{pmatrix} d_{11} & \cdots & d_{1n} \\ \vdots & \ddots & \vdots \\ d_{m1} & \cdots & d_{mn} \end{pmatrix}$$

其中 $$d_{ij}=\frac{1}{d_{ij}},d_{ii}=d_{jj}=1$$

AHP法中，对两者之间的重要程度是用数值1~9及其倒数进行标度，根据其表达的意思推求各重要程度的相对隶属度，如表2所示。

表2 重要性分级及其对应标度

定量标度	级　别	转化标度 a	隶属度 $(1-a)/a$
1	同等重要	0.50	1.0000
3	稍重要	0.60	0.6667
5	重要	0.70	0.4286
7	强烈重要	0.80	0.2500
9	极端重要	0.90	0.1111
2, 4, 6, 8	2, 4, 6, 8表示相邻判断之间的中间状态		

根据判断矩阵D给出的重要性排序并对照表1给出的隶属度，可以给出初始权向量$w'=\left(w'_1,w'_2,\cdots,w'_m\right)$，对$w'$进行归一化得权向量：

$$w'=\left(\frac{w'_1}{\sum_{i=1}^{m}w'_1},\frac{w'_2}{\sum_{i=1}^{m}w'_1},\cdots,\frac{w'_m}{\sum_{i=1}^{m}w'_1}\right) \tag{3}$$

4.相对隶属度向量u

对于各专业技术人员的评价，可用优、劣来描述，现假设第j个专业技术人员对优的相对隶属度为u_j，则该专业技术人员相对劣的相对隶属度为$1-u_j$。分别计算该专业技术人员对优、劣欧氏距离：$d_j^+=\sqrt{\sum_{i=1}^{m}\left[w_i\left(1-p_{ij}\right)\right]^2}$和$d_j^-=\sqrt{\sum_{i=1}^{m}\left(w_ip_{ij}\right)^2}$，对应的加权欧氏距离分别为$D_j^+=u_jd_j^+$和$D_j^-=\left(1-u_j\right)d_j^-$。

构造目标函数$F\left(u_j\right)=\left(D_j^+\right)^2+\left(D_j^-\right)^2$，于是求解各方案相对隶属度向量的问题转化为求解目标函数$F\left(u_j\right)$最小极值问题，可得：

$$u_j = \frac{1}{1+\frac{(D_j^+)^2}{(D_j^-)^2}} \quad (4)$$

从而可求得各个专业技术人员对优的相对隶属度向量$u=(u_1,u_2,\cdots,u_n)$。

按专业技术人员分值计算的相对隶属度向量u数值大小排序即可得专业技术人员考核排名。

（二）评价模型应用

前面探究了甘肃水利厅厅属事业单位专业技术人员年度考核方法，现以厅属某中心为例对考核效果进行检验。

表3 考 核 指 标 表

指 标	考 核 人 员						
	张××	王×	赵××	许×	陈××	高×	付××
业务工作贡献率	0.17	0.17	0.18	0.19	0.14	0.15	0.13
科研工作贡献率	0.22	0.20	0.13	0.10	0.16	0.19	0.22
工作难易度	4.50	3.00	5.00	4.00	4.80	3.20	3.80
满意度	1.50	2.00	4.00	2.00	1.00	3.00	2.00

1.建立指标矩阵

根据表3中各考核指标值建立指标矩阵X如下：

$$X=\begin{pmatrix} 0.17 & 0.17 & 0.18 & 0.19 & 0.14 & 0.15 & 0.13 \\ 0.22 & 0.2 & 0.13 & 0.10 & 0.16 & 0.19 & 0.22 \\ 4.5 & 3.0 & 5.0 & 4.0 & 4.8 & 3.2 & 3.8 \\ 1.5 & 2.0 & 4.0 & 2.0 & 1.0 & 3.0 & 2.0 \end{pmatrix}$$

2.计算相对隶属度矩阵

由式（1）和式（2）可计算得相对隶属度矩阵P:

$$P=\begin{pmatrix} 0.91 & 0.92 & 0.95 & 1 & 0.78 & 0.83 & 0.7 \\ 0.98 & 0.89 & 0.6 & 0.47 & 0.75 & 0.86 & 1 \\ 0.9 & 0.6 & 1 & 0.8 & 0.96 & 0.64 & 0.76 \\ 0.67 & 0.5 & 0.25 & 0.5 & 1 & 0.33 & 0.5 \end{pmatrix}$$

3.确定权向量

对业务工作贡献率、科研工作贡献率、工作难易度、满意度进行重要性排序，按照表2中的分级标准，可得各指标之间的重要性判断矩阵D：

$$D=\begin{pmatrix} 1 & 2 & 4 & 6 \\ 1/2 & 1 & 3 & 5 \\ 1/4 & 1/3 & 1 & 3 \\ 1/6 & 1/5 & 1/3 & 1 \end{pmatrix}$$

根据判断矩阵D给出的重要性排序并对照表2给出的隶属度，可得初始权向量w'：

$$w'=(1,\ 0.8182,\ 0.5385,\ 0.3333,\ 2.6900)$$

根据式（3）对w'进行规一化得权向量w：

$$w=(0.3717,\ 0.3042,\ 0.2002,\ 0.1239)$$

4.确定相对隶属度向量

将上述计算得到的数据代入式（4）中，计算可得张某等7名专业技术人员绩效考核相对优劣相对隶属度向量u=（0.9871,0.9447,0.8930,0.8558,0.9360,0.9092,0.9099）。由计算结果可得张某等7名专业技术人员绩效考核相对排序。计算得到的排序结果与实际掌握的情况基本相符，为决策者提供更全面、更科学的依据。

四、结论与讨论

绩效考核被公认为是提高事业单位专业技术人员工作效率和服务质量的有效手段，做到最优几乎不可能。多位学者在事业单位绩效考核的研究中认为，建立具体化的考核指标体系、科学的评估方法和健全的反馈体系，对于人事管理具有重要意义。专家学者的研究集中在考核方法介绍、概念讨论、绩效考核指标筛选、体系建立。实际工作中，各单位更注重于考核方法的可行性和可操作性。一般运用德尔菲法进行指标筛选、建立体系、确定权重，很少运用数学模型来进行综合的绩效评估。

2022年年初，甘肃省水利厅党组提出“科技兴水”行动，要求充分调动厅属事业单位专业技术人员，特别是高层次专业技术人员要积极作为，多出高质量成果。厅党组制定《关于进一步加强高层次专业技术人员考核工作的意见》和《高层次专业技术人员年度考核办法》，建立日常考核、分类考核、近距离考核的知事识人体系，合理设定专业技术人员最低工作量，综合考核专业技术人员业务工作量、科研工作量及日常表现，让专业技术人员把功夫下在平时，工作成果体现在各项考核结果中。具体工作中，厅人事处制定《高层次专业技术人员年度考核办法（参考模板）》，对考核方法、程序、结果使用等作出框架性规定。厅属事业单位根据实际情况，对考核指标、最低工作量进行了细化，有的单位对考核权重进行了适度调整。总体来看，通过绩效考核的加强，专业技术人员特别是高层次专业技术人员纷纷行动起来，收到预期效果。具体成效有待1～3年（一个专业技术人员聘用周期）总结。

由于时间所限，本研究是从省级管理层面进行理论和方法上的探讨，提出的框架性的绩效考核方法，构建了数学模型进行了初步验证。未能在年底的事业单位考核中具体化实行并检验其有效性，这是本次研究的一个不足和遗憾。基于此，这项工作还有待于在今后实践和研究中进一步地验证和完善。

探索人才队伍发展新思路，助力水利高质量发展

主要完成人：黄媛怡　郑海健　郭磊　陈思淳　叶伟娴

所在单位：广东省水利水电科学研究院

国以才立，政以才治，业以才兴。为深入贯彻落实中央关于人才工作决策部署，紧密结合广东省实施“851”水利高质量发展蓝图对高素质专业化人才的需求，认真把握新发展阶段水利工作的新形势，课题组以广东省水利水电科学研究院（以下简称“广东水科院”）为研究对象，研究广东水科院在人才发展新形势下，探索人才队伍发展的新思路，谋划与经济社会发展相适应、与广东水利事业发展相匹配的人才队伍建设，努力打造一支数量充足、结构优化、布局合理、素质优良的专业化水利人才队伍，为广东水利高质量发展提供人才保障和智力支持。

一、形势分析

（一）人才发展现状

广东水科院高度重视人才工作，把加强人才队伍建设作为强院之基、竞争之本、转型之要。近年来，通过不断发现、培养、举荐人才，营造“尊重知识、尊重人才”的良好环境，人才队伍建设取得了长足发展。

截至2022年10月底，全院在岗职工570人，人员规模迅速扩大。人才队伍年龄结构、学历层次和职称进一步优化。35岁及以下职工321人，占比56.3%，较2020年提高1.4%；硕士研究生及以上学历232人，占比41.0%，较2020年提高2.3%；副高级以上职称专业技术人才180人，占比31.6%，较往年逐步增长。高层次人才数量不断增加，较2020年新增各类人才共5人次。其中，水利部水利青年拔尖人才1人，中国科协“青年人才托举工程”1人，

广东省百名博士博士后创新人物1人，全国水利技术能手1人，广东省技术能手1人等。具备各类职业资格和专家人数进一步扩大。具备注册职业资格人员达77人，涉及注册土木工程师、造价工程师等18类资格共计120个证。入选各级各类专家库160多个，专家达1200多人次。青年人才引进力度不断加大，作为广东省水利系统首个博士后科研工作站和博士工作站，已引进博士后27名，目前在站12名，已出站并留院工作11名。总体而言，干部人才队伍在年龄结构、专业结构、学历层次等方面有了较大提升，是一支矢志爱国、朝气蓬勃、专业过硬、锐意进取的高素质人才队伍。

（二）面临形势

“十四五”时期，锚定习近平总书记赋予广东的总定位总目标，聚焦聚力粤港澳大湾区和深圳先行示范区建设、构建“一核一带一区”区域发展格局，机遇和挑战交织，对广东水利改革发展提出了新要求，广东水利人才队伍建设面临新形势。

一是深入实施新时代人才强国战略，对水利人才队伍建设提出了新要求。2021年9月，习近平总书记在中央人才工作会议上发出了加快建设人才强国的动员令，进一步强调要深入实施新时代人才强国战略，加快建设世界重要人才中心和创新高地，深化人才发展体制机制改革，全方位培养、引进、用好人才等，作出系统谋划和全面部署。同时，总书记还强调，可以在北京、上海、粤港澳大湾区建设高水平人才高地。水利人才是我国人才队伍的重要组成部分。作为广东省水利厅重要的技术支撑单位，广东水科院贯彻落实中央人才工作会议新精神，深刻意识肩负新使命，紧跟时代步伐，瞄准发展方向，坚定发展信心，做出新作为。

二是推进广东水利高质量发展，对水利人才队伍建设提出了新目标。为深入贯彻落实习近平生态文明思想和习近平总书记关于治水工作的重要论述精神，广东省委省政府印发了关于推进水利高质量发展的意见，明确了新阶段广东水利高质量发展的目标任务，谋划了“851”水利高质量发展蓝图。把战略构想变为行动路径，把工作思路变为政策举措，把发展蓝图变为施工图，都离不开强有力的人才队伍支撑。全面准确把握新阶段广东水利高质量发展的重点任务，迫切需要健全新时代水利人才工作格局，有意识地发现和培养大批卓越水利工程师，造就一批水利领军人才和创新团队，建设一支与广东水利事业发展相匹配的水利人才队伍。

三是适应广东水利行业发展需求，对水利人才队伍建设提出了新挑战。从新时代广东水利行业发展的需求来看，到2025年，全省要建成与广东社会主义现代化进程相适应的水利现代化体系，实现防洪潮体系建设迈上新台阶，供水保障能力得到新提高，农村水利治理取得新成效，河湖健康保障实现新进步，水文现代化建设实现新跨越，水利行业监管能力取得新提升，水利改革创新开创新局面等，需要培养方式、管理机制、人才质量等多维度人才队伍建设为行业发展提供有力保障。

二、存在问题

对照习近平总书记赋予广东的总定位总目标、经济社会高质量发展的要求以及人民群众对水资源水环境水生态和水治理能力现代化的需求，对标省内外水利工作先进单位，面对新的发展形势和要求，广东水科院的水利人才队伍建设仍存在一定的差距和短板。

（一）人才发展体制机制不够灵活

以往人才队伍建设中，由于思维固化、制度守旧以及工作环境单一等因素，在干部选拔中习惯使用选任制及委任制等方式，岗位聘用大多“论资排辈”且缺乏考核机制，缺乏能进能出、能上能下，既灵活主动，又具可操作性的专业技术人才发展机制，导致人才活力不足，中层干部队伍年龄偏老化、人才梯队不合理等问题逐渐凸显。

（二）人才结构不够合理，高层次优秀人才仍需加大培养

面对水利改革发展，人才结构性短缺的矛盾较为突出。现有高层次人才平均年龄偏大，且由于调离、退休等原因，近两年人员数量下降，高层次人才队伍建设亟待加强。同时，因现有平台上升空间有限及重大科研项目依托不足等原因，青年水利科技领军人才数量相对不够，工程建设等传统领域人才相对集中，新发展领域相关专业如水利规划、智慧水利、水文

化等新兴交叉领域人才不足。

（三）人才培养工作体系还需进一步完善

人才培养工作体系尚不够完善。虽已拥有15个科研创新平台，但引进高层次急需紧缺人才和创新团队的力度不够，聚集优秀人才的成效不明显，平台优势未能得到充分发挥。此外，人才培养使用的项目、方法、措施等不够丰富，离全方位培养、引进、用好人才的要求仍有一定差距。

（四）人才考核激励机制不够健全

建设高质量水利人才队伍，离不开健全的人才考核评价激励机制。当前，人才考核制度尚不完善，人才激励保障机制不够健全，人员在实际工作中很难持续保持主动性和创新性，激发人才创新活力的举措有待进一步实化细化。

三、典型做法

为全方位做好新时期水利人才工作，广东水科院积极探索人才发展新思路，坚持问题导向和目标导向，在新起点上谋划和推进院人才队伍建设。

（一）深化顶层设计，创新人才发展体制机制

1.强化引领，构建人才发展新格局

广东水科院始终贯彻“党管人才”原则，坚持中央的路线方针政策，强化引领作用。突出政治引领，牢固树立“人才是第一资源”的理念，引导干部职工尊重人才。突出规划引领，编制实施人才专项规划，做好战略布局。突出组织引领，建立形成“党组织统一领导、人事部门牵头抓总、相关部门协同配合”的人才工作格局，确保水利人才战略及“以用为本”方针得到全面落实。

2.坚持“政策保驾”，构建人才发展好生态

针对目前人才发展体制机制存在的问题，突破传统制约，重点完善人员晋升、职称岗位晋升、岗位流转三种渠道，打造上升引擎，营造人才发展的良好环境。

一是打通人才岗位晋升通道。修订有关聘用职工管理办法等，打通聘用人员各岗位间的晋升渠道，以科技成果、突出表现、政府支撑等作为晋岗的破格条件，做好导向示范作用，确保有科研“热情、能力、兴趣和成果”的职工都能获得晋升。修订《新增人员规定》，勇于打破排资论辈桎梏，明确“紧缺专业优先、业绩优先、职称优先”等“能者优先”的方式，激励干部工作的内生动力。

二是优化人才职称晋升方式。优化《聘任制管理办法》，进一步明确晋升的原则。坚持将政治摆在首位，打破唯职称论、唯资历论，侧重工作业绩和科研成果，倡导优秀人才优先晋升岗位，持续激发干部的工作积极性。

三是拓宽人才职务晋升渠道。制定《广东水科院中层干部选拔任用工作办法》，进一步明确院中层干部选拔任用的条件，强调人才队伍长远规划和发展定位。畅通专技岗与管理岗之间晋升的渠道，建立中层干部能上能下制度，推动干部“有为才有位”，加强干部任用的灵活性，充分激发干部干事创业的积极性。

（二）着力突破重点，优化人才队伍结构

1. 统筹推进“541”人才发展模式，做好人才储备

突破壁垒，统筹全院人才资源，推进“541”人才培养模式，即50%的人员专注生产保产值，确保科研队伍稳定；40%的人员兼顾生产和科研，加强科研钻研；10%的人员专注科研冲击大奖，以此为人才储备建立国家级、省级和院级三个层次后备人才梯队，重点解决高层次人才队伍年龄老化、后备力量不足问题，推动形成门类齐全、梯次合理、新老衔接的人才梯队，促进梯队人才有序上升、持续发展。

2. 加大人才引进力度，扩大人才增量

对于高端人才和急需紧缺专业人才，逐步建立健全以“发展需求为导向、提高创新能力为核心、人才结构与水利行业发展改革相适应”的多元引才聚才机制。

一是完善人才引进政策。对于引进的人才，除了享受省级相关政策规定的福利待遇外，结合实际提供一定的引进人才资金支持和福利保障支持。

二是探索采用“柔性引才”的灵活方式。通过承担项目与课题研究、

聘请咨询、讲学、技术合作、兼职、短期聘用等灵活方式引智。

三是扩大宣传力度。结合实情概况、重点领域、科技创新、展望未来等主题大力宣传高层次人才引进工作，充分利用公众号等各类媒体资源宣传人才政策、高层次人才典型等，积极营造尊重人才、求贤若渴的良好氛围。

3.打造科研创新先锋团队，落实科研强院方针

以固体、流体、智慧水利为模块，结合国家发展战略和我省重大水问题遴选出重点领域人才打造3～5个高水平科研创新先锋团队。团队以取得高质量、有影响的科研成果和创新性、实用性的新技术新产品为目标，实施奖项目标制，配套相关考核与奖励政策。团队要充分吸纳各部门核心骨干及青年干部，并制定“传、帮、带”的考核及绩效配比，实行动态管理、优胜劣汰。探索以立“军令状”的形式实现目标，同时在科研经费、科研条件等方面给予必要的支持。

（三）多措并举，完善人才培养工作体系

1.构建“五位一体”人才培养体系

从人才引进、选拔、培养和使用方面入手，逐步建立应届毕业生、青年拔尖人才、专业核心骨干、管理部门骨干、领军人物五个层次的“五位一体”人才培养体系。

一是以老带新，加速应届毕业生的成长。对于新引进的毕业生实行“导师制”，选配1～2名工作经验丰富的资深专家进行专业能力“传、帮、带”。积极组织“老、中、青”职工代表传承交流分享活动，让新职工能发扬优良传统，迅速适应职场角色。

二是加大青年拔尖人才培养力度。遴选40岁以下有潜力的拔尖人才重点培养。允许入选人员在承担项目、论文发表等方面提要求，并配套相关考核与激励政策。更加注重核心干部、年轻干部以及管理部门骨干的选拔培养，改革博士后考核评价方法，博士后在站期间原则上不参与横向项目，全力做科研。

三是按专业领域选拔和培养核心技术骨干。实现院主要专业有1～2名重点培养对象，在科研立项、成果报奖方面给予大力支持。加强核心技术骨干挂职锻炼、增加访问学者的比重，打造高质量发展的生力军。

四是加强管理部门骨干培养力度。全院遴选有管理才能潜质的人员进行培养，尤其侧重既懂专业技术又懂管理的复合型人才培养。

五是集中资源推举领军人物。集中优势资源对高层次人才和专业核心技术骨干培养，采取定向培养和团队支持的方式全力推举为技术领军人物。

2. 发挥科研平台优势，助推高质量人才培养

充分发挥已有科研创新平台对人才培育作用，助力启动新研究方向、开发新研究课题，着力在关键技术、前沿领域、重点难点水问题等方面取得新突破，为水利科研创新发展提供强有力的支撑和保障。充分发挥博士后科研工作站和博士工作站的引才优势，加大云计算、智能感知等紧缺型专业博士的引进力度。打破工作壁垒，探索与高校委培机制，联合培养水利和科技信息化等复合型人才培养。依托优势平台，加强与国内外同行业专家、跨部门跨领域的交流学习，开展更多面向国际面向未来的交流会座谈会，开阔眼界、激发创新能力，形成平台建设与科研团队有机结合，协同发展。

3. 加强教育培训力度，持续提升个人能力建设

立足现有人才队伍现实，多管齐下加强人才培育培养。

一是加强政治理论学习。始终要求干部职工将加强理论学习、提高政治素养摆在首要位置。水利干部职工要深入学习习近平新时代中国特色社会主义思想，深刻领会习近平总书记的“节水优先、空间均衡、系统治理、两手发力”治水思路，认真领悟党中央对重大形势的科学判断和重大工作的决策部署，用党的最新理论成果武装头脑、指导实践、推动工作。

二是实施岗前培训。坚持每年举办一期新职工入职培训，内容包括院发展历程、院有关制度办法和办事流程、室外拓展培训等，帮助新职工牢固树立主人翁意识，将理想抱负与单位发展融合起来，保持坚定信念、勤奋上进、爱岗敬业。

三是强化专业素质提升。持续开展大规模专业技术知识教育培训，重点开展“十四五”水安全保障、水资源集约利用、水资源优化配置和水生态环境保护、水利规划等新理念新技术。定期开展“水利大讲堂”，积极邀请专家开展专业知识讲座，组织各种水利高层次的学术交流与研讨会，鼓励职工参与各类型的知识创新和科技创新活动。充分利用行业继续教育培

训机构及高校合作的平台资源，引导职工参加水利专业学习教育和技术培训，鼓励职工参加在职学历学位教育和各类证书的考试，并给予一定的奖励和补贴，进一步提高能力素质。

四是注重干部实践锻炼。有计划、针对性地选派优秀人才挂职帮扶，组织专家和业务骨干在工程一线实地开展培训和技术交流，加强青年人才在基层地区和实践现场交流锻炼、跟班学习的机会，切实提高干部解决实际问题的能力。

（四）正向发力，健全人才考核激励机制

1. 构建科学合理的人才考核评价体系

新形势下必须切实转变高水平人才的考核评价体系，构建以能力和创新为导向的人才考核评价制度，才能加快建设人才中心和创新高地。

一是科学设置考评指标，释放人才活力和创新能力。破除不科学的“四唯”评价现象，根据人才发展特点，构建分类型、多维度、实用性的科学人才考核评价指标，加快建立百花齐放、各具特色的创新型人才队伍。不同岗位不同学科重点评价内容不同。例如管理岗位重在工作执行力、责任心、群众满意度等，专业技术岗重在科研创新、工作绩效等，基础学科人才重在理论创新，应用技术人才重在社会效益，技术创新人才重在解决生产实践中的关键技术问题。

二是创新人才考核评价方式，提高考评结果的针对性和科学性。根据分类指导、分类评价的精神，采用灵活多样的评价方式，形成科学、客观、有效的考核体系。考评方式可以结合考核认定、个人述职、面试答辩、实践操作、业绩展示等多种方式，提高结果的针对性和科学性。实施定向评价，根据创新链的不同环节以及高水平人才的不同成长周期，建立短期、中期和长期相结合的评价考核机制，完善以学术贡献、工程应用、市场价值为核心的分类评价与综合评价相结合的考核体系。对于高层次和急需紧缺人才评价认定机制，制定破格评价机制，打破常规，建立“绿色通道”制度，从而不断创新人才评价制度，畅通人才发展路径。

三是强化考评结果运用，切实发挥考核激励性作用。完善结果应用，坚持考用结合、考培结合，把考核结果充分运用到干部选拔任用、评优评

先、培训教育之中。完善结果反馈，及时向职工反映考核等次、存在问题、改进建议，跟踪整改落实情况，帮助职工强化担当意识、提升干事本领。

2. 建立完善良好的人才激励机制

为有效激发人才的动力活力，推动人才向高素质、高竞争力方向发展，广东水科院更加重视建立完善人才激励机制。

一是强化绩效考核调节，鼓励科技成果转化。修订《广东水科院横向项目结算绩效管理及考核办法》，重新调整科研、党建、生产项目的分配比例，进一步加大科研考核力度及奖励幅度，激发人才科研创新活力。探索对业绩贡献突出的高层次领军人才、青年科技人才实施重奖，对广东水利存在的关键共性研究难题和“卡脖子”前沿技术实行“揭榜制”，鼓励“英雄不论出处，谁有本事谁揭榜”。修订《广东水科院科技成果转化项目管理办法》，鼓励科技成果转化，加大转化激励力度。

二是积极筹措资金，加大经费投入。积极争取国家、省级人才工程、科研计划和相关渠道经费的支持，拓宽经费投入渠道，加大人才培养经费投入。在重大水利工程建设和研究课题的项目经费中，安排专门经费用于人才开发。加大对人才资金使用的监督管理，切实提高人才投入效益。

三是强化组织关怀，凝聚团队合力。坚持以人为本，通过开展关心谈话、组织各种有益身心的活动、举办心理专家辅导讲座、设置职工活动室等途径加大对人才的关怀力度。始终坚持“职工利益无小事”，想方设法解决广大职工的实际困难，提高归属感和认同感，做到不仅能吸引人才，更能留住人才，激发和引导人才积极投身水利现代化建设。

人才兴则事业兴，人才强则水利强。在新时期广东水利事业发展中，将坚决贯彻落实习近平总书记“积极为人才松绑，完善人才管理制度，做好以人为本、信任人才、尊重人才、善待人才、包容人才”的重要指示精神，围绕新时期发展目标，把握新时代人才工作的新定位和新要求，不断探索和改进水利人才工作，切实抓好人才队伍建设，为广东水利高质量发展贡献更大智慧和力量。

水利基层单位干部队伍思想政治工作探究

主要完成人：蔡映华

所在单位：广东省西江流域管理局

中共中央、国务院《关于新时代加强和改进思想政治工作的意见》对推动新时代思想政治工作守正创新发展提出了明确要求。党的二十大报告提出，建设堪当民族复兴重任的高素质干部队伍。新时代水利基层单位如何更加深入有效地加强干部队伍建设，成为当前需要研究的一项重大课题。推动干部队伍思想政治工作创新发展，是破解干部队伍建设难题的有效措施之一，具有十分重要的意义。

为深入贯彻落实习近平生态文明思想，加快推进广东水利高质量发展。2021年10月广东省委召开了全省水利高质量发展大会，聚力实施“851”水利高质量发展蓝图，以8大工程为具体抓手，以五张网（水资源配置骨干网、防洪安全网、万里碧道网、农村水利保障网、智慧水利网）为施工大纲，以迈进全国第一梯队为前行目标和标杆。

新形势新任务，只有高质量抓好思想政治工作，增强党组织的政治功能和组织功能，才能确保党的全面领导和党中央治水方略落实落地。本文以广东省西江流域管理局（以下简称“西江局”）为研究对象，运用习近平新时代中国特色社会主义思想，总结分析研究干部队伍思想政治工作，为建设忠诚干净担当的高素质专业化水利基层单位干部队伍贡献力量。

一、基层水利单位思想政治工作情况

西江局是广东省水利厅直属的公益一类事业单位，正处级，参照《中华人民共和国公务员法》管理。现在编干部36人，具有硕士及以上学位21人，本科学位15人；平均年龄37岁，40岁以下人员占23人。干部队伍整体学历偏高，工作热情比较高，工作富有创造力，但存在工作不够精益求精、容易受外界因素影响等现象。近年来，西江局主要承担涉及3400万人的西江流域水资源管理、水旱灾害防御等职能，承担流域河长办推进河湖长制，以及重大水利工程前期工作等任务，每一项都是粤港澳大湾区的民生实事工作，工作面临人少事多、点多面广线长等局面，西江局通过加强干部队伍思想政治工作，针对单位实际，逐步探索建立了一套行之有效的思想政治工作体制机制。

（一）坚持“三个强化”，坚定坚决走好第一方阵

1.强化政治机关意识

局党委深入学习贯彻习近平总书记重要讲话和重要指示精神及党中央决策部署，忠诚拥护“两个确立”、坚决做到“两个维护”。严格落实《中共中央关于加强党的政治建设的意见》，严格执行广东省委坚决落实“两个维护”十项制度机制，强化机关政治属性。在全局各项工作中确保做到观察分析形势把握政治因素、谋划部署工作贯彻政治要求、处理解决问题防范政治风险、推动落实任务体现政治效果，以实际行动践行“两个维护”。

2.强化创新理论武装

局党委严格落实“第一议题”制度，健全“五学联动”机制，推进党史学习教育常态化、长效化，发挥党委理论学习中心组领学作用，以局领导班子“关键少数”的示范引领带动作用，加强青年同志理论武装，成立青年理论学习小组，制订学习计划，多形式开展学习交流会，以理论上的清醒，确保政治上的坚定。

3.强化模范机关创建

局党委对标模范机关创建要求，以加强“政治、思想、组织、作风、纪律建设”为重点，以“提高思想认识、培育过硬作风、完成目标任务”为导向，针对单位人员情况及工作负荷特点，全面提升党员干部干事创业积极性、主动性。

（二）注重“三个融入”，重行重效党建引领保障

1.融入中心工作，聚焦水利高质量发展

一是高位推动，扛起党建主体责任。形成年初研究部署党建工作惯例，

牢固树立党建引领地位和作用。二是局党委围绕加强基层党组织建设三年行动计划，深化流域统筹治理，河湖长制，提升工作能力，加强疫情防控，抓实水旱灾害防御，确保流域管理工作有序推进。三是开展联学共建，促进中心工作。引导各党支部结合业务工作分别与机关单位开展组织共建，与水利技术单位开展工作共促，与属地社区开展志愿服务，不断提升思想政治工作合力。

2.融入重大任务，聚焦重大工程成效明显

党委紧紧围绕“851”广东水利高质量发展蓝图和厅党组工作部署，深入开展党员“亮身份、亮职责”活动，建立跨部门协办、合办工作模式，全面提升工作质量与效率。压茬推进国家水网重点项目环北部湾广东水资源配置工程前期工作，通过两年的时间完成平均五年完成的任务，实现了广东省重大水利工程立项建设新纪录。利用两个枯水期完成了省重点水利工程高岭拦河闸重建工程建设，工程分别荣获“广东省重大建设项目档案金册奖”“广东省优质水利工程”等10项荣誉称号。

3.融入日常活动，聚焦基层组织政治功能提升

持续深化“头雁”工程，选优配强党支部书记，建立完善基层党组织建设。对照《机关党支部规范化建设标准》要求，增加支部业务提升、加强支部管理、增强思想交流、夯实廉政基础等功能，推动支部建设与单位建设融合并进。通过各党支部共同努力，西江局荣获全国“安康杯”广东省优胜单位称号。

（三）建立“三项机制”，抓常抓长标准化规范化建设

1.建立健全规范指引机制

局党委持续开展建章立制，健全完善各项工作制度。制定出台《党的年度工作要点》《局党委理论学习中心组专题学习计划》《局党支部书记例会制度》等党务工作制度。

2.建立健全动态管理机制

局党委不断完善党建工作长效机制，通过建立责任清单、制度清单、学习清单，开展一支一品活动，聚合打造突出水利特色、结合业务融合的西江团结奋进的思想政治品牌。

3.健全党建考核机制

局党委加强党支部标准化、规范化建设，对党支部工作作出全面规范，

制定印发《广东省西江流域管理局党支部工作目标管理考核办法》。通过量化支部工作考核，科学评价党支部的工作成效，使党支部工作走向规范化、标准化，使支部工作内容和形式更具活力。

（四）实施“三能建设”，用心用力推动基层党建

1.增强实训效能

一是局党委积极开展党务干部思想政治能力培训工作，以支部书记、支部委员为重点培训对象，确保支部书记100%参训；二是加强理论与实践相结合，局党委组织各党支部对照水利部和水利厅政研论文提纲开展撰写工作，以集体研学提升政策思想政治理论水平；三是开展多种形式政治教育，在全局范围内开展革命传统教育、警示教育、保密知识教育、学习强国学习等，提升党员干部政治学习。

2.聚合学习动能

局党委不断加强党员阵地建设，以“五学联动”为抓手，以党员之家为基地，打造党员干部思想政治活动阵地。高标准建设职工书屋，以党员干部需求为中心，致力打造属于年轻人的精神驿站，党员干部的加油充电站。

3.激发队伍热能

完善廉政风险防控体系。通过查找廉政风险点，深入开展无死角谈心谈话，修订财务制度，建设廉政长廊等措施，不断夯实廉政风险防控体系。持续纠治“四风”端正行风。锲而不舍开展形式主义官僚主义整治工作，端正政风行风，提升作风建设新风貌。通过一系列措施，确保基层党组织风清气正。

近年来，西江局先后荣获全国职工小家、全省水利系统文明单位、8次厅直系统先进基层党支部等荣誉，近期被推荐为省直属机关、省文明委开展的省级文明单位。

二、基层水利单位干部队伍思想政治工作面临的挑战

（一）工学矛盾依然突出

在全省合力推进水利高质量发展的当下，西江局承担了国家水网的环北部湾广东水资源配置工程、珠中江水资源一体化配置工程、珠江河口整

治等多项重点工程前期工作，以及西江和珠江河口管理等职责，每一项工作都是重大的民生实事。当前西江局各科室平均只有3人，工作任务繁重，静心研究学习思想政治工作时间少，一些部门和党支部存在碎片化的学习，无法将学习思想政治效果转化为实际工作质量和效能上的提高，同时个别干部认为干好本职工作就是推动水利发展的具体举措，只要自身不犯错就可以了，这在一定程度上阻碍了单位思想政治工作整体进程。

（二）思政工作活力有待激发

思想政治工作的本质是精神工作，是加强干部队伍建设不可或缺的组成部分，但随着越来越深入推进思想政治工作，受限于疫情防控需要，政工部门主要沿用集中学习、开会听讲座、撰写心得体会、出宣传板报等形式，面对系统性的学习，面对多元化的内容，面对差异化的受众，面对疫情影响，不能针对不同内容、不同层次对象有针对性的查摆问题、解决问题，思想工作和实际工作务实和务虚的根本契合点不深入，理想信念教育知行合一不紧密。

（三）思想解放程度还不够高

干部队伍在立足新发展阶段，贯彻新发展理念，构建新发展格局上，落实“851”广东水利高质量发展蓝图，推动水利现代化水平上思维解放程度还不够高，对新形势下流域管理工作特色研究的还不够深入，在及时把握发展机遇上、制度机制创新上、解决突出矛盾问题上解放思想程度还不够有力。

三、新时代基层水利单位干部队伍思想政治工作路径

（一）更加注重在工作机制上守正

1.进一步增强政治建设，拥护“两个确立”

西江局是承上启下推进全省水利工作的厅直属单位，必须加强政治建设，牢固树立政治机关意识，在实际一线工作中体现省直单位工作水准，带头增强“四个意识”、坚定“四个自信”、做到“两个维护”、拥护两个确

立的模范机关，要在基层一线水利职工中把习近平新时代中国特色社会主义思想内涵讲明白、讲清楚、讲透彻，发挥党的政策理论宣传员作用。对于干部政治素养的评价，用好在干部日常考核和提拔使用中政治素质测评，在干部职工中收集干部政治素质表现评价，确保做到党中央提倡的坚决响应，党中央决定的坚决执行，党中央禁止的坚决不做。

2.进一步增强理论武装，坚决执行中央决策

在水利工作中，每一名党员干部要不断强化党的理论武装，要心怀“国之大者”，坚持以习近平生态文明思想为指导，深入贯彻落实习近平总书记“节水优先、空间均衡、系统治理、两手发力”治水思路和关于治水重要讲话指示批示精神，对标对表党中央决策部署，在把握党中央精神实质、核心要义上学懂弄通；在吃深吃透生态文明立场、观点、方法和基本要求上做实做细；在贯彻中央治水方略和省委省政府、厅党组治水决策上落实落细，切实把党的创新理论学习转化为行动自觉。

3.进一步突出中心工作，常怀为民之心

习近平总书记指出，中国共产党人的初心和使命，就是为中国人民谋幸福，为中华民族谋复兴。以人民为中心的发展思想，深刻诠释了党的根本政治立场和价值取向。西江是全国第二大流量河流，多项重大水利工程均从西江取水，管理好、保护好粤港澳大湾区水资源生命线和全世界最复杂的珠江河口是西江水利人义不容辞的责任和担当，加强思想政治建设是确保各项水利工作始终前进在正确政治轨道上的法宝，只有把以人民为中心的价值导向融于实际水利工作中去，深刻理解习近平生态文明思想、“节水优先、空间均衡、系统治理、两手发力”治水思路、“四水四定”、防灾减灾等理念，才能真正从思想上、行动上、方法上落实好人民群众对优质水资源、健康水生态、宜居水环境的需要，才能体现基层水利单位党组织不忘初心、始终如一的政治本色和价值追求。

（二）更加注重在方式方法上创新

1.用更强的责任担当推进思想政治工作

抓好新形势下基层思想政治工作是人事部门义不容辞的责任，思想政治工作绝不能满足于过得去、低层次日常工作，绝不能重硬件、轻实效，

一定要追求高质量、高标准，高水平。要始终坚持问题导向，把握重点，突破难点，切实关心解决基层干部队伍思想政治工作存在的突出问题。

2.提升创新能力

在思想政治工作开展过程中，要在加强网络意识形态和疫情防控的基础上，一是注重结合信息化手段，在学习资源上多利用学习强国平台开展打卡、对战等互动式学习，在学习手段上开展不同空间下的网络在线集体研讨学习；二是在学习动能转化上，推动开展“要我学”向“我要学”转变，深入开展党委领学、党办督学、支部研学、青年小组促学、党员自学的“五学联动”模式，以干部队伍自身理论学习走在前、作表率，推动政治理论武装不断走深走实。

3.优化考核管理模式

结合公务员平时考核工作，进一步把思想政治考核纳入考核指标体系中，提高考核权重，发挥考核的指挥棒作用和导向作用。进一步发挥领导干部联系基层党组织，党员联系群众制度，用心用情解决好职工群众“急难愁盼”问题，着力提升思想政治工作的感染力、说服力。

（三）更加注重在平台阵地上拓展

1.开创单位思想政治主阵地

充分利用本单位内部网站和场所，设置交流论坛，让干部职工有倾吐心声和发表建议的空间与园地。定期开展干部队伍意识形态研判，定期不定期开展问卷调查，重点了解掌握干部队伍思想动态，在具体工作中潜移默化地答疑解惑，帮助干部职工提高思想政治水平，提升干事创业工作动能。

2.着力提升宣教内容吸引力

要想使思想政治工作具有一定的吸引力，必须结合水利工作实际，结合身边典型案例，以正确的导向为核心基础，将政策理论镶嵌其中，根据水利发展形势，找到与中心工作或业务工作的结合点，为干部职工提供喜闻乐见的新媒体作品，推动新媒体思想政治工作新阵地的发展，使党员干部在不同的故事中获得教育和启发。

3.不断提升思想政治工作合力

在开展思想政治工作时，要结合业务工作，聚焦水利中心工作、水文化建设等方向，避免各部门、各党支部单打独斗，要形成全局性的思想政治品牌。要不断丰富思想政治工作的核心内容，广泛开展形式多样的主题教育活动，大力弘扬优秀传统文化和时代楷模精神，充分利用水利行业先进事迹、优秀典型引导干部队伍，强化其责任感和使命感，增强干部队伍的凝聚力和向心力。

浅谈提升科技中小企业青年理论学习小组学习成效途径

主要完成人：杨静　罗永葳

所在单位：天津水科机电有限公司

青年是整个社会力量中最积极、最有生气的力量，青年是国家的希望，民族的未来，党和国家始终坚持把青年作为事业发展的生力军。习近平总书记在中央人才工作会议上强调，“要把培育国家战略人才力量的政策重心放在青年科技人才上，给予青年人才更多的信任、更好的帮助、更有力的支持，支持青年人才挑大梁、当主角”。作为科技型中小企业，青年职工是企业发展的中坚力量，青年职工的成长成才对企业长足发展具有重要意义。天津机电所2020年成立了以40周岁以下的青年组成的理论学习小组，旨在加强青年职工的政治理论修养，强化责任担当，促进青年干部的成长成才。如何更好地发挥青年理论学习小组作用，提高学习成效，促进青年职工成长，推动企业发展，是青年理论学习小组的重要任务。

一、青年理论学习的意义

抓青年干部队伍建设，最基础最根本的工作是要抓好强基固本的理论学习。成立青年理论学习小组着力强化青年理论武装工作是一项创新举措，要长期坚持，要提升青年理论学习小组的成效，就要首先认识青年理论学习的意义。

（一）有利于青年树立和践行社会主义核心价值观

当代青年面对着复杂多变的国际社会、形形色色的思潮浪潮，在形成“三观”时容易受到腐朽思想侵蚀，这就需要在理想信念上的有力引导。

习近平总书记明确指出，“青年时代树立正确的理想、坚定的信念十分紧要，不仅要树立，而且要在心中扎根，一辈子都能坚持为之奋斗”。青年的健康成长，离不开理想信念的支持和引导，拧紧理想信念“总开关”。新时代中国青年要自觉树立和践行社会主义核心价值观，把理想信念建立在对科学理论的理性认同上，筑牢理想信念的根基。

（二）当代青年时代使命需要夯实马克思主义理论基础

习近平总书记深刻指出，实现“两个一百年”奋斗目标的历史进程，将贯穿千千万万当代青年成长发展的全过程，“全面建成小康社会，广大青年是生力军和突击队”，“中华民族伟大复兴的中国梦终将在一代代青年的接力奋斗中变为现实”，这些论述是习近平总书记对青年地位和历史作用的新定位新要求，科学阐释了当代青年肩负的时代使命。青年时代使命的完成需要科学理论的指导，马克思主义是我们立党立国、兴党强国的根本指导思想。每位青年职工都应努力学习马克思主义理论知识，不断把理论学习的成果转变成工作的思路和方向，才能更好地完成时代使命。

（三）青年自我成长和企业发展的共同需要

企业发展与青年成长成才是相辅相成的。企业发展离不开人才，青年成长成才是企业发展的保证，同时企业发展为青年成长成才提供了发展的平台。只有企业发展了，青年职工才能在企业中找到自己的位置，真正实现自我价值；企业只有将员工快速培育成人才，尤其是青年职工，才能实现长足发展。青年职工要增强学习必要性和紧迫感，在学习中增长知识，锤炼意志，在工作中增长本领，塑造能力，以真才实干为企业发展作出贡献。

二、青年学习小组学习成效现状分析

（一）青年理论学习小组成立以来主要做法

天津机电所青年理论学习小组成立两年以来，把深入学习习近平新时代中国特色社会主义思想和习近平治水重要论述作为首要任务，组织青年干部学习《习近平新时代中国特色社会主义思想学习纲要》《习近平谈治国理政》第三卷等书，开展了十九届六中全会精神联学活动、学习习近平总书记关于建团100周年重要讲话精神等，围绕“更好按经济规律办事，推动新阶段水利高质量发展，水利青年应该怎么办”主题研讨，通过精读原文原著、学习重要讲话精神、开展学习研讨，加深了青年职工对习近平总书记重要论述的理解和认识。

天津机电所同时也开展了一些具有青年特色的活动。结合理论学习开展了“寻初心共前行”“学党史、强信念、跟党走”等主题活动，进一步增强团员青年的政治思想认识；结合志愿服务活动，开展了“科技创新、助力节水”走进蓟州区罗庄子希望小学活动、“学习水文化服务水博会”志愿活动、蓟州区科技周志愿宣传活动等，为节水宣传和志愿活动贡献力量；突出科研特点，参加水科院第15届青年学术交流会，在交流会上展示了个人的学习研究成果，激发了团员青年的奋斗热情。

（二）取得的成效

青年理论学习小组成立以来，青年职工在学习、工作中表现出较大进步。具体表现在以下几个方面。

1.提高了政治站位

通过学习习近平总书记在庆祝中国共产党成立100周年大会重要讲话精神和党的十九届六中全会精神，深刻认识和体会中国共产党的百年历史，是在一代代中国共产党人的领导下，中国人民砥砺奋斗用血汗创造出来的，生在这个伟大时代，更要懂得珍惜眼前的来之不易。青年职工正确认识到自己肩负的时代意义和历史使命，坚定了“永远跟党走”的信心和决心。

2.提升了理论素养

通过学习习近平新时代中国特色社会主义思想，逐步理解其思想的丰富内涵和精神要义，努力掌握马克思主义立场观点方法，坚定理想信念，不断增强“四个意识”、坚定“四个自信”、坚决做到“两个维护”，做习近平新时代中国特色社会主义思想的坚定信仰者和忠实实践者。

3.思考更加深入

青年职工在理论学习的同时注重联系实际工作，通过学习贯彻习总书记重要讲话等一些治水重要论述，积极参与“三对标、一规划”的政治、思路、任务对标的研讨，深入思考在推动新阶段水利高质量发展阶段，水利青年应该怎么办，将理论学习汲取的精神理论转化为促进工作的动力，不断提高青年职工运用理论武装头脑、指导实践、推动工作的能力水平。

（三）科技型中小企业青年学习小组面临的问题

天津机电所青年理论学习小组成立两年以来，通过学习成效检验、与青年职工谈心谈话等形式了解青年理论学习面临如下问题。

1.政治理论学习重视还不够

通过调查了解到青年职工希望提升“政治理论素养”的愿望不是很高，更希望在“专业技术能力”“业务工作能力”“综合管理能力”等方面得到提升，反映了青年职工对于政治理论学习的重视程度还不够。

2.学习形式吸引力不强

两年来，青年理论学习小组能够把政治理论学习作为首要任务，集中学习开展了习近平新时代中国特色社会主义思想及系列讲话精神和新时代水利高质量发展新思路、新理念的理论学习。但多以宣读文件、传达会议精神等学习形式为主，吸引力不强，学习内容抽象，缺少互动，青年职工难以融入其中，学习效果大打折扣。

3.统筹谋划有待提高，指导实践不足

青年理论学习小组理论学习统筹谋划还有待提高，学习的针对性和实践性不强，青年职工反映由于理论学习不够深入，存在浅层化、零散化的问题。

4.保障力度不够，长效机制不健全

针对青年理论学习小组的学习制度还需完善的问题，还需着手建立常态化、制度化的学习制度。对青年理论学习小组学什么、怎么学、如何管需要明确职责，压实考核责任，为青年理论学习提供制度保障。

三、科技型中小企业青年职工的时代特点

青年职工是企业中最具有活力和创造力的群体，科技型中小企业中青年职工一般接受了正规的高等教育和系统的知识训练，具有一定的专业技

术水平，也具有鲜明的性格特征。若想加快推进青年职工的成长成才，就需要结合青年职工的特点，发挥和调动青年职工的积极性和创造性。青年职工主要表现如下特点。

1. 自我意识强，渴望获得关注

青年职工大多数是独生子女，家庭中长期受到了长辈的关注，物质和精神都得到了优先满足，因此，他们普遍具有较强的自我意识。步入职场后，青年职工非常关注自己在企业中所处的地位，关注自己能发挥的作用，希望通过自己的努力，能得到认可和关注。他们更希望自己的想法能得到领导层的倾听和采纳。

2. 社交风格网络化，个人兴趣更重要

物质生活和网络化的飞速发展，青年职工普遍表现社交风格网络化，面对面的交流与沟通能力弱，尤其表现出跨代交流沟通困难。相对于“60后”“70后”，青年职工对企业忠诚度降低，更加不求进取注重个人的兴趣爱好，工作并非摆在第一位，工作目标不清晰不明确，有的在工作中表现出得过且过，不求进取。

3. 喜欢挑战，抗压性较差

青年职工思想活跃，接受新鲜事物快，具有较强的学习能力，喜欢更有挑战性的工作，但往往在面对理想与现实的落差、薪酬未达预期、婚姻和住房等问题时，定位不准，抗压性差。

四、提升学习成效的方法建议

针对青年职工理论学习小组存在的问题，结合当前青年职工的特点，在学习内容、方式、管理和实践上想办法，切实提高青年理论学习的成效。

1. 导师制，强调引领机制

把青年理论学习小组的学习纳入党建工作总体格局。建立党委班子成员“导师”制，强调引领机制，覆盖40岁以下青年职工。通过导师导学机制，搭建沟通平台，实现领导与青年的直接交流，调动青年理论学习和履职实践的积极性，健全人才培育机制，引导青年干部职工成长进步。

2. 时效制，强调学习重点

青年理论学习小组学习要注重时效性。要从实践中挖掘素材，做到学习理论与总结经验、提高能力相结合，找准当下关注点、共鸣点，这样才能让理论学习接地气、有内涵。同时要结合新时代水利高质量发展的新理念新趋势，重点学习习近平新时代中国特色社会主义思想，提高青年干部职工运用新思想、新理论、新理念，解决新问题的能力。

3.参与制，丰富学习形式

青年理论学习小组要更注重组织青年职工的参与，应结合青年职工的特点，用青年自己喜欢的方式学习理论知识。学习形式上应创新一些“短小精悍+碎片化+网络化”的学习方式，如理论宣讲、思辨、快闪、直播等形式，通过新媒体、新方式吸引青年职工参与其中，激发青年职工的思想共鸣和理论共鸣。

4.实践制，强调学用结合

青年理论学习小组要高度重视学习成果的转化。一方面青年干部职工要把理论学习同本职工作结合起来，在自觉履职尽责的前提下，学以致用，提高分析问题、解决问题的能力。另一方面青年干部职工要把理论学习同企业发展结合起来，把理论学习渗透到调查研究中，查问题、找问题、改问题，把理论学习成果转化为推进工作的强大动力，以解决企业发展问题的成果作为理论学习实效的检验器。